"一带一路"基础设施的国际贸易效应研究

胡再勇 著

中国财经出版传媒集团
经济科学出版社
Economic Science Press

图书在版编目（CIP）数据

"一带一路"基础设施的国际贸易效应研究/胡再勇著. -- 北京：经济科学出版社，2021.11
ISBN 978 - 7 - 5218 - 3151 - 1

Ⅰ.①一⋯ Ⅱ.①胡⋯ Ⅲ.①"一带一路" - 基础设施建设 - 研究 Ⅳ.①F299.24

中国版本图书馆 CIP 数据核字（2021）第 249238 号

责任编辑：李晓杰
责任校对：杨　海
责任印制：张佳裕

"一带一路"基础设施的国际贸易效应研究
胡再勇　著
经济科学出版社出版、发行　新华书店经销
社址：北京市海淀区阜成路甲 28 号　邮编：100142
教材分社电话：010 - 88191645　发行部电话：010 - 88191522
网址：www.esp.com.cn
电子邮箱：lxj8623160@163.com
天猫网店：经济科学出版社旗舰店
网址：http：//jjkxcbs.tmall.com
北京密兴印刷有限公司印装
710×1000　16 开　12.5 印张　220000 字
2022 年 2 月第 1 版　2022 年 2 月第 1 次印刷
ISBN 978 - 7 - 5218 - 3151 - 1　定价：52.00 元
(图书出现印装问题，本社负责调换。电话：010 - 88191510)
(版权所有　侵权必究　打击盗版　举报热线：010 - 88191661
QQ：2242791300　营销中心电话：010 - 88191537
电子邮箱：dbts@esp.com.cn)

北京市社会科学基金项目"一带一路"基础设施建设的国际贸易效应研究（18ZGB003）成果

外交学院
中央高校基本科研业务费专项资金资助出版

前　言

　　2013年，国家主席习近平提出"一带一路"倡议以来，从点成线再到面，"一带一路"建设取得显著成效。"一带一路"倡议包含的内容非常广泛，涉及政策沟通、设施联通、贸易畅通、资金融通、民心相通等领域。其中，跨大陆的设施联通与合作处于"一带一路"倡议的优先领域，而基础设施建设有助于降低贸易成本，从而促进贸易的发展。为进一步推进"一带一路"建设，有必要了解"一带一路"沿线国家基础设施的现状、基础设施降低贸易成本的相对作用大小，以及不同类型基础设施对沿线国家国际贸易的促进作用，从而为"一带一路"建设提供经验数据支撑和相关政策建议。

　　本书的研究思路：首先，分析"一带一路"沿线国家基础设施的现状、进展及不足，从理论上分析基础设施及其交互作用影响国际贸易的机制；其次，测算"一带一路"沿线国家和六大经济走廊的时变双边贸易成本，并分析不同类型基础设施及其交互作用对双边贸易成本的影响大小；再次，分析"一带一路"沿线国家和六大经济走廊不同类型基础设施及其交互作用下的国际贸易效应及其对双边贸易偏好的影响；最后，考虑到"一带一路"倡议还处于快速发展中，关于"一带一路"倡议的贸易效应研究还处于起步阶段，既有研究结果必然存在一定偏差，本书对这些相关研究进行了深入的分析，尤其是其不足之处，为进一步研究提供思路和方向。

　　本书的主要结论有：(1)"一带一路"沿线国家的基础设施水平总体较低，但新增建设较快，目前仍然存在较强的发展空间。"一带一路"国家间存在较大的异质性。(2) 基础设施投资的贸易效果存在临界点和最大效应点。基础设施对一个国家进口和出口的影响是不同的。一国基础设施质量的提升即使对该国整体国际贸易存在促进作用，也并不代表该国与所有国家的双边贸易都从该国基础设施质量的提升中获益。基础设施投资增长的国家只有与基础设施体系强大的国家进行贸易，两国间的贸易偏好才能得到增强，基础设施交互作用的贸易效应才为正。(3) 中国与"一带一路"沿线国家的平均双边贸易成本虽然有波折起伏，但整体呈下降趋势。(4) 海运基础设施、陆空运基础设施以及二者的交互作用均能显著降低双边贸易成本，但基础设施交互作用降低双边贸易成本的效果要低于基础设施本身降低双边贸易成本的效果。(5) "一带一路"沿线国家能源基础设施和交通基础设施的进口、出口、双边贸易效应都为正。能源、交通、通信网络基础设施在国际贸易的两个方向上的作用大小不一致。不同类型基础设施的交互作用对国际贸易的影响方向不确定。(6) 六大经济走廊的能源、交通基础设施大多对双边贸易有显著促进作用，且不同类型基础设施交互作用的双边贸易效应总体上都为正。"一带一路"建设进展越快的经济走廊，"一带一路"倡议对其基础设施双边贸易的促进作用也越强。(7) "一带一路"倡议参与国间存在较大的双边贸易偏好潜力。基础设施质量提升对双边贸易偏好的平均影响显著为负，即一个国家基础设施质量的提高促进了其与世界其他地区的贸易，从而减少了特定伙伴的贸易权重。两国基础设施质量的交互作用对双边贸易偏好的影响显著为正。(8) "一带一路"倡议贸易效应的相关研究认为"一带一路"倡议能显著降低沿线国家的运输时间和贸易成本，进而促进沿线国家的国际贸易。"一带一路"倡议的基础设施项目存在网络效应，不仅能促进"一带一路"区域内的贸易，而且也能使世界其他地区在与"一带一路"区域的贸易伙伴关系中受益。贸易便利化政策、经济走廊的管理升级、深度的自由贸易协议等措施都能促进"一带一路"交通基础设施的贸易效应。

　　本书的创新点主要有几方面：(1) 从理论上探讨了基础设施发展与国际贸易之间的关系，包括基础设施贸易效应的机理、基础设施建设与贸易之间的动态变化关系、基础设施交互作用的贸易效应等。(2) 定量测算了"一带一路"及六大经济走廊的海运基础设施、陆运基础设施、空运基础设施及其交互作用的贸易成本效应。(3) 定量测算了"一带一路"及六大经济走廊基础设施及其交互作用的国际贸易效应。(4) 定量测算了"一带一路"基础设施及其交互作用对双边贸易偏好的影响。(5) 在样本选择上，既考虑了"一带一路"沿线全部经济体，也考虑了作为"一带一路"倡议战略支柱、主要内容和骨架的六大经济走廊，研究样本的选择更为全面。(6) 在分析基础设施的贸易效应时，与现有文献大多从中国的视角出发不同，本书从"一带一路"沿线国家的视角出发，分析"一带一路"沿线国家交通、能源和通信网络三种基础设施及其交互作用的进口、出口和域内双边贸易效应。(7) 深入分析了"一带一路"倡议贸易效应的相关研究文献,包括其优点和不足之处,为更准确研究"一带一路"倡议的贸易效应指明了方向。

本书的研究有助于把握"一带一路"基础设施的现状、进展及不足之处,也有助于把握"一带一路"基础设施的贸易成本效应和国际贸易效应的现实状态,为基础设施交互作用的国际贸易效应理论研究提供了经验证据,为更准确研究"一带一路"倡议的贸易效应指明了方向,为进一步推进"一带一路"基础设施建设提供了理论、数据支撑以及政策建议。

感谢经济科学出版社李晓杰编辑的大力帮助,她的认真审阅和精益求精的工作态度使得本书得以顺利出版。

最后,由于作者水平所限,本书可能存在一些疏漏之处,作者对此承担全部责任,敬请各位读者谅解并批评指正。

胡再勇
2021 年 11 月于外交学院

目录
Contents

第一章 "一带一路"沿线国家基础设施建设的现状、进展与不足分析 ………… 1

 第一节 "一带一路"相关国家 ………………………………………… 1

 第二节 "一带一路"沿线国家基础设施建设现状分析 ……………… 3

 第三节 "一带一路"六大经济走廊基础设施建设现状分析 ………… 9

 第四节 "一带一路"倡议相关基础设施建设进展分析 ……………… 14

 第五节 "一带一路"沿线国家基础设施建设的不足分析 …………… 23

第二章 基础设施的贸易效应研究文献综述 ………………………………… 26

 第一节 基础设施的贸易成本效应研究 ……………………………… 26

 第二节 基础设施的贸易促进效应研究 ……………………………… 30

 第三节 "一带一路"基础设施贸易效应的相关研究 ………………… 32

 第四节 基础设施的双边贸易偏好影响研究 ………………………… 35

 第五节 文献述评、本书的主要研究内容及创新点 ………………… 36

第三章 基础设施贸易效应的理论分析 ……………………………………… 39

 第一节 基础设施贸易效应的机理分析 ……………………………… 39

 第二节 基础设施建设与双边贸易动态关系的理论分析 …………… 42

 第三节 基础设施交互作用的贸易效应理论分析 …………………… 45

第四节 基础设施贸易效应理论分析的基本结论 …………………… 47
第五节 "一带一路"基础设施贸易效应的基本假设 …………………… 47

第四章 中国与"一带一路"沿线国家基础设施的双边贸易成本效应研究 ……… 51

第一节 中国与"一带一路"沿线国家双边贸易成本的测算 ……… 51
第二节 基础设施对中国与"一带一路"沿线国家双边贸易成本的影响分析 …………………………………………………………… 54
第三节 中国与"一带一路"沿线国家基础设施的双边贸易成本效应研究结论 …………………………………………………… 63

第五章 中国与"一带一路"六大经济走廊基础设施的双边贸易成本效应研究 ……… 65

第一节 中国与"一带一路"六大经济走廊沿线国家双边贸易成本的测算 ……………………………………………………… 65
第二节 基础设施对中国与"一带一路"六大经济走廊双边贸易成本的影响分析 ………………………………………………… 70
第三节 中国与"一带一路"六大经济走廊基础设施的双边贸易成本效应研究结论 …………………………………………… 79

第六章 "一带一路"沿线国家基础设施的国际贸易效应研究 ……………… 81

第一节 "一带一路"沿线国家基础设施及其国际贸易贡献的特征事实 ……………………………………………………… 81
第二节 基础设施国际贸易效应的实证研究模型构建 ……………… 87
第三节 "一带一路"沿线国家基础设施国际贸易效应的实证分析 ………………………………………………………… 89
第四节 "一带一路"沿线国家基础设施的国际贸易效应研究结论 ………………………………………………………… 109

第七章 "一带一路"六大经济走廊基础设施的双边贸易效应研究 ……… 111

第一节 "一带一路"六大经济走廊建设进展情况分析 ………… 111
第二节 模型、变量及数据来源 …………………………………… 113
第三节 "一带一路"六大经济走廊基础设施双边贸易效应的实证分析 ……………………………………………………… 117

第四节　"一带一路"六大经济走廊基础设施双边贸易
　　　　　　效应的研究结论 ……………………………………… 138

第八章　"一带一路"基础设施的双边贸易偏好影响研究 ………… 140
　　第一节　贸易偏好指数计算方法 ……………………………… 140
　　第二节　实证模型、变量及数据来源 ………………………… 142
　　第三节　"一带一路"基础设施双边贸易偏好影响的实证分析 … 143
　　第四节　"一带一路"基础设施双边贸易偏好影响的研究结论 …… 147

第九章　"一带一路"倡议的国际贸易效应研究 …………………… 149
　　第一节　研究方法 ……………………………………………… 150
　　第二节　基于弹性方法或模拟方法的"一带一路"倡议
　　　　　　贸易效应研究 …………………………………………… 151
　　第三节　基于地理学方法的"一带一路"倡议贸易成本
　　　　　　效应测算研究 …………………………………………… 154
　　第四节　基于地理学方法的"一带一路"倡议贸易效应
　　　　　　估计研究 ………………………………………………… 162
　　第五节　"一带一路"倡议国际贸易效应的研究结论与不足分析 …… 163

第十章　主要结论、政策建议及进一步研究的方向 ………………… 166
　　第一节　主要结论 ……………………………………………… 166
　　第二节　政策建议 ……………………………………………… 170
　　第三节　进一步研究的方向 …………………………………… 171

参考文献 ……………………………………………………………… 174

第一章

"一带一路"沿线国家基础设施建设的现状、进展与不足分析

第一节 "一带一路"相关国家

国内外不同学者在"一带一路"相关研究中使用的样本国家并不一致，国内学者大都从国家官方网站"中国一带一路网"（https：//www.yidaiyilu.gov.cn）确定研究使用的"一带一路"国家名单。

根据"中国一带一路网"基础数据栏目，"一带一路"包括65个样本国家，其中亚洲有44个国家，包括中国、蒙古国、新加坡、印度尼西亚、马来西亚、泰国、越南、菲律宾、柬埔寨、缅甸、老挝、文莱、东帝汶、印度、巴基斯坦、斯里兰卡、孟加拉国、尼泊尔、马尔代夫、不丹、阿联酋、科威特、土耳其、卡塔尔、阿曼、黎巴嫩、沙特阿拉伯、巴林、以色列、也门、伊朗、约旦、叙利亚、伊拉克、阿富汗、巴勒斯坦、阿塞拜疆、格鲁吉亚、亚美尼亚、哈萨克斯坦、吉尔吉斯斯坦、土库曼斯坦、塔吉克斯坦、乌兹别克斯坦；非洲1个国家：埃及；欧洲有20个国家，包括波兰、阿尔巴尼亚、爱沙尼亚、立陶宛、斯洛文尼亚、保加利亚、捷克、匈牙利、北马其顿、塞尔维亚、罗马尼亚、斯洛伐克、克罗地亚、拉脱维亚、波黑、黑山、乌克兰、白俄罗斯、摩尔多瓦、俄罗斯。

从中国确定的"一带一路"六大经济走廊来看，新亚欧大陆桥经济走廊（New Asian–European Continental Bridge Economic Corridor，NELBEC）涉及25个国家，包括中国、哈萨克斯坦、独联体5国、中东欧18国；中国—中亚—

西亚经济走廊（China-Central Asia-West Asia Economic Corridor，CCWEC）涉及23个国家，包括中国、埃及、中亚5国、西亚16国；中国—中南半岛经济走廊（China-Indochina Peninsula Economic Corridor，CICPEC）涉及12个国家，包括中国和东南亚11国；孟中印缅经济走廊（Bangladesh-China-India-Myanmar Economic Corridor，BCIMEC）涉及4个国家，包括中国、孟加拉国、印度和缅甸；而中巴经济走廊（China-Pakistan Economic Corridor，CPEC）涉及中国和巴基斯坦2个国家；中蒙俄经济走廊（China-Mongolia-Russia Economic Corridor，CMREC）涉及中国、蒙古国和俄罗斯3个国家。表1-1列出了六大经济走廊涉及的具体国家。

表1-1　　"一带一路"六大经济走廊包含的国家

编号	经济走廊	包含国家
1	新亚欧大陆桥经济走廊	中国、哈萨克斯坦、俄罗斯、白俄罗斯、乌克兰、摩尔多瓦、阿塞拜疆、亚美尼亚、格鲁吉亚、波兰、捷克、匈牙利、罗马尼亚、保加利亚、塞尔维亚、波黑、立陶宛、阿尔巴尼亚、克罗地亚、斯洛伐克、斯洛文尼亚、北马其顿、爱沙尼亚、拉脱维亚、黑山
2	中国—中亚—西亚经济走廊	中国、哈萨克斯坦、吉尔吉斯斯坦、塔吉克斯坦、乌兹别克斯坦、阿富汗、土库曼斯坦、土耳其、伊朗、叙利亚、伊拉克、阿联酋、沙特阿拉伯、卡塔尔、科威特、黎巴嫩、也门、约旦、以色列、巴勒斯坦、埃及、巴林、阿曼
3	中国—中南半岛经济走廊	中国、越南、老挝、泰国、柬埔寨、缅甸、文莱、马来西亚、印度尼西亚、东帝汶、菲律宾、新加坡
4	孟中印缅经济走廊	中国、印度、孟加拉国、缅甸
5	中巴经济走廊	中国、巴基斯坦
6	中蒙俄经济走廊	中国、蒙古国、俄罗斯

资料来源：许娇，陈坤铭，杨书菲和林昱君. "一带一路"交通基础设施建设的国际经贸效应[J]. 亚太经济, 2016 (3): 3-11.

比较中国一带一路网基础数据栏目包括的65个样本国家以及六大经济走廊涉及的61个国家可见，只有斯里兰卡、尼泊尔、马尔代夫和不丹4个"一带一路"国家不在经济走廊范围内。

考虑到基础设施的网络联通性，一国基础设施建设往往具有全球性影响，此外,"一带一路"倡议的开放性意味着"一带一路"具有扩展性,参与"一带一路"倡议的国家也会越来越多。国外学者大多使用72个经济体作为研究样本,即在上述65个国家的基础上,增加了3个非洲经济体(肯尼亚、坦桑尼亚、吉布提)、1个欧洲经济体(希腊)以及3个亚洲经济体(西岸和加沙、中国香港地区和中国台湾地区),这些外文文献有德·索伊尔等(De Soyres et al., 2018);巴尼亚、罗查和鲁塔(Baniya, Rocha & Ruta, 2018);德·索伊尔、穆拉迪克和鲁塔(De Soyres, Mulabdic & Ruta, 2020);斯蒂法诺、伊帕德雷和萨尔瓦蒂(Stefano, Iapadre & Salvati, 2021)等。

第二节 "一带一路"沿线国家基础设施建设现状分析

本书尽可能选择较长的时间样本,但由于一些国家经历战乱、政权更迭等原因导致多年的统计数据无法得到,这些国家包括阿富汗、不丹、老挝、马尔代夫、东帝汶、巴勒斯坦等6国,以其余59个"一带一路"国家进行分析,时间区间为2000~2019年。①

一、"一带一路"沿线国家交通基础设施建设现状分析

基于数据的可得性和不同国家间的可比较性,选用铁路总里程作为交通基础设施的代表,数据来自世界银行世界发展指标数据库。其中59个样本国家中有11个国家缺乏大部分年份的铁路总里程数据,这11个国家为巴林、文莱、科威特、黎巴嫩、缅甸、尼泊尔、阿曼、卡塔尔、新加坡、阿联酋、也门,本节以剩余的48个国家分析"一带一路"沿线国家的铁路里程发展情况。表1-2给出了2000~2019年"一带一路"样本国家(表中用BRI表示)、"一带一路"前10位样本国家、"一带一路"后10位样本国家的平均铁路总里程平均值。②

---

① 这59个国家中仍然有部分国家存在个别年份数据缺失的现象,为便于统计分析,我们通过加权滑动平均等统计方法补充这些缺失的数据。
② 在分析交通基础设施、能源基础设施、通信网络基础设施时都基于2019年的数据确定"一带一路"沿线国家的排名。

表1-2　　　2000~2019年"一带一路"沿线国家的平均铁路里程　　　单位：千米

年份	BRI	BRI（前10位）	BRI（后10位）	年份	BRI	BRI（前10位）	BRI（后10位）
2000	8059.50	30133.90	617.20	2010	8334.04	30915.24	618.60
2001	8009.44	29941.90	634.80	2011	8336.96	30963.35	615.52
2002	8048.00	29979.70	622.10	2012	8363.19	31041.97	611.65
2003	8053.10	29994.70	626.90	2013	8386.56	31117.65	619.21
2004	8080.71	30081.00	622.80	2014	8432.73	31227.01	629.33
2005	8149.65	30315.30	627.00	2015	8563.67	31168.37	629.93
2006	8181.52	30375.57	636.45	2016	8903.71	33027.57	628.94
2007	8211.31	30290.85	620.31	2017	8614.80	31577.23	629.47
2008	8183.66	30130.05	619.33	2018	8703.14	31743.88	630.01
2009	8306.58	30765.77	617.71	2019	8730.60	31790.80	630.51

资料来源：世界银行世界发展指标数据库。

从铁路里程来看，"一带一路"沿线国家的平均铁路里程总体上呈增长趋势，由2000年的8059.50千米增长到2019年的8730.60千米，增加了671.10千米，但"一带一路"沿线国家间也存在较大差异。从相对值来看，2000年，"一带一路"前10位样本国家平均铁路总里程约是后10位样本国家平均铁路总里程的48.82倍；到2019年，这个数据扩大为50.42倍。从绝对值来看，2000年，"一带一路"前10位样本国家平均铁路里程领先后10位样本国家平均铁路里程29516.7千米；2019年，这个数据变为31160.29千米。2000~2019年，"一带一路"后10位样本国家平均铁路里程相对前10位样本国家平均铁路里程的差距扩大了1643.59千米。

从增长速度来看，2000~2019年，"一带一路"国家、"一带一路"前10位样本国家、"一带一路"后10位样本国家的平均铁路总里程年均增长率分别为0.43%、0.30%和0.12%，表明相对而言，排名靠后国家铁路的修建速度要低很多。[①]

[①] 年均增长率的计算方法为，先计算每一年相对上一年的增长率，然后取所有的年度增长率的平均值。

从"一带一路"具体国家来看，不同国家间交通基础设施发展存在巨大的差异。2019年，中国、乌克兰、土耳其、罗马尼亚、波兰、哈萨克斯坦、印度的铁路总里程超过了10000千米，而阿尔巴尼亚、亚美尼亚、柬埔寨、吉尔吉斯斯坦、黑山、北马其顿、菲律宾、塔吉克斯坦的铁路总里程则低于1000千米，其余国家的铁路总里程则介于1000~10000千米之间。

二、"一带一路"沿线国家能源基础设施建设现状分析

本节选用人均电力消耗（千瓦时/人）作为能源基础设施的代表，数据来自世界银行世界发展指标数据库，本节将"一带一路"59个样本国家的人均电力消耗加总并除以国家数，得到"一带一路"国家平均的人均电力消耗。表1-3给出了2000~2019年"一带一路"样本国家、"一带一路"前10位样本国家以及"一带一路"后10位样本国家的平均人均电力消耗数据。

表1-3　　　　　"一带一路"沿线国家的平均人均电力消耗　　　　单位：千瓦时/人

年份	BRI	BRI（前10位）	BRI（后10位）	年份	BRI	BRI（前10位）	BRI（后10位）
2000	3314.49	9447.05	302.93	2010	3887.00	10351.69	487.70
2001	3380.81	9586.52	314.64	2011	3925.82	10235.89	484.25
2002	3461.60	9831.41	331.10	2012	3986.88	10507.35	466.46
2003	3595.40	10227.18	349.88	2013	3998.48	10527.56	459.57
2004	3645.49	10213.48	374.11	2014	4082.69	10937.54	462.69
2005	3730.44	10512.13	396.53	2015	4139.79	11171.13	458.88
2006	3822.42	10665.64	412.79	2016	4203.81	11404.73	465.28
2007	3846.81	10518.55	423.86	2017	4262.79	11638.33	471.68
2008	3842.41	10254.64	428.32	2018	4321.79	11871.93	478.08
2009	3712.78	10003.35	434.18	2019	4380.98	12105.43	485.48

资料来源：世界银行世界发展指标数据库。

从人均电力消耗量来看，"一带一路"沿线国家总体上呈增长趋势，由 2000 年的 3314.49 千瓦时/人增长到 2019 年的 4380.98 千瓦时/人，增长了 1066.49 千瓦时/人。但"一带一路"沿线国家间也存在较大差异。从相对值来看，2000 年，"一带一路"前 10 位样本国家人均电力消耗约是后 10 位样本国家人均电力消耗的 31.19 倍，到 2019 年，这个数据缩小为 24.93 倍。但从绝对值来看，2000 年，"一带一路"前 10 位样本国家人均电力消耗领先后 10 位样本国家电力消耗 9144.12 千瓦时/人，2019 年，这个数据变为 11619.95 千瓦时/人。2000~2019 年，"一带一路"后 10 位样本国家人均电力消耗相对前 10 位样本国家人均电力消耗的差距扩大到了 2475.83 千瓦时/人。

从人均电力消耗的增速来看，2000~2019 年，"一带一路"国家、"一带一路"前 10 位样本国家、"一带一路"后 10 位样本国家的人均电力消耗年均增长率分别为 1.49%、1.33% 和 2.57%，后 10 位样本国家人均电力消耗增长速度较前 10 位样本国家平均要快 1.24 个百分点。

从"一带一路"具体国家来看，不同国家间能源基础设施发展存在巨大的差异。2019 年，阿联酋、沙特阿拉伯、卡塔尔、科威特、文莱、巴林的电力消耗超过了 10000 千瓦时/人，而斯里兰卡、也门、菲律宾、巴基斯坦、尼泊尔、缅甸、印度、柬埔寨、孟加拉国的电力消耗则低于 1000 千瓦时/人，其余国家的电力消耗则介于 1000~10000 千瓦时/人之间。

三、"一带一路"沿线国家通信网络基础设施建设现状分析

本节选用个人互联网使用率（占人口比重）、移动电话拥有量（部/每百人）两个指标作为通信网络基础设施的代表，数据来自世界银行世界发展指标数据库。本书将"一带一路" 59 个样本国家的个人互联网使用率加总并除以国家数，得到"一带一路"国家平均的个人互联网使用率，将"一带一路" 59 个样本国家的移动电话拥有量（部/每百人）加总并除以国家数，得到"一带一路"国家平均的移动电话拥有量（部/每百人）。表 1-4 给出了 2000~2019 年"一带一路"国家、"一带一路"前 10 位样本国家、"一带一路"后 10 位样本国家的平均个人互联网使用率数据。表 1-5 给出了"一带一路"国家、"一带一路"前 10 位样本国家、"一带一路"后 10 位样本国家的平均移动电话拥有量数据。

表1-4　　　　"一带一路"沿线国家的平均个人互联网使用率　　　　单位:%

年份	BRI	BRI（前10位）	BRI（后10位）	年份	BRI	BRI（前10位）	BRI（后10位）
2000	5.25	14.16	0.20	2010	36.44	59.58	8.70
2001	6.97	17.01	0.38	2011	40.01	65.76	10.40
2002	10.04	20.17	0.86	2012	44.28	70.82	12.44
2003	12.45	24.63	1.32	2013	48.24	76.14	14.76
2004	15.43	27.99	1.63	2014	51.85	79.31	18.00
2005	17.95	31.55	1.96	2015	54.44	80.80	18.48
2006	20.92	35.83	2.83	2016	58.28	85.52	20.85
2007	24.84	44.13	4.32	2017	62.19	90.95	24.84
2008	28.37	50.22	5.31	2018	65.31	93.19	24.61
2009	31.92	53.93	6.60	2019	68.28	94.64	26.00

资料来源:世界银行世界发展指标数据库。

由表1-4可知,"一带一路"沿线国家的平均互联网使用率持续增长,由2000年的5.25%增长到2019年的68.28%,增加了63.03个百分点。同时,"一带一路"前10位国家和后10位国家的平均互联网使用率总体上也持续增长,2000~2019年,前10位样本国家增长80.48个百分点,而后10位样本国家增长25.8个百分点,增长的差异导致后10位样本国家的平均互联网使用率落后前10位样本国家,由2000年的13.96个百分点增加到2019年的68.64个百分点。

从平均互联网使用率的增速来看,2000~2019年,"一带一路"国家、"一带一路"前10位样本国家、"一带一路"后10位样本国家的平均互联网使用率年均增长率分别为14.87%、10.71%和32.04%,虽然"一带一路"后10位样本国家的平均增速更快,但"一带一路"后10位样本国家相对前10位样本国家平均互联网使用率的绝对差异在进一步扩大。

从"一带一路"具体国家来看,不同国家间互联网使用率存在巨大的差异。2019年,孟加拉国、印度、缅甸、尼泊尔、巴基斯坦、塔吉克斯坦、土库曼斯坦、也门的互联网使用率低于或等于30%,而巴林、文莱、伊拉克、科威特、阿曼、卡塔尔、沙特、阿联酋的互联网使用率超过90%。

表 1-5　　　　　"一带一路"沿线国家的平均移动电话拥有量　　　单位：部/每百人

年份	BRI	BRI（前10位）	BRI（后10位）	年份	BRI	BRI（前10位）	BRI（后10位）
2000	13.76	22.56	3.96	2010	101.00	120.65	73.44
2001	19.76	29.49	7.06	2011	107.79	128.73	81.73
2002	25.86	37.82	10.59	2012	113.23	132.39	87.99
2003	31.47	45.01	14.34	2013	116.83	140.80	92.58
2004	39.27	56.87	18.37	2014	119.37	146.32	91.92
2005	48.45	65.43	25.71	2015	120.49	150.90	92.16
2006	59.85	73.34	35.92	2016	121.89	158.36	88.25
2007	73.75	89.16	47.81	2017	121.77	159.09	88.59
2008	83.89	101.14	55.02	2018	121.83	164.88	83.41
2009	92.73	113.50	63.73	2019	124.89	172.09	81.40

资料来源：世界银行世界发展指标数据库。

由表1-5可知，"一带一路"沿线国家的平均每百人移动电话拥有量持续增长，由2000年的13.76部/每百人增长到2019年的124.89部/每百人，每百人拥有量增加了111.13部。同时，"一带一路"前10位样本国家和后10位样本国家的平均每百人移动电话拥有量总体上也持续增长，2000~2019年，前10位样本国家平均每百人拥有量增加了149.53部，而后10位样本国家平均每百人拥有量增加了77.44部，增长的差异导致后10位样本国家的平均每百人移动电话拥有量落后前10位样本国家，由2000年的18.6部增加到2019年的90.69部。

从平均每百人移动电话拥有量的增速来看，2000~2019年，"一带一路"国家、"一带一路"前10位样本国家、"一带一路"后10位样本国家的平均每百人移动电话拥有量年均增长率分别为12.95%、11.65%和19.07%，虽然"一带一路"后10位样本国家的平均增速更快，但"一带一路"后10位样本国家相对前10位样本国家平均每百人移动电话拥有量的绝对差异在进一步扩大。

从"一带一路"具体国家来看，不同国家移动电话拥有量存在一定的差异。2019年,每百人移动电话拥有量超过140部的国家有科威特、爱沙尼亚、伊朗、立陶宛、黑山、尼泊尔、菲律宾、俄罗斯、新加坡、斯里兰卡、泰国、土库曼斯坦、阿联酋和越南,每百人移动电话拥有量低于80部的国家有黎巴嫩、约旦、巴基斯坦和也门。

第三节 "一带一路"六大经济走廊基础设施建设现状分析

一、"一带一路"六大经济走廊交通基础设施建设情况

在计算平均铁路总里程时,新亚欧大陆桥经济走廊、中蒙俄经济走廊和中巴经济走廊所有国家都有样本,因此在计算这三个经济走廊的平均铁路总里程时,使用全部样本进行计算。而其余经济走廊则存在部分国家样本数据缺失的情况,因此,只能使用部分样本进行计算。其中,中国—中亚—西亚经济走廊中,巴林、科威特、黎巴嫩、卡塔尔、阿联酋、也门这6个国家大多数年份的铁路总里程数据缺失,因此,使用其余14个国家的数据进行计算。中国—中南半岛经济走廊中,文莱、缅甸、新加坡这3个国家大多数年份的铁路总里程数据缺失,因此,使用其余7个国家的数据进行计算。由于缅甸大多数年份的铁路总里程数据缺失,在计算孟中印缅经济走廊平均铁路总里程时,使用其余3个国家的数据进行计算。

表1-6给出了"一带一路"六大经济走廊的平均铁路总里程情况。中蒙俄经济走廊、孟中印缅经济走廊、中巴经济走廊的平均铁路总里程排名前三位,而中国—中南半岛经济走廊、新亚欧大陆桥经济走廊、中国—中亚—西亚经济走廊的平均铁路总里程排名后三位。2019年,中蒙俄经济走廊平均铁路总里程约是中国—中亚—西亚经济走廊平均铁路总里程的5.40倍,约是新亚欧大陆桥平均铁路总里程的4.78倍,约是中国—中南半岛经济走廊平均铁路总里程的4.32倍,约是孟中印缅经济走廊平均铁路总里程的1.12倍,约是中巴经济走廊平均铁路总里程的1.36倍。

表1-6　　　　"一带一路"六大经济走廊平均的铁路总里程　　　　单位：千米

年份	中国—中亚—西亚	新亚欧大陆桥	中国—中南半岛	孟中印缅	中蒙俄	中巴
2000	7527.50	10651.88	9846.86	41386.67	48847.00	33223.50
2001	7570.50	10548.12	9873.29	41654.00	48908.00	33435.00
2002	7658.07	10559.68	10045.29	41841.67	48960.67	33660.50
2003	7701.93	10564.39	10274.43	42141.67	49216.67	34118.50
2004	7810.64	10570.72	10445.14	42363.67	49370.33	34403.00
2005	7955.93	10620.48	10761.71	42846.67	49850.67	34995.50
2006	8059.76	10659.09	11014.10	43199.57	50158.23	35601.35
2007	8130.01	10614.13	11317.36	43266.17	49868.17	35713.75
2008	7968.34	10540.84	10923.85	42305.67	49271.00	34300.00
2009	8373.72	10721.48	11551.86	44113.67	50860.67	36641.00
2010	8502.85	10748.35	11614.90	44349.33	51115.00	37015.00
2011	8531.30	10722.67	11580.75	44430.67	51007.33	36916.00
2012	8593.26	10759.55	11609.61	44591.67	51118.67	37044.50
2013	8647.90	10741.63	11673.18	44966.00	51220.33	37188.00
2014	8719.26	10754.94	11850.90	45196.00	51358.50	37386.00
2015	8982.54	10726.49	12322.04	45373.00	51428.00	37501.50
2016	10241.86	11431.67	14348.04	51093.67	56967.33	45754.00
2017	9296.88	10800.95	11773.96	45841.00	51544.33	37534.50
2018	9453.77	10808.53	11941.33	46278.33	51650.33	37653.00
2019	9588.35	10829.55	11993.57	46391.00	51815.00	37966.00

注：中国—中亚—西亚经济走廊包含的样本国家为巴林、中国、埃及、伊朗、伊拉克、以色列、约旦、哈萨克斯坦、科威特、吉尔吉斯斯坦、黎巴嫩、卡塔尔、沙特、叙利亚、塔吉克斯坦、土耳其、土库曼斯坦、阿联酋、乌兹别克斯坦、也门，共20个国家。

资料来源：世界银行世界发展指标数据库。

二、"一带一路"六大经济走廊能源基础设施建设情况

表1-7给出了"一带一路"六大经济走廊的平均人均电力消耗情况。中国—中亚—西亚经济走廊人均电力消耗始终最高，2012年及之前，新亚欧大

陆桥经济走廊人均电力消耗位居第二,但 2012 年之后,中蒙俄经济走廊人均电力消耗由第三位跃居第二位,新亚欧大陆桥经济走廊人均电力消耗则退居第三位。中国—中南半岛经济走廊、中巴经济走廊、孟中印缅经济走廊则位居后三位。2019 年,中国—中亚—西亚经济走廊人均电力消耗约是新亚欧大陆桥经济走廊人均电力消耗的 1.41 倍,约是中国—中南半岛经济走廊人均电力消耗的 1.48 倍,约是孟中印缅经济走廊人均电力消耗的 3.53 倍,约是中蒙俄经济走廊人均电力消耗的 1.21 倍,约是中巴经济走廊人均电力消耗的 2.17 倍。

表 1-7　　　　"一带一路"六大经济走廊的平均人均电力消耗　　单位:千瓦时/人

年份	中国—中亚—西亚	新亚欧大陆桥	中国—中南半岛	孟中印缅	中蒙俄	中巴
2000	4732.61	3159.78	2159.37	391.61	2414.99	677.67
2001	4826.48	3258.65	2139.92	413.47	2474.06	721.70
2002	4949.39	3323.82	2220.35	450.38	2532.05	783.52
2003	5085.46	3467.38	2422.13	504.82	2665.68	887.44
2004	5069.17	3570.74	2497.85	570.82	2805.27	999.41
2005	5212.52	3647.19	2550.06	625.32	2934.79	1113.45
2006	5307.24	3775.47	2615.98	708.38	3145.39	1252.62
2007	5248.63	3865.87	2704.57	790.81	3314.92	1392.74
2008	5142.35	3941.10	2699.43	827.32	3423.25	1434.22
2009	5007.97	3689.07	2792.70	884.09	3361.88	1524.57
2010	5222.48	3885.81	2945.19	988.89	3614.05	1692.89
2011	5196.60	3998.06	2986.58	1103.72	3759.87	1865.29
2012	5273.39	4036.20	3113.90	1159.42	3893.42	1951.42
2013	5276.77	4019.05	3250.32	1256.23	4068.86	2115.61
2014	5443.99	4043.17	3367.23	1316.77	4178.70	2187.27
2015	5533.15	4068.45	3483.50	1387.13	4317.68	2294.00
2016	5621.95	4105.85	3609.10	1455.38	4453.68	2396.50
2017	5711.25	4131.37	3735.70	1526.13	4593.02	2504.00
2018	5800.55	4156.93	3862.30	1596.88	4732.35	2611.50
2019	5889.85	4182.57	3988.80	1670.13	4871.68	2719.00

资料来源:世界银行世界发展指标数据库。

三、"一带一路"六大经济走廊通信网络基础设施建设情况

本书使用个人互联网使用率和移动电话拥有量这两个指标来度量通信网络基础设施建设情况。表1-8和表1-9分别给出了"一带一路"六大经济走廊平均个人互联网使用率（占总人口比重）、"一带一路"六大经济走廊平均移动电话拥有量（每百人）的统计数据。

表1-8　　"一带一路"六大经济走廊平均个人互联网使用率　　单位：%

年份	中国—中亚—西亚	新亚欧大陆桥	中国—中南半岛	孟中印缅	中蒙俄	中巴
2000	4.24	5.92	7.51	0.59	1.67	0.92
2001	5.26	8.26	9.54	0.86	2.41	1.98
2002	6.83	13.47	11.53	1.57	3.59	3.59
2003	8.96	16.60	13.52	2.02	5.97	5.62
2004	10.37	21.24	16.78	2.37	8.32	6.73
2005	12.18	24.77	19.18	2.80	9.98	7.43
2006	15.12	28.69	20.89	3.63	12.05	8.51
2007	20.21	32.58	23.95	5.49	16.55	11.40
2008	24.87	37.23	25.04	7.43	19.74	14.80
2009	28.19	42.65	26.61	9.34	22.63	18.20
2010	32.92	48.06	30.51	11.44	29.17	21.15
2011	38.31	51.32	33.04	13.46	33.27	23.65
2012	42.41	56.57	36.33	15.97	40.83	26.13
2013	46.35	61.14	39.35	18.88	43.82	28.35
2014	50.28	64.39	42.75	23.58	46.12	29.95
2015	55.35	66.53	44.21	25.86	47.63	32.15
2016	56.78	70.05	54.54	29.57	49.52	32.79
2017	62.58	72.18	57.37	31.48	51.34	35.70
2018	66.37	74.77	60.45	28.77	61.33	36.50
2019	70.28	77.49	62.72	29.48	63.91	37.54

资料来源：世界银行世界发展指标数据库。

第一章 "一带一路"沿线国家基础设施建设的现状、进展与不足分析

由表1-8可知，就六大经济走廊来看，2000~2001年，中国—中南半岛的个人互联网使用率位居第一，但自2002年开始，新亚欧大陆桥经济走廊的个人互联网使用率跃居第一位。2002~2008年，中国—中南半岛的个人互联网使用率位居第二，但自2009年开始，中国—中亚—西亚经济走廊的个人互联网使用率超过中国—中南半岛，跃居第二位。孟中印缅经济走廊和中巴经济走廊的个人互联网使用率则始终处于最后两位。中蒙俄经济走廊的个人互联网使用率除在少数年份里位居第三外，绝大多数年份里都低于新亚欧大陆桥经济走廊、中国—中亚—西亚经济走廊和中国—中南半岛经济走廊的个人互联网使用率，位居第四。

2019年，新亚欧大陆桥经济走廊和中国—中亚—西亚经济走廊的个人互联网使用率位居前二，分别为77.49%和70.28%；中蒙俄经济走廊和中国—中南半岛经济走廊的个人互联网使用率位居第三和第四，但比较接近，分别为63.91%和62.72%；中巴经济走廊和孟中印缅经济走廊的个人互联网使用率则位居第五和第六，分别为37.54%和29.48%。

由表1-9可知，就六大经济走廊来看，2014年及之前，新亚欧大陆桥经济走廊的移动电话拥有量始终位居第一，2015~2018年，除2018年中蒙俄经济走廊跃居第一位外，中国—中南半岛经济走廊的移动电话拥有量均位居第一。2019年，中国—中南半岛经济走廊和中蒙俄经济走廊的移动电话拥有量位居前两位，但差距较小，分别为141.29部和141.06部；新亚欧大陆桥经济走廊、中国—中亚—西亚经济走廊、孟中印缅经济走廊的移动电话拥有量则分别位居第三、第四和第五，分别为123.45部、120.90部和108.15部；中巴经济走廊的移动电话拥有量则相对较低，为99.08部，接近100部。

表1-9　　　　"一带一路"六大经济走廊每百人移动电话拥有量　　　单位：部

年份	中国—中亚—西亚	新亚欧大陆桥	中国—中南半岛	孟中印缅	中蒙俄	中巴
2000	13.28	16.06	14.24	1.80	5.09	3.41
2001	18.29	24.31	19.13	3.05	8.17	5.83
2002	23.18	33.15	23.51	4.46	12.24	8.45
2003	26.91	41.55	27.87	6.18	19.48	11.05
2004	32.98	52.40	34.19	8.04	31.22	14.26

续表

年份	中国—中亚—西亚	新亚欧大陆桥	中国—中南半岛	孟中印缅	中蒙俄	中巴
2005	39.72	65.73	39.95	11.04	45.05	18.76
2006	49.46	80.29	47.20	15.68	56.60	27.74
2007	61.52	95.81	61.15	21.25	68.74	39.06
2008	72.51	103.51	73.42	26.98	84.55	49.33
2009	84.47	109.00	81.70	33.55	99.84	54.32
2010	94.27	115.45	90.62	42.72	106.91	59.02
2011	103.87	119.29	101.57	50.53	106.55	65.52
2012	109.80	123.41	111.73	55.07	114.78	72.25
2013	116.68	124.79	115.54	61.74	113.14	77.55
2014	119.71	124.27	121.74	75.60	115.88	80.71
2015	122.16	122.65	123.48	82.53	116.98	77.48
2016	121.22	122.45	129.98	90.78	121.48	81.78
2017	119.28	122.51	130.15	93.77	128.14	86.48
2018	118.22	121.81	133.71	104.14	135.38	94.04
2019	120.90	123.45	141.29	108.15	141.06	99.08

资料来源：世界银行世界发展指标数据库。

第四节 "一带一路"倡议相关基础设施建设进展分析

一、"一带一路"倡议及其进展

2013年9月，国家主席习近平出访哈萨克斯坦，在纳扎尔巴耶夫大学提出了共同建设"丝绸之路经济带"的倡议；同年10月，习近平主席在出访印度尼西亚时提出共同建设"21世纪海上丝绸之路"的倡议，这两个倡议也简称为"一带一路"倡议。

第一章 "一带一路"沿线国家基础设施建设的现状、进展与不足分析

在"一带一路"倡议提出后,中国成立了"一带一路"建设领导小组,确立共商、共建和共享为"一带一路"建设的原则。将"五通",即政策沟通、设施联通、贸易畅通、资金融通和民心相通确立为"一带一路"建设的目标。其中,政策沟通就是各国沟通彼此的经济发展战略,在"一带一路"倡议下实现彼此的发展战略对接,促进经济合作和发展,政策沟通是"一带一路"建设的重要保障。设施联通就是加强"一带一路"沿线的陆路、铁路、港口、机场、输油、输气、输电、通信等基础设施的建设,实现各国之间陆运、空运、水运、油、气、电、通信等的联通,基础设施互联互通是"一带一路"建设的优先领域。贸易畅通就是各国之间签订自贸区协议,协商促进贸易便利化和自由化举措,促进"一带一路"沿线国家间的贸易,贸易畅通是"一带一路"建设的重点内容。资金融通就是为各国的"一带一路"建设,包括发展战略对接、产业合作、基础设施建设等提供资金融通支持,资金融通是"一带一路"建设的重要支撑。民心相通就是加强各国人民之间的联系和交流,增进各国人民之间的了解,促进各国人民对人类命运共同体理念的理解,为构建人类命运共同体打下深厚的民意基础,民心相通是"一带一路"建设的社会根基。[①]

为了推进"一带一路"建设,我国确立了"六廊六路多国多港"的互联互通架构和合作格局。"六廊"指的是六大经济走廊,即新亚欧大陆桥经济走廊、中国—中亚—西亚经济走廊、中国—中南半岛经济走廊、孟中印缅经济走廊、中巴经济走廊、中蒙俄经济走廊。"六路"指铁路、公路、航运、航空、管道和信息网络六种通路。"多国"指的是一批先期合作国家,起到示范效应。"多港"指的是为确保海上运输通道顺畅的若干合作港口。

六大经济走廊刚好契合"一带一路"五大运输通道。就"丝绸之路经济带"来看,它包含三大运输通道,一是从中国西北、东北,经俄罗斯、中亚,最终至欧洲;二是从中国西北,经中亚、西亚,再到波斯湾和地中海;三是从中国西南,经中南半岛至印度洋。就"21世纪海上丝绸之路"来看,它包含两条蓝色航运通道,一是从中国南海,经马六甲海峡,至印度洋和地中海;二是从中国南海,延伸至南太平洋。中蒙俄经济走廊、新亚欧大陆桥经济走廊刚

---

① 国家发展改革委员会、外交部和商务部. 推动共建丝绸之路经济带和21世纪海上丝绸之路的愿景与行动 [EB/OL]. http://ydyl.people.com.cn/nl/2017/0425/c411837-29235511.html. 2015-03-28.

好与从中国西北、东北，经俄罗斯、中亚至欧洲的运输通道相吻合，将最大的发展中国家与欧洲的发达国家连接起来，并带动中间广大的中亚、中东欧发展中国家的发展。中国—中亚—西亚经济走廊与从中国西北，经中亚、西亚，再到波斯湾和地中海的运输通道相吻合，将西亚、中亚国家的丰富能源资源和东亚国家的能源资源需求连接起来，实现优势互补以及国际产能合作，促进各个国家的经济发展。孟中印缅经济走廊、中巴经济走廊、中国—中南半岛经济走廊则与"21世纪海上丝绸之路"的两条蓝色运输通道相吻合，覆盖东亚、南亚这一世界上人口最稠密的地区。

"六路"是"一带一路"建设的优先领域。在国际贸易运输中，海运是最主要的国际贸易运输方式，占全球贸易量的80%和贸易额的70%（OECD，2017），而铁路是国际贸易第二大运输方式，只有较少比例的国际贸易采用公路和航空的方式。在GTAP数据库中，"一带一路"沿线国家出口额的运输结构中，海运占了57.6%，陆运占了30.6%，而空运仅占11.7%（德·索伊尔等，2018）。管道建设则有利于促进石油、天然气、电力等资源的跨国输送，从而实现沿线国家的优势互补，促进资源输出国和资源进口国的经济增长。信息网络建设则是信息时代基础设施建设的重要内容，中国可以充分发挥自身在5G通信技术方面的优势，促进沿线国家通信技术基础设施的跨越式发展。研究表明，基础设施的发展能节约运输时间、降低贸易成本，从而促进国际贸易的发展（胡再勇等，2019；胡再勇，2021a，2021b）。德·索伊尔等基于地理学分析方法得出结论，如果"一带一路"倡议规划中的港口和铁路项目建成，"一带一路"倡议将显著降低运输时间和贸易成本，"一带一路"经济体间的运输时间平均降低1.7%~3.2%，运输成本平均降低1.5%~2.8%。其中，"一带一路"六大经济走廊国家的收益最高，运输时间最高能降低11.9%，贸易成本最高降低10.2%。"一带一路"倡议的收益还惠及全球，国际贸易的运输时间平均降低1.2%~2.5%，贸易成本平均降低1.1%~2.2%。

"多国"指的是"六廊六路"涉及的沿线国家，这些国家成为重点合作对象。通过与这些重点国家合作，不但能有效带动"一带一路"的建设，而且也能通过早期成果、早期收获项目形成示范效应，吸引其他国家加入合作。

"多港"则是为了维护海洋运输通道的安全顺畅，而在"21世纪海上丝绸之路"沿线上选择的一些关键节点港口。

确立了"六廊六路多国多港"的建设框架后，中国发起设立了亚洲基础设施投资银行和丝路基金，为"一带一路"沿线的基础设施建设、资源开发、产业合作等提供资金支持。2014年11月4日,在中央财经领导小组第八次会议上,习近平主席提出要以创新思维办好亚洲基础设施投资银行和丝路基金,强调发起并同一些国家合作建立亚洲基础设施投资银行就是要为"一带一路"有关沿线国家的基础设施建设提供资金支持,促进经济合作;而设立丝路基金是要利用我国资金实力直接支持"一带一路"建设。① 亚洲基础设施银行于2015年12月25日成立,注册资本金为1000亿美元,主要支持亚洲的基础设施互联互通和经济一体化进程,创始成员包括中国、印度、新加坡等21个国家和地区。② 丝路基金于2014年12月29日成立,是由中国外汇储备、中国投资有限责任公司、中国进出口银行、国家开发银行共同出资成立的开发投资基金,首期资本金100亿美元。③ 亚洲基础设施投资银行和丝路基金与现有的全球及区域性多边开发金融机构不是替代关系,而是补充关系,以共同促进亚洲基础设施的互联互通和经济一体化进程。

确立"一带一路"的建设框架和核心内容、建立亚洲基础设施投资银行和丝路基金为"一带一路"发展提供资金支持后,"一带一路"建设迅速推进,得到沿线国家的大力支持。联合国大会和联合国安理会等重要决议也纳入了"一带一路"的建设内容。"一带一路"已经由理念转变为实际行动,成果丰硕。

为进一步凝结共识,推进各国发展战略对接,促进"一带一路"建设和国际合作,我国于2017年5月14日至15日举办了首届"一带一路"国际合作高峰论坛。这是由中国举办、国际社会广泛参与的推进"一带一路"建设的国际盛会,参会领导人就政策沟通、设施联通、贸易畅通、资金融通、民心相通以及智库建设进行了深入的交流和沟通,达成了广泛的共识,取得了诸多成果。习近平主席在首届"一带一路"高峰论坛闭幕致辞时,总结了会议达成的五点重要共识,第一,大家积极评价"一带一路"倡议及其取得的进展,并致力于推动"一带一路"建设取得更大进展;第二,各国支持构建开放型世界经济,支持各国加强经济政策协调和发展战略对接;第三,各国共同努力推动基础设施互联互通、经济走廊建设、经贸产业合作园区、国际产能和装备

---

① 新华社. 习近平主持召开中央财经领导小组第八次会议[EB/OL]. http://politics.people.com.cn/n/2014/1106/c70731-25989646.html,2014-11-06.
② 截至2020年7月,亚洲基础设施投资银行的成员达到103个。
③ 2017年5月14日,在首届"一带一路"国际合作高峰论坛上,习近平主席宣布向丝路基金增资1000亿元。

制造合作、金融保障体系等领域不断取得新成果;第四,加强多层次、宽领域的人文合作;第五,各国都坚信"一带一路"是开放包容的合作平台,各国都是参与者、贡献者,也是受益者。① "一带一路"国际合作高峰论坛举行期间及前夕,各国政府、国际组织、地方及政府部门达成一系列合作成果,成果清单涵盖"五通"5 大类、76 大项,共 279 项具体成果。其中,政策沟通 10 大项成果、设施联通 14 大项成果、贸易畅通 16 大项成果、资金融通 16 大项成果、民心相通 20 大项成果。②

为了进一步促进互联互通,加强政策对接,挖掘经济增长新动力,促进"一带一路"建设,使成果惠及沿线国家和人民,我国于 2019 年 4 月 25 日至 27 日举办了第二届"一带一路"国际合作高峰论坛。第二届"一带一路"国际合作高峰论坛取得了诸多成果,包括重点举措或发起的合作倡议、签署的多双边合作文件、在高峰论坛框架下建立的多边合作平台、投资类项目、融资类项目、中外地方政府和企业开展的合作项目共 6 大类 283 项成果。就不同类别成果来看,中国打出的举措和发起的合作倡议有 26 项,包括发布《共建"一带一路"倡议:进展、贡献与展望》《"一带一路"国际合作高峰论坛咨询委员会政策建议报告》《廉洁丝绸之路北京倡议》《"创新之路"合作倡议》《"一带一路"债务可持续性分析框架》等;在高峰论坛期间和前夕签署的多双边合作文件有 42 大类;在高峰论坛框架下建立的多边合作平台共有 27 大类成果;投资类项目共有 17 大类成果;融资类项目共有 4 大类成果;中外地方政府和企业开展的合作项目有 17 项成果。③

二、"一带一路"倡议六大经济走廊建设进展

就六大经济走廊建设进展而言,中巴经济走廊起步早进展快,已实质启动一批重大项目建设;中蒙俄经济走廊已发布规划纲要,新亚欧大陆桥、孟中印缅经济走廊正稳步推进,中国—中亚—西亚经济走廊、中国—中南半岛经济走

---

① 习近平在"一带一路"国际合作高峰论坛圆桌峰会上的闭幕词,新华网,2017 年 5 月 15 日,http://www.xinhuanet.com/politics/2017-05/15/c_1120976534.htm.
② 新华网."一带一路"国际合作高峰论坛成果清单(全文),2017 年 5 月 16 日,http://www.xinhuanet.com//world/2017-05/16/c_1120976848.htm.
③ 新华网.第二届"一带一路"国际合作高峰论坛成果清单(全文),2019 年 4 月 27 日,http://www.xinhuanet.com/world/2019-04/28/c_1124425293.htm.

廊正在积极规划建设（马鑫和韦梦晨，2016）。

（一）中巴经济走廊

中巴经济走廊由李克强总理于 2013 年 5 月访问巴基斯坦时提出，得益于中巴双方的扎实推进，2014 年 11 月 8 日，《中巴经济走廊远景规划纲要》正式签署，为中巴经济走廊建设奠定了坚实的基础，中巴双方就此实质启动了一大批重大项目。2017 年 12 月 18 日，《中巴经济走廊远景规划》在巴基斯坦正式发布，规划把中国"一带一路"倡议和巴基斯坦 2025 年发展愿景深入对接，指导规划走廊建设，推动两国全天候战略合作伙伴关系深入发展。

（二）中蒙俄经济走廊

2014 年 9 月，习近平在中俄蒙元首会晤上提出将"丝绸之路经济带"与俄罗斯跨欧亚大铁路、蒙古国草原之路倡议进行对接，打造中蒙俄经济走廊。[1] 2016 年 6 月 23 日，《中蒙俄经济走廊规划纲要》签署，确认中蒙俄经济走廊建设旨在增加三方贸易量，提升产品竞争力，加强过境运输便利化，发展基础设施等领域合作项目，进一步加强三边合作。规划纲要确认合作领域包括基础设施互联互通、口岸通关、产能与投资合作、深化经贸合作、人文交流合作、生态环保合作、地方及边境地区合作七大领域。[2]

（三）新亚欧大陆桥经济走廊

新欧亚大陆桥东起太平洋西岸，西达大西洋西岸，涉及"一带一路"24 个国家。当前，新亚欧大陆桥建设中的项目主要包括中欧班列、匈塞铁路、中国—白俄罗斯工业园、中哈（连云港）物流合作基地以及中哈霍尔果斯边境合作中心项目。[3] 截至 2021 年 5 月底，中欧班列累计开行 39622 列，到达欧洲 22 个国家 160 多个城市。[4]

---

[1] 中华人民共和国商务部．共同打造中蒙俄经济走廊，http：//www.mofcom.gov.cn/article/i/jyjl/j/201409/20140900728588.shtml.
[2] 中华人民共和国发展改革委员会，http：//www.ndrc.gov.cn/zcfb/zcfbghwb/201609/t20160912_818326.html.
[3] 马鑫，韦梦晨．年终盘点："一带一路"六大经济走廊的现状与进展，第一财经研究院，2016 年 12 月 30 日，http：//www.cbnri.org/news/5227336.html.
[4] 中国"一带一路"网．中欧班列累计开行近 4 万列，2021 年 6 月 14 日，https：//www.yidaiyi-lu.gov.cn/xwzx/roll/176907.htm.

（四）孟中印缅经济走廊

2013年5月，李克强总理在访问印度时提出了孟中印缅经济走廊倡议，得到了印度、孟加拉国和缅甸三国的积极响应。孟中印缅经济走廊联合工作组第一次会议于2013年12月18日至19日在中国昆明召开，会议签署了会议纪要和孟中印缅经济走廊联合研究计划，正式建立了四国政府推进孟中印缅合作机制。① 孟中印缅经济走廊联合工作组第二次会议于2014年12月17日至18日在孟加拉国科克斯巴扎尔召开，会议讨论了四国提交的孟中印缅经济走廊国别报告，深入探讨了在互联互通、能源、投融资、货物与服务贸易及贸易便利化、可持续发展与扶贫及人力资源、人文交流等重点领域开展合作的设想和推进机制建设。② 孟中印缅经济走廊联合工作组第三次会议于2017年4月25日至26日在印度加尔各答召开，会议讨论了四国联合编制的研究报告以及下一步的工作安排，并签署了会议纪要，四国同意，研究报告修改完成后，启动孟中印缅政府间框架安排的磋商工作。③

孟中印缅经济走廊概念发轫于第一届孟中印缅地区合作论坛，至今，该合作论坛已召开十二届会议，第十二届孟中印缅地区合作论坛于2015年2月10日至11日在缅甸仰光召开，会议结束时发表的联合声明就孟中印缅地区合作论坛应继续作为一个多轨平台（发挥作用），承认保护环境可持续性需要共同框架，促进贸易和交通便利化，考虑开发和利用水道，共建孟中印缅旅游圈构想等内容达成共识。④ 2018年9月11日，中缅经济走廊联合委员会第一次会议在北京召开，双方同意成立发展规划、产能与投资、交通、能源、农业、边境经济合作区、"数字丝绸之路"、生态环境、旅游、金融、信息以及地方合作12个重点合作领域专项工作组。

中国和印度对待孟中印缅经济走廊的初衷不同，中国将孟中印缅经济走廊列为"一带一路"的重要组成部分，而印度将其看作"东望政策"的一部分，

---

① 中华人民共和国中央人民政府．孟中印缅经济走廊联合工作组第一次会议在昆明召开，2013年12月20日，http：//www.gov.cn/gzdt/2013-12/20/content_2551850.htm.

② 人民网．孟中印缅经济走廊联合工作组探讨加强联通与合作，2014年12月19日，http：//world.people.com.cn/n/2014/1219/c157278-26241789.html.

③ 新华社．孟中印缅经济走廊联合工作组第三次会议在印度举行，2017年4月26日，http：//www.xinhuanet.com/world/2017-04/26/c_1120880101.htm.

④ 中华人民共和国商务部．孟中印缅地区合作论坛第十二次会议在缅举行，http：//www.mofcom.gov.cn/article/resume/n/201502/20150200898864.shtml.

意在与东南亚建立更紧密关系,强化本国的地区强国地位,遏制中国影响。这必然影响两国在孟中印缅经济走廊中的合作,印度明确表示无意成为"一带一路"倡议的一部分。对孟加拉国和缅甸而言,其作为发展中国家,基础设施落后,渴望通过孟中印缅经济走廊提升基础设施,促进经济发展,但担心中国崛起后的资本输出。孟中印缅的初衷和出发点的不同,再加上历史矛盾、政治互信缺失、宗教信仰等问题,导致孟中印缅经济走廊发展大大滞后于预期。当前已建成及建设中的项目包括孟加拉国砖瓦产业升级及园区建设项目、中缅天然气管道、中缅原油管道、缅甸皎漂工业园与深水港项目等。

(五) 中国—中亚—西亚经济走廊

中国—中亚—西亚经济走廊从中国新疆出发,经中亚五国,最终抵达波斯湾、地中海沿岸和阿拉伯半岛,大致与"古丝绸之路"范围相吻合,是"丝绸之路经济带"的重要组成部分。[①]

在中亚,中国与哈萨克斯坦、塔吉克斯坦、吉尔吉斯斯坦、乌兹别克斯坦等国已签署共建"丝绸之路经济带"的双边合作协议,其中,中国和哈萨克斯坦双方都在积极推进"丝绸之路经济带"与哈萨克斯坦的"光明之路"发展战略对接,两大战略高度契合,对接顺畅,在产能合作、互联互通、基础设施建设等领域的合作务实高效。[②]

在西亚,2015年以来,中国先后与沙特阿拉伯、伊朗、阿拉伯联合酋长国建立了全面战略伙伴关系,这为中国与西亚各国巩固和深化各领域合作,促进共同发展和繁荣打下了政治框架,也为中国和西亚深化"一带一路"倡议框架下的合作创造了良好的政治条件。2014年6月5日,国家主席习近平出席中国—阿拉伯国家合作论坛第六届部长级会议开幕式并发表重要讲话,倡导构建中阿"1+2+3"合作格局,即以能源合作为主轴,以基础设施建设、贸易与投资便利化为两翼,以核能、航天卫星、新能源三大高新领域为新的突破口,全面加强中国与阿拉伯国家之间的合作。[③] "1+2+3"合作格局为中阿共建"丝绸之路经济带"指明了方向。

---

① 搜狐网.中国—中亚—西亚经济走廊/中国关键词,2017年10月18日,http://www.sohu.com/a/198720572_488902。
② 潘志平."中国—中亚—西亚"经济走廊:道路的考察[N].新疆经济报,2016年10月4日。
③ 中金在线."一带一路"上的经济走廊:中国—中亚—西亚经济走廊,2017年4月19日,http://news.cnfol.com/guojicaijing/20170419/24617136.shtml。

总之，中国和中亚、西亚诸国高层之间的互访机制和政府间合作机制，为中国—中亚—西亚经济走廊机制提供了制度性保障。当前，中国—中亚—西亚经济走廊进展比较快，已建成或启动建设了一大批项目。

（六）中国—中南半岛经济走廊

2006年7月，首届泛北部湾经济合作论坛提出的建设"中国（南宁）—新加坡经济走廊"可以看作中国—中南半岛经济走廊的最早雏形。① 随后，依托泛北部湾经济合作论坛、中国—东盟博览会、中国—东盟商务与投资峰会、中国—东盟自贸区、大湄公河次区域合作等平台，中国—中南半岛合作进展顺利，2015年9月18日，中国—中南半岛经济走廊（南宁—新加坡）合作发展圆桌会举办，会议围绕经济走廊的发展前景、合作范围与重点领域、沿线产业合作与跨国（境）经贸园区建设进行深入探讨，中国—中南半岛进入政策落实阶段。② 2016年5月26日，中国—中南半岛经济走廊发展论坛发布了《中国—中南半岛经济走廊建设倡议书》，中国—中南半岛经济走廊进入全面落地实施阶段。

除中巴经济走廊外，中国—中南半岛经济走廊是进展比较迅速的经济走廊，有一大批建成及在建的项目，主要得益于中国和东盟较多的合作机制以及中南半岛各国较高的参与意愿，各国都有发展战略与中国—中南半岛经济走廊对接，如越南的"两廊一圈"、柬埔寨的"四角战略"、泰国的"东部走廊计划"以及东盟的"2025发展愿景"等。③

三、"一带一路"倡议相关基础设施项目

"一带一路"倡议涉及的基础设施项目类型包括交通基础设施项目、能源基础设施项目、通信网络基础设施项目、水利基础设施项目、城市基础设施等。但目前并没有官方公开的"一带一路"倡议相关基础设施项目统计数据，一些机构通过收集一些项目的官方公告、新闻媒体的报道等，构建了非官方的"一带一路"倡议相关项目库。

---

①③ 搜狐网. 中国—中南半岛经济走廊：中国与东盟合作的新亮点，2017年9月19日，http://www.sohu.com/a/192993366_160337.

② 卢光盛. 澜沧江-湄公河合作机制与中国—中南半岛经济走廊建设[J]. 东南亚纵横，2016（6）.

世界银行的里德和特鲁别茨科伊（Reed & Trubetskoy，2018）分别基于"丝绸之路经济带"和"21世纪海上丝绸之路"统计了相关的93项交通基础设施项目，包括已完成、实施中、规划中的项目，纳入的标准之一是：所涉及公路或铁路投资的终点是至少有30万居民的城市。里德和特鲁别茨科伊的项目数据集主要包括大型公路、高速铁路和港口，且位于中国官方确定的六大经济走廊上。其中，"丝绸之路经济带"有67个规划项目，而"21世纪海上丝绸之路"有26个项目。

关于"一带一路"倡议已建成、建设中和计划中的项目，4个替代数据库提供了类似的信息：战略与国际研究中心（Center for Strategic and International Studies，CSIS）的重新连接亚洲数据库、美国企业研究所（AEI）的中国全球投资跟踪数据库、MERICS的"一带一路"跟踪数据库、香港贸易发展理事会（HKDTC）数据库。

战略与国际研究中心的重新连接亚洲数据库是一个广泛和高度综合的数据库，采取了更广泛的交通项目定义（公路、铁路、港口、桥梁和隧道等）。CSIS的数据库涵盖东欧和亚洲与"一带一路"倡议相关的152个交通项目，以及更多的小项目，值得注意的是，它附带项目成本数据。AEI数据库强调与项目相关的资本流动，涵盖50项与公路、铁路或航运基础设施相关的投资。MERIC"一带一路"跟踪数据库包含了大量与"一带一路"倡议相关的政策讨论，但没有提供研究人员可以访问的具体项目数据库。HKDTC的数据库范围非常广泛，它列出了106个与物流有关的项目，其中大多数与交通基础设施没有直接关系。①

第五节 "一带一路"沿线国家基础设施建设的不足分析

由于"一带一路"沿线国家都是发展中国家，且大多分布在亚洲，因此，基于数据可得性，本书以亚洲国家的基础设施建设情况来分析"一带一路"沿线国家基础设施建设的不足。

虽然"一带一路"沿线国家在交通网络、电力、通信、水基础设施等方

---

① Reed, Trubetskoy. Assessing the Value of Market Access from Belt and Road Projects [R]. World Bank Group, Policy Research Working Paper, 2019：8815.

面已取得长足的进展,但随着沿线国家经济的快速增长,"一带一路"沿线国家基础设施仍存在较大的缺口。超过4亿亚洲人仍然缺电,大约3亿人没有获得安全饮用水,15亿人缺乏基本卫生设施。

亚洲开发银行在2017年的《满足亚洲基础设施需求》(*Meeting Asian's Infrastructure Needs*)的报告中,给出了亚洲开发银行45个发展中成员(DMCs)从2016~2030年的基础设施投资需求估计,报告认为,15年间亚洲发展中国家需要约22.6万亿美元,相当于每年约1.5万亿美元,如果考虑气候调整(气候变化减缓及适应成本)后的费用,则应提高至约26万亿美元,年均约1.7万亿美元。就基础设施投资需求的行业来看,在2016~2030年气候调整后的总投资需求中,电力和运输是最大的两个部门,电力需求约为14.7万亿美元,交通需求约为8.4万亿美元,分别约占气候调整后投资总额的56%和32%;电信投资需求约为2.3万亿美元,水和卫生投资需求为8000亿美元,分别占气候调整后总投资的9%和3%,详见表1-10。

表1-10　　2016~2030年亚洲45个发展中经济体分部门的基础设施投资需求

单位:10亿美元

部门	基准估计			气候变化调整后估计			气候相关投资	
	投资需求	年平均	占比(%)	投资需求	年均	占比(%)	适应	减缓
电力	11689	779	51.8	14731	982	56.3	3	200
交通	7796	520	34.6	8353	557	31.9	37	—
通信	2279	152	10.1	2279	152	8.7	—	—
水和卫生	787	52	3.5	802	53	3.1	1	—
总计	22551	1503	100.0	26166	1744	100.0	41	200

注:—表示不适用。
资料来源:ADB. Meeting Asian's Infrastructure Needs [R]. 2017。

就相对资金缺口来看,亚洲25个发展中经济体2015年基础设施投资金额估计约为8810亿美元,占GDP的5.5%。2016~2020年气候调整前的年均投资需求约为12110亿美元,缺口3300亿美元,占GDP的1.7%;气候调整后的年均投资需求约为13400亿美元,缺口约为4590亿美元,占GDP

的2.4%。① 中国投资差额占GDP的比重相对较低,投资差额占GDP的比重分别为0.5%(气候调整前)和1.2%(气候调整后),排除中国后的其余24个经济体的投资差额占GDP的比重分别为4.3%(气候调整前)和5.0%(气候调整后)。

在亚洲基础设施投资银行、各国官方银行、各种投资基金以及私人资本等资金的大力支持下,"一带一路"倡议迅速推进,这将有效弥补"一带一路"沿线国家基础设施投资的缺口,带动"一带一路"沿线国家基础设施的发展,从而促进沿线国家的贸易、投资和经济发展。

---

① 这25个发展中经济体分别为阿富汗、亚美尼亚、孟加拉国、不丹、柬埔寨、中国、斐济、印度、哈萨克斯坦、基里巴斯、吉尔吉斯斯坦、马来西亚、马尔代夫、马绍尔群岛、密克罗尼西亚联邦、蒙古国、缅甸、尼泊尔、巴基斯坦、巴布亚新几内亚、菲律宾、斯里兰卡、泰国和越南。

第二章

基础设施的贸易效应研究文献综述

关于基础设施的贸易效应,现有文献主要从基础设施的贸易成本效应以及基础设施的贸易规模效应两个角度展开,考虑到本书研究"一带一路"基础设施的国际贸易效应,因此,本章主要回顾基础设施的贸易成本效应、基础设施的贸易规模效应、基础设施的双边贸易偏好效应以及"一带一路"基础设施的贸易效应(包括成本效应和规模效应)这四方面的文献。

第一节 基础设施的贸易成本效应研究

一、贸易成本的定义

奥伯斯特菲尔德和若戈夫(Obstfeld & Rogoff, 2000)指出,贸易成本有潜力解释国际宏观经济学的六大谜题,从而给贸易成本注入了新的动力。狭义贸易成本指的就是运输成本,广义贸易成本指的是运输成本、关税、非关税壁垒以及其他阻碍贸易的广泛因素(Obstfeld & Rogoff, 2000),这些其他阻碍贸易的广泛因素包括信息成本、合约执行成本、使用不同货币的成本、本国的分销成本等。简而言之,广义贸易成本是指除生产成本之外,一国消费者获得该进口产品所支付的所有其他成本(Anderson & Van Wincoop, 2004)。在传统文献中,假定自由贸易和零运输成本,从而使国际贸易成本可以用冰山成本表示(Samuelson, 1954),也就是一单位运往外地的产品中只有一部分能够到达目的地,其余部分消耗在路途中,消耗掉的就是冰山成本。贸易成本具有重大的福利含义，目前与政策相关的成本往往超过国家收入的10%（Anderson & Van Wincoop，2002）。

二、贸易成本的度量方法

对贸易成本的度量，传统上有两种方法，一种是直接法，使用政策施加的成本（如关税、配额及类似措施）变量和环境施加的成本（如运输、保险、时间成本）变量来直接度量贸易成本，如使用公开可得的运价（指数）、关税以及等价非关税壁垒等变量和指标来直接度量贸易成本。如利马奥和维纳布尔斯（Limao & Venables，2001）使用航运公司从巴尔的摩到指定目的地的标准集装箱运输成本报价以及国际货币基金组织报告的每个国家的到岸价格/离岸价格比率，分析地理和基础设施对贸易成本的影响。联合国贸易和发展会议在《2019年全球海运发展评述报告》中也基于航运公司的报价来度量贸易成本（联合国贸易和发展会议，UNCTAD，2019）。赫梅尔斯（Hummels，2001）从贸易期刊得到的海运和空运指数来推测报价的平均值。安德森和尼律（Andeson & Neary，1994）使用贸易限制指数（Trade Restrictiveness Index，TRI）和配额的标准贸易加权平均关税当量分析了多种纤维协议（Muilti-Fibre Arragement，MFA）下美国对7个主要纺织品和服装出口国的政策。由于缺少贸易壁垒的良好数据，直接测量方法非常稀少且不准确，此外与信息壁垒和合同执行相关的成本完全不能直接测量（Anderson & Van Wincoop，2004）。

另外一种方法是间接度量方法，又可以分为数量推断方法和价格推断方法。数量推断方法就是基于连接贸易流和可观察的变量以及不可观察的贸易成本的经济模型，推断出贸易成本，常用的经济模型是引力模型，这些可观察的变量包括距离、边界、地区贸易协定、共同货币区、语言和风俗习惯、信息、执行力等（Anderson & Van Wincoop，2004）。麦卡勒姆（McCallum，1995）、魏（Wei，1996）和埃文斯（Evans，2003）基于传统的引力模型分析了国家边界对贸易的影响，其中麦卡勒姆（1995）发现美加边界对贸易有重大影响，省与省之间的贸易量是州与省之间贸易量的20倍以上，这被称为"麦卡勒姆边界之谜"。安德森和冯·文克普（Anderson & Van Wincoop，2003）在分析贸易边界效应时，使用贸易引力方程度量贸易成本，也发现一国各地区之间的贸易量远远超过跨国贸易量。罗斯（Rose，2000）使用贸易引力方程分析贸易的货币成本，发现同种货币间的贸易量是跨货币贸易量的3倍。施威什（Swisher,2014）在分析运输网络的内生性对增长的贡献时也使用贸易引力方程度量贸易成本。

但传统的引力模型由于缺乏理论基础，存在遗漏变量偏差（Anderson & Van Wincoop,2003），难以评估贸易壁垒取消的效果（Novy,2006）。一些学者考虑对这些模型进行修正和扩展，安德森和冯·文克普（2003）基于一般均衡理论发展了具备微观理论基础的多边阻力引力模型，并基于1993年美国—加拿大数据评估了国家边界效应和美国—加拿大的总体贸易成本。罗斯和冯·文克普（2001）应用多边阻力引力模型分析了1980年和1990年143个国家的货币壁垒，发现货币联盟能降低贸易的货币壁垒，如欧洲的货币联盟（EMU）使得欧洲的贸易增加超过50%，货币联盟创造的贸易收益超过任何放弃独立货币政策的代价。伊顿和科尔托姆（Eaton & Kortum,2002）将现实的地理特征纳入一般均衡理论，发展了李嘉图模型，并基于1990年19个OECD国家和地区的数据评估了国家边界效应和语言壁垒成本。陈和诺维（Chen & Novy,2009）进一步发展了产业层面的时变多边阻力引力模型来度量贸易壁垒（运输成本和技术性贸易壁垒），并分析了1999~2003年欧盟国家制造业的贸易壁垒，发现制造业各行业间存在很大程度的贸易成本异质性。时变的多边贸易阻力引力模型与安德森和冯·文克普（2003）的贸易引力方程、伊顿和科尔托姆（2002）的李嘉图模型以及异质性企业模型（Melitz & Ottaviano,2008）保持了理论基础上的一致性。但多边贸易阻力引力模型采用价格指数代表多边阻力项，不太准确，且仍然难以进行比较静态分析（Novy,2006）。诺维（2006）基于多国一般均衡模型构建了双边冰山型贸易成本度量模型，研究发现，二战后贸易成本显著下降，国家间贸易成本的分散性能用地理、历史因素（距离和殖民地）、关税以及自由贸易协定来解释。诺维（2013）在安德森和冯·文克普（2003）多边贸易阻力模型的基础上，推导出了时变可观察的多边阻力变量的解析，从而产生了新的具有微观基础的引力方程，可以简单计算双边贸易成本而不需要利用距离或者其他贸易成本代理变量来构建贸易成本函数，成为比较流行的双边贸易成本度量模型。作者基于该模型研究发现，1970~2000年，美国与主要贸易伙伴间的贸易成本平均下降了40%，其中与墨西哥和加拿大的降幅最大。除了这些模型方法外，利默尔（Leamer,1988）使用预测贸易强度比率与实际贸易强度比率的差作为贸易成本的测度。赫梅尔斯（2001）使用多部门垄断竞争模型度量完整的贸易成本，包括明确计量的成本（关税和运费）、代理成本以及隐含的不可测量的成本这三个组成部分。

价格推断方法又有两个视角，一是贸易视角，聚焦于进口价格或世界价格与国内批发价格的比较，从而估计非关税壁垒（Nontariff trade barriers, NTBs）。迪尔多夫和斯特恩（Deardorff & Stern, 1998）、莱尔德和耶茨（Laird & Yeats, 1990）回顾了基于价格比较来估计贸易壁垒的相关文献。基于贸易视角的价格推断方法存在不足，主要体现在批发价格与进口口岸价格之比捕捉的仅仅是两国之间全部贸易壁垒中非常有限的部分，并不能准确捕捉配额和其他非关税壁垒的全部贸易成本（Deardorff & Stern, 1998）。二是宏观视角，聚焦于跨国家的零售价格收敛速度等议题，这方面文献的不足是因为缺乏将跨国相对价格和贸易壁垒连接起来的理论基础。现有文献连接相对价格和贸易壁垒往往参考套利方程，但套利限制对套利方程施加了显著的约束，这些套利限制包括独有国家销售许可证、价格歧视、质保和产品差异方面的管制等（Goldberg & Verboven, 2001; Obstfeld & Rogoff, 2000），使得基于套利方程来研究相对价格差异和贸易壁垒之间的关系不是很准确。恩格尔和罗杰斯（Engle & Rogers, 1996）发现相对价格的标准差与距离正相关，但由于贸易壁垒的原因，被边界隔开的两个城市相对价格的标准差要远高于同一国内的两个城市相对价格的标准差。恩格尔和罗杰斯（2001）认为边界效应可能是汇率波动的结果，控制双边汇率波动后，边界虚拟变量的系数大幅下降。其他基于价格差的研究者还有奥伯斯特菲尔德和泰勒（Obstfeld & Taylor, 1997）及克鲁奇尼、特尔默和扎查里亚迪斯（Crucini, Telmer & Zachariadis, 2000）、帕斯利和魏（Parsley & Wei, 2001）等。

无论是直接指标法，还是间接模型法，两种度量方法都各有其优缺点。直接指标法的优点是有现成的统计指标数据可以直接使用，缺点是相关数据非常稀少且不准确（Anderson & Van Wincoop, 2004），另外现有统计指标大多都是度量的局部贸易成本，而不是广义的贸易成本。间接模型法的优点是可以度量全局的贸易成本，但理论模型是对现实的简化，导致模型包含的变量可能缺乏理论基础，存在遗漏变量偏差等问题（Anderson & Van Wincoop, 2003），且在实证研究过程中，模型参数的设定可能随样本国家、研究者的变化而不同，导致不同研究者使用相同的样本得到的结论可能大相径庭。

三、贸易成本测度方法在中国的应用

由于理论基础上的先天不足，基于价格推断方法来测算贸易成本的影响力远不及数量推断方法。在数量推断方法的启示下,国内研究者基于传统的引力模型、安德森和冯·文克普(2003)的多边阻力模型、诺维(2006)的冰山型成本模型、诺维(2013)的新的具有微观基础的简单引力模型等对中国与发达国家、中国与"一带一路"等发展中国家的双边贸易成本及影响因素进行了大量的研究,这些研究者有方虹等(2010)、钱学锋和梁琦(2008)、王领和桑梦倩(2019)、张毓卿和周才云(2015)、康晓玲和张莹(2016)、冯宗宪等(2017)、刘洪铎和蔡晓珊(2016)、孙瑾和杨英俊(2016)、张静和武拉平(2018)、许德友和梁琦(2010)、郭超然(2019)、王筱欣和刘秋萍(2019)等,他们的主要结论是:随着时间推移,中国与发达国家、"一带一路"等发展中国家的双边贸易成本总体呈下降趋势,我国与发达经济体之间的贸易成本总体上低于与发展中经济体的贸易成本,且制造业间的贸易成本低于其余行业;中国的双边贸易成本主要受两国 GDP 差、GDP 增速、两国间距离、对外贸易依存度、两国贸易开放度、有无签署自由贸易协定、有效汇率、文化因素、是否有共同边界、是否是某一组织的共同成员等因素影响。

第二节 基础设施的贸易促进效应研究

一、基础设施对贸易的促进作用

国际和区域间的贸易本质上是商品和服务的空间交换,涉及运输和交易成本(Donaghy,2009),而基础设施建设有利于降低运输时间,节约运输成本,从而促进贸易(德·索伊尔等,2018)。现有文献也大多认为基础设施水平和贸易规模间存在正向关系,博夫伊斯、德梅特里亚德斯和摩根罗斯(Bougheas,Demetriades & Morgenroth,1999)通过将运输成本和基础设施内生化,扩展了李嘉图(Ricardian)贸易模型,发现基础设施水平和贸易规模间存在正向关系,并且基于欧洲国家的引力模型支持了上述理论发现。利马奥和维纳布尔斯(2001)发现基础设施对运输成本有显著影响,运输成本又对贸易量有显著影响,具体来讲,条件差的基础设施导致沿海国家增加了 40% 的运输成本,内陆国家增加了 60% 的运输成本。谢帕德和威尔逊(Shepherd & Wilson,2007)基于欧洲与中亚的数据和引力模型发现,道路质量的提升会促进贸易量的增加。自博夫伊斯、德梅特里亚德斯和摩根罗斯（1999）和利马奥和维纳布尔斯（2001）的重要发现后，该领域的文献数量迅速增加，如马丁内斯-扎尔佐兹和罗域-莱曼（Martinez-Zarzoso & Nowak-Lehmann, 2003），隆哥和塞卡特（Longo & Sekkat, 2004），格里戈里乌（Grigoriou, 2007），恩金克、威尔逊和福索（Njinkeu, Wilson & Fosso, 2008），卜特高-佩雷斯和威尔逊（Portugal-Perez & Wilson, 2012），多纳鲍尔等（Donaubauer et al., 2018）等。多纳鲍尔等（2018）通过1992~2011年间150个发达和新兴国家的数据、引力模型发现，基础设施量和质的提高会降低运输成本并提升双边贸易流量。

二、基础设施贸易效应的量化

格尔比斯、尼吉坎普和普特（Gelbis, Nijkamp & Poot, 2014）指出，现有文献关于基础设施贸易效应的估计值的范围变化很大，基础设施的双边贸易效应估计结果可能受到诸多因素的影响，要准确评估这一效应仍然是一个挑战。首先，基础设施本身对贸易的影响可能比较复杂，基础设施对贸易的促进作用存在门槛效应（Bougheas, Demetriades & Morgenroth, 1999）；基础设施对出口和进口的影响可能是不对称的（Martinez-Zarzoso & Nowak-Lehmann, 2003；Grigoriou, 2007；Coşar & Demir, 2016）；基础设施的影响对具有不同经济特征的贸易伙伴具有异质性（Longo & Sekkat, 2004；Njinkeu, Wilson & Fosso, 2008；Gil-Pareja et al., 2015）；不同类型基础设施的交互作用可能对贸易存在重要作用，基础设施交互作用的函数形式等没有先验的理论基础（Bouet, Mishra & Roy, 2008）。其次，贸易规模还受到其他重要因素的影响，如贸易引力方程及扩展的贸易引力方程涉及两国或地区GDP、人均收入增速、空间距离、是否相邻、是否签署自由贸易协定、是否为内陆国家、语言的互通程度、开放度等因素（Tinbergen, 1962；安德森和冯·文克普, 2003）。最后，有研究表明，引力方程未涉及的一些社会经济因素也会影响双边贸易，如开放度、机构质量、贸易便利化水平等。研究开放度对国际贸易的影响的研究者有巴格沃蒂（Bhagwati, 1978）、克鲁格（Krueger, 1978）、格林纳威，摩根和赖特（Greenaway, Morgan & Wright, 2002）等，总体结论是开放度与出口增长呈正相关，贸易开放度和出口之间的关系是稳健的。研究机构质量对贸易影响的研究者有杜大伟和克雷（Dollar & Kraay, 2002）、列夫琴科（Levchenko, 2004）、安德森和马可里尔（Anderson & Marcoullier, 2002）、兰杰和李（Ranjay &

Lee，2003）、德普肯和索诺拉（Depken & Sonora，2005）、弗朗索瓦和曼钦（Francois & Manchin，2013）等，主要结论是机构质量的差异本身就是比较优势的来源，机构质量与双边贸易量正相关。研究贸易自由化对贸易影响的研究者有威尔逊、曼恩和大冢（Wilson, Mann & Otsuki，2003，2005），谢帕德和威尔逊（2008）等，总体结论是贸易流量对贸易便利化水平比较敏感，无论是单方还是双方的贸易便利化改善都能显著促进贸易。

总之，现有文献在基础设施建设的贸易效应上取得了诸多共识，为基础设施和贸易之间的关系提供了深刻的洞见，也为本书的研究提供了重要的理论基础。

第三节 "一带一路"基础设施贸易效应的相关研究

一、"一带一路"沿线国家基础设施的贸易效应

随着"一带一路"倡议的提出，现有文献大多聚焦于"一带一路"沿线国家这个地理概念，分析"一带一路"沿线国家基础设施的贸易成本和贸易规模效应。但由于"一带一路"提出后的时间较短，大多数研究的时间涵盖"一带一路"倡议提出前和提出后。

关于中国与"一带一路"沿线国家双边贸易成本测算的研究也开始逐渐增加，但还处于起步阶段，如孙瑾和杨英俊（2016）基于中国和"一带一路"沿线14个国家的双边贸易数据发现，铁路密度、电话线路密度以及互联网使用率等基础设施情况与双边贸易成本呈负相关关系。胡再勇（2021a）基于六大经济走廊数据的研究发现，随着时间推移，中国与"一带一路"六大经济走廊沿线国家的双边贸易成本呈现较快的下降趋势。就贸易成本的影响因素而言，尽管不同学者选择的基础设施类型数量不同、基础设施的代表性变量有差异，但在加入两国间距离、GDP差、是否相邻、语言的相通程度、是否签署贸易协定、是否内陆国家等因素后，基础设施大多都能显著降低贸易成本。

关于"一带一路"基础设施的国际贸易效应的研究虽处于起步阶段，但发展迅速，大多数研究发现基础设施和贸易之间存在正相关关系，如胡再勇等（2019）基于"一带一路"沿线54个国家的面板数据和扩展的引力模型发现，

交通、能源和通信网络基础设施及其交互作用的进口和出口效应都非常显著。胡再勇（2021b）实证分析了基础设施对中国与其他"一带一路"六大经济走廊国家双边贸易的影响，研究结果表明，六大经济走廊能源、交通基础设施大多对双边贸易有显著促进作用，且不同类型基础设施交互作用的双边贸易效应总体上都为正，"一带一路"建设进展越快的经济走廊，"一带一路"倡议对其基础设施双边贸易的促进作用也越强。杜军和鄢波（2016）基于中国与东盟在2007~2014年间水产品贸易量的引力模型发现，港口基础设施建设对双边水产品贸易促进作用明显。张鹏飞（2018）利用"一带一路"沿线34个亚洲国家在2005~2015年的数据发现，交通、通信两种基础设施对沿线国家双边贸易都具有促进作用，且促进作用会随出口国和进口国的收入水平不同而变化。赵维等（2020）基于中国与45个"一带一路"沿线国家的面板数据和中介效应模型发现，互联网基础设施对中国与沿线国家的双边贸易往来具有促进作用。陈虹和刘纪媛（2020）基于中国与"一带一路"沿线55个国家的面板数据和门槛模型发现，"一带一路"沿线国家基础设施的完善可以促进中国对外贸易的增长。总体上看，尽管相关文献不多，且这些文献使用的模型、样本存在差异，聚焦的基础设施也各不相同，但总体上都表明"一带一路"不同类型的基础设施对双边贸易具有显著的促进作用。

二、"一带一路"倡议的贸易效应

自2013年习近平主席提出"一带一路"倡议以来，"一带一路"倡议取得显著进展，但无论是政策沟通、设施联通、贸易畅通、资金融通还是民心相通，都还处在发展中，尤其是很多基础设施项目还处在建设中或者规划中。对一项尚未完成的倡议来说，很难准确评估其带来的贸易效应。有少数文献则尝试研究"一带一路"倡议的某一个方面，如聚焦于"一带一路"倡议的贸易成本降低和贸易促进作用，这些文献有德·索伊尔等（2018），巴尼亚、罗查和鲁塔（2018），维拉弗尔蒂、科隆和张（Villafuerte, Coron & Zhuang, 2016），翟（Zhai, 2018），许娇等（2016），雷罗和徐（Herrero & Xu, 2017），侯赛因等（Hussain et al., 2019），斯蒂法诺、伊帕德雷和萨尔瓦蒂（2021）等。这些文献的研究方法总体上可以分为两类：一是采用弹性方法估计或者模拟"一带一路"倡议改进运输技术系数或者降低贸易成本的不同幅度，进而采用计量模型评估贸易成本降低带来的贸易促进作用。另一类文献是利用地理学方法估计"一带一路"倡议降低各国运输时间和贸易成本的幅度，进而使用计量经济学模型分析贸易成本降低与贸易规模扩大之间的关系。

德·索伊尔等（2018）基于地理信息系统（GIS）和网络最短路径算法测算了"一带一路"倡议下铁路和港口项目降低运输时间和贸易成本的幅度，研究发现，"一带一路"国家的平均运输时间下降幅度为1.74%~3.24%，贸易成本平均下降幅度为1.50%~2.81%。基于德·索伊尔等（2018）的测算结果，"一带一路"倡议下交通基础设施项目可使"一带一路"参与国GDP增长3.4%，世界GDP增长2.9%。巴尼亚、罗查和鲁塔（2018）也采用地理信息系统和网络最短路径算法研究了"一带一路"倡议下交通基础设施的贸易效应，研究发现运输时间平均下降2.8%~4.4%，"一带一路"经济体之间的贸易额增加2.5%~4.1%。德·索伊尔、穆拉迪克和鲁塔（2020）使用结构一般均衡模型（structural general equilibrium model）分析了"一带一路"倡议下交通基础设施对国际贸易的影响，研究结果表明，"一带一路"倡议下交通基础设施使得域内的贸易流量增加了7.2%。马利舍夫斯卡和范·德·门斯布鲁格（2019）基于德·索伊尔等（2018）估计的贸易成本降低幅度结论，构建全局递归动态可计算一般均衡模型（a global recursive dynamic computable general equilibrium model）分析"一带一路"倡议下的贸易效应，研究结论表明，在基准情景下，2030年全球出口贸易增长1.7%，其中"一带一路"地区约占77.5%，全球进口增长3.4%。

由于"一带一路"走廊的贸易便利化绩效低于世界平均水平（Bartley et al.，2018）①，因此，促进贸易便利化的政策和改善走廊管理等相关改革都能显著提升基础设施的经济效应（De Soyres et al.，2018）。巴尼亚等（2020）的研究结论也表明，更低的边境延误、更好的走廊管理和更高的贸易合作也能显著提升"一带一路"倡议下基础设施的经济绩效。此外，考虑到基础设施建设的高成本以及门槛效应，在基础设施的初始发展阶段，基础设施的成本会挤出其他领域的生产，此时，基础设施的贸易成本降低效应还未发生，这个阶段会对经济增长和福利产生负面影响，但基础设施发展达到一定阶段后，基础设施的贸易成本降低作用会超过挤出效应，从而增加经济产出和福利（胡再勇，2021）。杨等（Yang et al.，2020）的研究表明，亚洲（尤其是东南亚国

---

① 格兰杰和麦克林顿（Grainger & McLinden，2013）认为可以用整体供应链绩效来度量贸易便利化绩效。

家）和俄罗斯的基础设施投资可能会增加福利和经济增长。

总体上来看，无论是采用弹性方法或者模拟法分析贸易成本降低的贸易促进作用，还是采用地理参考数据和地理信息系统分析"一带一路"倡议的运输时间降低幅度和贸易成本降低幅度，进而采用引力模型或者可计算一般均衡模型分析贸易成本降低与贸易之间的关系，研究结论都表明，"一带一路"倡议能降低贸易成本，进而促进国际贸易。此外，"一带一路"倡议的基础设施项目存在网络效应，只要通过这些新基础设施项目的运输路径都能受益，使得"一带一路"倡议不但能促进"一带一路"域内国家间的贸易，而且也能促进"一带一路"域外国家间的国际贸易。但无论是"一带一路"域内国家还是域外国家，"一带一路"倡议的贸易效应都存在异质性，"一带一路"六大经济走廊沿线国家总体上来说获益最高。

第四节　基础设施的双边贸易偏好影响研究

很多文献都证实过交通基础设施建设能促进贸易、投资和经济增长，如阿绍尔（Aschauer，1989）、雷丁和特纳（Redding & Turner，2015）、艾伦和阿科拉基斯（Allen & Arkolakis，2019）、圣玛利亚（Santamaria，2020）、利马奥和维纳布尔斯（2001）、多纳鲍尔等（2018）、唐纳森（Donaldson，2018）、金和马里亚诺（Kim & Mariano，2020）等。关于"一带一路"倡议基础设施的贸易、投资和经济增长效应，德·索伊尔等（2018）、德·索伊尔，穆拉迪克和鲁塔（2020）、巴尼亚、罗查和鲁塔（2018）、德·索伊尔及穆拉迪克和鲁塔（2020）、马利舍夫斯卡和范·德·门斯布鲁格（2019）等文献也基于地理学方法和计量经济模型方法给出了实证证据。

但关于基础设施建设是否以及如何影响双边贸易偏好[①]的文献相对较少。国际贸易的影响因素分析常用引力模型进行研究，该模型能够很好地度量贸易的地理分布，但也伴随着缺乏理论基础以及遗漏变量的批评。一些学者也提出了具有理论基础的模型的变形形式，如伯格斯特兰（Bergstrand，1985，1989）、迪尔多夫（1998）、安德森和冯·文克普（2003）、伊顿和科尔托姆（2002）、诺维（2006）等，其中，安德森和冯·文克普（2003）提出了多边

---

① 双边贸易偏好即双边贸易额相对于两国的世界贸易份额的比重。

贸易阻力（Multilateral Trade Resistance，MTR）引力模型，即两国之间的贸易流动不仅受到双边贸易阻力（如距离、其他贸易壁垒等）的影响，还取决于每个国家在与其贸易伙伴进行贸易时的贸易成本（斯蒂法诺、伊帕德雷和萨尔瓦蒂，2021）。在引力方程中忽视 MTR 项会导致估计偏差，但也可以通过国家固定效应等计量技术手段来规避。斯蒂法诺、伊帕德雷和萨尔瓦蒂（2021）使用伊帕德雷（Iapadre，2006）提出的显式贸易偏好（Revealed Trade Preference，RTP）指数来避免在引力模型中引入多边阻力项。RTP 指数显示了两个贸易伙伴间的相对偏好程度，指数值不仅依赖于两个国家间的贸易流，还依赖于两个国家及其所有贸易伙伴的整个贸易网络体系（Iapadre & Tironi，2009；Iapadre & Tajolii，2014）。只要双边贸易阻力相对多边贸易阻力上升，则双边贸易流量相对世界其他地区就将下降。因此，将 RTP 指数作为引力模型的被解释变量，不需要再引入多边阻力项作为解释变量。基于上述方法，斯蒂法诺、伊帕德雷和萨尔瓦蒂（2021）对参与"一带一路"倡议的国家进行了分析，研究发现，两个国家基础设施质量回归系数均为负，可以解释为一个国家基础设施质量的提高促进了其与世界其他地区的贸易，从而减少了特定伙伴的权重。两国基础设施质量的交互项的回归系数为正，表明一国基础设施的改善与其对合作伙伴的贸易偏好之间的关系也必须考虑到后者的基础设施质量。

第五节 文献述评、本书的主要研究内容及创新点

一、文献述评

现有文献为双边贸易成本研究提供了深刻的洞见，但也存在明显的不足，主要体现在现有文献主要从宏观的角度研究双边贸易成本及其影响因素，而较少从微观的角度出发进行研究，尤其缺乏基础设施对双边贸易成本影响的定量分析文献。现有文献在基础设施的贸易效应上取得了诸多共识，关于基础设施的双边贸易偏好影响也开始吸引学者们的关注，关于"一带一路"基础设施的国际贸易效应的实证研究文献处于起步阶段但发展迅速，可是要准确评估基础设施对贸易的影响仍然是一个较大的挑战，还存在诸多亟须解决的理论与应用问题。

二、本书的主要研究内容

本书主要分析"一带一路"基础设施的国际贸易效应。考虑到六大经济走廊是"一带一路"建设的重要内容,因此,从研究样本划分来看,本书将分别考虑"一带一路"所有国家以及"一带一路"六大经济走廊这两个研究对象。此外,考虑到基础设施主要通过降低贸易成本从而促进国际贸易,因此,在研究对象方面,本书将分别分析"一带一路"基础设施的贸易成本效应和贸易规模效应,同时,也考虑分析"一带一路"基础设施对双边贸易偏好的影响。从研究时间划分来看,考虑到"一带一路"倡议实施的时间还比较短,本书将包括"一带一路"倡议实施前的时间和"一带一路"倡议实施后的时间。结合研究样本、研究对象和研究时间,具体而言,本书主要包括五大块研究内容,"一带一路"基础设施的贸易成本效应研究、"一带一路"六大经济走廊基础设施的贸易成本效应研究、"一带一路"基础设施的贸易效应、"一带一路"六大经济走廊基础设施的贸易效应研究、"一带一路"基础设施的双边贸易偏好影响研究。

此外,考虑到"一带一路"倡议包含的范围非常广泛,且"一带一路"实施的时间不太长,一些文献采用情景模拟或者地理学方法(地理参考数据和地理信息系统)评估了"一带一路"相关交通基础设施的贸易效应。考虑到"一带一路"大量基础设施还处于规划、建设阶段,新的基础设施还可能不断出现,既有规划中的基础设施也可能发生变化,"一带一路"倡议包括的其他广泛内容(政策沟通、资金融通、贸易畅通、人心相通)也可能直接或间接对"一带一路"倡议基础设施的贸易效应产生影响,现有研究必然存在误差,因此,本书不对"一带一路"倡议的贸易效应进行实证研究,而只对有关"一带一路"倡议贸易效应的文献进行深入综合分析,尤其是相关研究的优点及不足,以为后续"一带一路"倡议的贸易效应研究提供研究方向。

三、本书的主要创新点

现有文献在"一带一路"沿线国家贸易成本上的研究依然有不足之处,主要表现在:(1)现有文献在分析"一带一路"时,大多主观选择样本国家,测算中国与"一带一路"沿线部分国家之间的贸易成本,而本书则从客观的数据可得性的角度选择样本国家,以测算中国与"一带一路"沿线尽可能多的国家间的贸易成本;(2)现有文献未研究中国与六大经济走廊沿线国家的双边贸易成本,鉴于"一带一路"倡议下的基础设施项目完全建成后,六大经济走廊从中获益(运输时间缩短和贸易成本降低)超过非走廊国家(德·索伊尔等,2018),因此,有必要测算中国与六大经济走廊国家的时变双边贸易成本并分析基础设施在双边贸易成本降低中的作用;(3)现有文献大多从宏观的角度分析中国与"一带一路"沿线国家之间贸易成本的影响因素,而较少从微观角度进行分析。本书将在控制宏观影响因素的基础上,分析海运基础设施、陆运基础设施和空运基础设施对中国与"一带一路"沿线国家双边贸易成本的影响,以及海运基础设施、陆运基础设施和空运基础设施对中国与"一带一路"六大经济走廊国家双边贸易成本的影响。考虑到不同类型基础设施的交互作用可能在降低贸易成本中扮演重要角色(胡再勇,2019),本书还计划进一步分析海运基础设施、陆运基础设施和空运基础设施的交互作用对贸易成本的影响。

现有文献在"一带一路"基础设施和贸易关系上的研究仍存在一些不足之处,主要表现在:(1)现有文献大多从中国的视角出发,研究基础设施对中国与"一带一路"沿线国家双边贸易的影响,较少有从"一带一路"沿线国家视角出发的研究文献,因此,本书将从"一带一路"沿线国家的视角出发,分析基础设施对"一带一路"沿线国家进口、出口以及域内双边贸易的影响;(2)缺乏以六大经济走廊国家为研究样本的文献,因此,本书将分析基础设施对"一带一路"六大经济走廊双边贸易的影响。在分析六大经济走廊基础设施的双边贸易效应时,本书还探讨了"一带一路"倡议是否促进了六大经济走廊基础设施的双边贸易效应。考虑到不同类型基础设施的交互作用可能对双边贸易有显著促进作用(布埃、米什拉和洛伊,2008),本书还进一步分析能源基础设施、交通基础设施、通信网络基础设施及其交互作用对进口、出口和双边贸易的影响。

第三章

基础设施贸易效应的理论分析

本章分析基础设施贸易效应的理论,前两节分别介绍基础设施影响贸易的机理、基础设施建设与双边贸易之间的动态关系;考虑到不同类型基础设施的交互作用可能在贸易效应中扮演关键角色,因此,第三节分析不同类型基础设施交互作用的贸易效应,第四节总结基础设施贸易效应理论分析的基本结论,最后一节则结合第一章"一带一路"基础设施建设的现状、进展及不足提出"一带一路"基础设施贸易效应的基本假设。

第一节 基础设施贸易效应的机理分析

丁伯根(Tingbergen,1962)的经典引力方程具有较强的直观性,对国际贸易也有较强的解释能力,得到了广泛的应用,但因缺乏理论基础受到众多质疑。安德森和冯·文克普(2003)基于 CES 垄断竞争模型从理论上推导出多边贸易阻力模型,使得贸易引力模型具有坚实的理论基础,多边贸易阻力模型假设各国差异化商品间具有不变替代弹性(俞路,2016),表示为:

$$E_{ij} = (GDP_i\ GDP_j/GDP_w)(T_{ij}/P_iP_j)^{1-\theta} \quad (3-1)$$

式(3-1)中,E_{ij} 表示国家 i 对国家 j 的出口量;GDP_i、GDP_j 和 GDP_w 分别表示国家 i、国家 j 和世界的 GDP;θ 表示差异化商品间的不变替代弹性,是一个大于 1 的不变参数;T_{ij} 表示国家 i 与国家 j 间的运输成本;P_i、P_j 分别表示国家 i 和国家 j 的综合物价指数。由于 $\theta > 1$,所以在其他因素保持不变的情况下,T_{ij} 越大,则会导致 E_{ij} 越小,利马奥和维纳布尔斯(2001)认为,国家 i 与国家 j 的运输成本 T_{ij} 可以由下式决定:

$$T_{ij} = T(x_{ij}, X_i, X_j, \mu_{ij}) \qquad (3-2)$$

式（3-2）中，x_{ij} 是有关国家 i 和国家 j 之间旅程的特征向量；X_i 是国家 i 的特征向量；X_j 是国家 j 的特征向量；μ_{ij} 表示所有未观测到的变量。对于旅程特征向量 x_{ij}，利马奥和维纳布尔斯（2001）表示可以使用经典文献中的两种测度，一是国家 i 和国家 j 是否有共同边界，二是国家 i 和国家 j 之间的最短直接距离。对于国家特征向量 X_i 和 X_j，则可以使用地理特征和基础设施来测度，其中，对于地理特征测度，可以简单地用是内陆国家还是海岛国家来度量；对于基础设施测度，可以表示为一个国家的旅行费用，一般都构建不同类型基础设施的综合指数来表示，这些不同类型的基础设施一般包括交通基础设施、能源基础设施以及通信网络基础设施等。由式（3-2）可知，对特定的出口国 i 和进口国 j 来说，旅程特征向量 x_{ij} 的两个测度，是否有共同边界和最短直接距离都是固定的；国家特征向量 X_i 和 X_j 中的地理特征测度，如是内陆国家还是海岛国家也是固定的，而国家特征向量 X_i 和 X_j 中的基础设施测度通常随时间而变化。因此，从时间的维度来看，两个国家之间的运输成本 T_{ij} 的变化主要取决于国家特征向量 X_i 和 X_j 中基础设施测度的变化。而从某一个时点出口国 i 对其他国家出口的截面维度来看，考虑到出口国 i 的国家特征向量 X_i 在该国对所有国家的出口中都是相同的，因此，运输成本 T_{ij} 主要取决于旅程特征向量 x_{ij} 以及国家特征向量 X_j，即取决于是否与 i 国有共同边界、与 i 国的最短直接距离以及 j 国的地理特征和基础设施。一般而言，一国的基础设施越完善，则在该国的旅行费用越低，因此，在其他因素保持不变的情况下，国家特征向量 X_i 和 X_j 中基础设施越完善，T_{ij} 会越低。在式（3-1）中，在其他因素保持不变的情况下，T_{ij} 越大，则会导致 E_{ij} 越小，因此，国家特征向量 X_i 和 X_j 中基础设施越完善，则 E_{ij} 越大，即国家 i 和 j 的基础设施越完善，越有利于促进国家 i 和 j 之间的双边贸易。如果将国家 i 和 j 的基础设施测度用 I_i 和 I_j 来表示，综合上述理论分析，可以将式（3-1）和式（3-2）合并为：

$$E_{ij} = E_1(I_i, I_j) E_2(\prod{}_{ij}, \mu_{ij}) \qquad (3-3)$$

式（3-3）中，$\prod_{ij}$ 表示式（3-1）、式（3-2）中除基础设施之外的所有其他影响因素，如 GDP、物价指数、旅程特征向量以及地理测度；μ_{ij} 表示所有影响国家 i 向国家 j 出口的未观测到的因素。考虑到式（3-1）是基于 CES 垄断竞争模型推导出来的，因此，可以假设 E_1 为严格凹函数，即 $\partial E_1 / \partial I_i > 0$，$\partial E_1 / \partial I_j > 0$，$\partial^2 E_1 / \partial I_i^2 < 0$，$\partial^2 E_1 / \partial I_j^2 < 0$。

由上述分析可知，i 国和 j 国的基础设施都能使国家 i(j) 对国家 j(i) 的

出口产生正向影响,但影响大小一般来说存在差异,即:

$$\partial E_{ij}/\partial I_i \neq \partial E_{ij}/\partial I_j \tag{3-4}$$

同样,

$$\partial E_{ji}/\partial I_i \neq \partial E_{ji}/\partial I_j \tag{3-5}$$

考虑到国际贸易有进口和出口两个方向,理论上来说,过境国的基础设施对一个国家的进口和出口影响大小是不同的,即

$$\partial E_{ij}/\partial I_i \neq \partial E_{ji}/\partial I_i \tag{3-6}$$

同样,

$$\partial E_{ij}/\partial I_j \neq \partial E_{ji}/\partial I_j \tag{3-7}$$

在双边贸易中,基础设施除对一国进口和出口的影响存在差异外,实际上,考虑到一国基础设施地理分布的差异,一国基础设施的扩张即使对该国整体国际贸易存在促进作用,也并不代表该国与所有国家的贸易都从该国基础设施的扩张中获益,该国与一些国家的贸易因为基础设施建设而大幅扩张是以与其他国家的贸易受损为代价的。这是因为两点,一是一国基础设施扩张可能会降低该国的整体加权贸易成本,但该加权贸易成本降低并不是在该国与所有贸易伙伴中均匀分布的,该国与一些国家间的加权贸易成本降低幅度要更大一些,而与另一些国家间的加权贸易成本降低幅度要小一些。加权贸易成本的相对变化会导致贸易的非同方向变化,即该国与一些国家间的加权贸易成本降低幅度更大会导致两国间的贸易涨幅较高,相反,该国与另一些国家间的加权贸易成本降低幅度更小可能会导致该国与这些国家间的双边贸易下降。二是基础设施扩张带来的贸易成本下降对贸易结构的影响,基础设施建设,尤其是高铁建设带来的运输时间下降,会促进时间敏感型产品的国际贸易,不同国家对双边贸易中时间敏感型产品的结构比例的差异会导致贸易的变化幅度的差异。

此外,基础设施贸易效应的边际影响是逐渐下降的,即随着基础设施建设数量的提高,虽然基础设施的贸易效应总体上也在增加,但增加得越来越缓慢,基础设施的边际贸易效应是逐渐下降的。

由式(3-3)可知,除基础设施外,影响国家 i 对国家 j 出口的因素还有很多,集中体现在式(3-3)中,具体而言,就是变量 $\prod_{ij}$ 代表的 GDP、物价指数、旅程特征向量以及地理测度变量等,在分析基础设施的贸易效应时需要控制这些变量带来的影响。

第二节 基础设施建设与双边贸易动态关系的理论分析

多恩布什、费希尔和萨缪尔森（Dornshbusch, Fischer & Samuelson, 1977）扩展了传统的多种商品在两个国家间的李嘉图贸易和收支理论，构建了一个连续统一体的李嘉图模型，并探讨了关税、运输成本等对两国进出口边际的影响；借鉴多恩布什、费希尔和萨缪尔森（1977）的分析框架，博夫伊斯、德梅特里亚德斯和摩根罗斯（1999）将运输成本和基础设施内生化代入李嘉图的贸易模型，分析了基础设施对两国贸易的影响。本节借鉴多恩布什、费希尔和萨缪尔森（1977）和博夫伊斯、德梅特里亚德斯和摩根罗斯（1999）的思想，构建李嘉图模型分析基础设施建设对双边贸易的影响。

（一）模型[①]

假设两个国家，唯一的投入品是劳动力，本国的劳动力用 L 表示，外国的劳动力用 L^* 表示，两个国家依照比较优势生产产品。为简化分析，假设两国生产的产品可以指数化为连续统一体（continuum of goods），表示为 [0, 1]，则本国和外国生产产品需要的相对投入可以表示为：

$$\frac{a_i^*}{a_i} > \frac{a_j^*}{a_j}, \ i<j, \ 且 \ i, j \in [0, 1] \tag{3-8}$$

式中 a_i 表示本国生产产品 i 的投入，同样，a_i^* 表示外国生产产品 i 的投入。显然，本国的比较优势随着产品指数 i 的增加而下降，这意味着 a_i 随 i 的增加而增大，而 a_i^* 随 i 的增加而下降。在没有运输成本的情况下，本国生产所有 $a_i < a_i^*$ 的产品，假设满足式 $a_i < a_i^*$ 的临界产品为 k，则本国生产产品 [0, k]，而外国生产产品 [k, 1]，则世界的产出为：

$$Q = \begin{cases} L/a_i & i \in [0, k] \\ L^*/a_i^* & i \in [k, 1] \end{cases} \tag{3-9}$$

假设本国和外国居民消费所有的产品 [0, 1]。本国生产产品 [0, k]，同时进口产品 [k, 1]，外国生产产品 [k, 1]，也进口产品 [0, k]。假设本

[①] 本节的模型框架来自博夫伊斯、德梅特里亚德斯和摩根罗斯（1999）。

国和外国居民对所有商品存在相同的偏好,在归一化的假设下,本国居民对所有产品的消费等于 L,外国居民对所有产品的消费等于 L^*。

(二) 运输成本

借鉴萨缪尔森 (1954) 的冰山成本模型以及博夫伊斯、德梅特里亚德斯和摩根罗斯 (1999) 的思想,运输成本导致只有一部分产品最终运至目的地,假设这个比例为 p,且对所有产品都是相同的。在有运输成本的情况下,本国需要生产更多的产品,才能达到没有运输成本的出口水平,同样,外国也需要生产更多的产品才能满足同样的出口产品规模。在有运输成本的情况下,本国和外国生产产品满足的条件为:

$$a_i < \frac{a_i^*}{p} \qquad (3-10)$$

$$a_i^* < \frac{a_i}{p} \qquad (3-11)$$

设满足式 (3-10) 和式 (3-11) 的临界产品分别为 k′ 和 k″,显然,k″<k<k′。本国生产的产品由 [0, k] 变为 [0, k′],外国生产的产品由 [k, 1] 变为 [k″, 1],假设两国技术相同,生产的同种产品质量一样,从而产生了非贸易品部分,即 [k″, k′]。

可见,在有运输成本的情况下,两国的生产规模扩大,而贸易规模下降。

(三) 基础设施

良好的基础设施会降低运输成本,可以将基础设施看作一种成本削减技术,从而增加最终运到目的地的商品比例 p;但同时,两国也需要将禀赋在最终的产品生产和基础设施发展之间进行分配。

假设两国在基础设施上的总投资为 Γ,两国按照本国禀赋的相对比重投资基础设施,则本国在基础设施上的投资为 $\frac{L}{L+L^*}\Gamma$,外国在基础设施上的投资为 $\frac{L^*}{L+L^*}\Gamma$。完善的基础设施有助于降低运输成本,但受到两个因素的影响:一是地理特征和两国间距离 D,如是内陆国家还是岛国,另外,无论地理特征如何,两个国家之间的距离越远,则运输成本越高,相反,两个国家之间的距离越近,则运输成本越低;二是与基础设施的存量和流量有关,本书通过固定成本和可变成本来区分基础设施的存量和流量。从而可以定义如下函数关系：

$$p(\Gamma/D) = \begin{cases} \bar{p} & \Gamma/D < \bar{\Gamma} \\ f(\Gamma/D) & \Gamma/D > \bar{\Gamma} \end{cases} \quad (3-12)$$

式（3-12）中，$\bar{\Gamma}$ 表示基础设施投资的临界点，由于 D 是固定的，当 $\Gamma/D < \bar{\Gamma}$ 时，基础设施投资的运输成本降低效应是固定的，从而产品运输到目的地的商品比例是确定的；当 $\Gamma/D > \bar{\Gamma}$ 时，p 是 Γ/D 的函数，由于 D 是固定的，因此 p 是基础设施发展 Γ 的函数。一般而言，基础设施建成所需的投资较多，而一旦建成，随后的维护升级改造费用相对较低，因此，$f' > 0$，$f'' < 0$。

对基础设施投资的双边贸易效果而言，当基础设施发展低于临界值 $\bar{\Gamma}$ 时，基础设施投资会带来负效应，一是基础设施发展不会带来运输成本的降低，二是基础设施发展会挤占产品生产的资源投入。当基础设施发展超过临界值 $\bar{\Gamma}$ 时，基础设施投资的双边贸易效果会增加，这时，基础设施发展带来的运输成本下降的正向效应超过挤占的产品生产机会成本的负向效应。由于 $f'' < 0$，因此，基础设施发展有个最大效应点 Γ^*，超过这个点，基础设施发展带来的运输成本下降的正向贸易效果低于挤占的产品生产机会成本的负向贸易效果。基础设施的双边贸易效果见图 3-1。

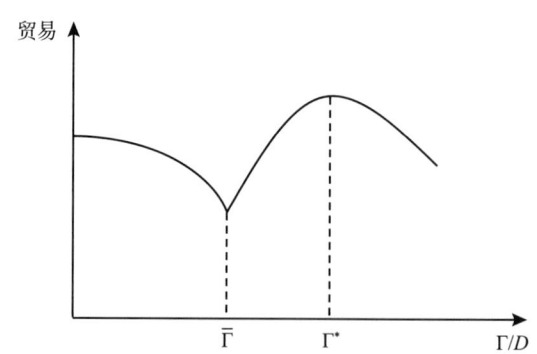

图 3-1　基础设施的双边贸易效果

从两个国家之间的分析结论也可以推广到一国之内的贸易，在假定世界其余国家基础设施既定的情况下，如果一国基础设施低于基础设施投资的临界点 $\bar{\Gamma}$，则该国基础设施对该国贸易的影响方向就为负。如果一国基础设施发展水平介于临界点 $\bar{\Gamma}$ 和最大效应点 Γ^* 之间，则该国基础设施发展对其贸易的影响就为正，但如果进一步超过最大效应点 Γ^*，则基础设施对该国贸易的影响方向又转为负向。实际上，上述理论分析还是过于简单，没有考虑到基础设施的地理分布特征以及运输时间下降导致的贸易结构性变化的影响。由于"一带一路"沿线国家基础设施总体上还存在较大缺口，因此，针对图 3-1，本书主要分析一国基础设施发展水平低于临界点 $\bar{\Gamma}$ 的情形以及介于临界点 $\bar{\Gamma}$ 和最大效应点 Γ^* 之间这两种情形。

首先，当一国基础设施发展水平低于临界点 $\bar{\Gamma}$ 时，由于该国基础设施建设投资挤占产品生产的资源投入，而基础设施建设整体尚没有发挥出贸易成本降低的作用，导致该国的国际贸易萎缩，但这并不意味着该国与所有国家的双边贸易都下降，由于基础设施分布的地理差异，该国与某些国家也许能从既有的基础设施建设中获益，该国与某些国家间运输时间的下降也可能促进时间敏感型产品的贸易。

其次，当一国基础设施发展水平介于临界点 $\bar{\Gamma}$ 和最大效应点 Γ^* 之间时，基础设施对该国的整体对外贸易存在促进作用，但这并不代表该国与所有国家之间的双边贸易都存在促进作用，基础设施对该国与某些国家之间的双边贸易的影响可能为正，但对该国与另一些国家之间的双边贸易影响可能为负。从总体上来说，一国基础设施的发展对该国整体的贸易影响方向即使为正，仍然可能对该国与某些国家之间的贸易产生负面影响。主要原因是基础设施的地理分布并不均衡，与某些国家间的运输成本下降幅度较大，与另一些国家间的运输成本下降幅度较低甚至没有下降，此外，基础设施降低运输时间，进而促进时间敏感型产品的国际贸易，这会对贸易结构产生影响，进而可能对双边贸易产生正的或者负的影响。

第三节 基础设施交互作用的贸易效应理论分析

（一）理解基础设施交互作用的两个角度

基础设施的交互作用可以从两个角度来理解，一是从交互作用的定义角度来看，根据百度百科，交互作用是指一个因素的各个水平之间反应量的差异随其他因素的不同水平而发生变化的现象。交互作用表明不同类型基础设施的贸易效应并不独立。交互作用可以是互补式的，也可以是非互补式的。二是从数学的角度来理解，假设有两个基础设施 x_1 和 x_2，它们共同影响的贸易变量为

y，假设其余影响贸易的因素用向量 $\prod$ 来表示，基础设施 x_1 和 x_2 的交互作用用 x_1x_2 来表示，则可以建立回归模型：

$$y = \beta_0 + \beta_1 x_1 + \beta_2 x_2 + \beta_3 x_1 x_2 + \gamma \prod + \mu \qquad (3-13)$$

式 (3-13) 中，β_0 是常数项；β_1 表示在其他影响因素为 0 时，基础设施 x_1 的边际贸易效应；β_2 表示在其他影响因素为 0 时，基础设施 x_2 的边际贸易效应；γ 是参数向量，是其他因素向量 $\prod$ 的回归系数；β_3 度量的就是 x_1 和 x_2 交互作用的贸易效应。为便于理解交互作用，假设 x_2 的值由 0 变化到 1，则基础设施 x_1 对贸易的影响由 β_1 增加到 $\beta_1 + \beta_3$，从而交互作用 β_3 体现了基础设施 x_2 由 0 变化到 1 对基础设施 x_1 贸易效应的影响。下面来分析 β_3 的回归结果，设模型 $y = f(x_1, x_2, \prod) + \mu_1$ 的残差估计结果为 $\hat{\mu}_1$，而 $x_1 x_2 = f(x_1, x_2, \prod) + \mu_2$ 的残差估计结果为 $\hat{\mu}_2$，则回顾模型：

$$\hat{\mu}_1 = \beta_3 \hat{\mu}_2 + \mu_3 \qquad (3-14)$$

其回顾系数就是 β_3，它反映剔除掉 x_1、x_2、$\prod$ 影响后贸易 y 和 $x_1 x_2$ 间的简单回归系数，如果对这些变量不施加任何限制，则 β_3 的回归结果可能为负，也可能为正。

（二）基础设施交互作用的贸易效应

基础设施交互作用的贸易效应可能为正，也可能为负。如果一种基础设施对另一种基础设施的贸易效应存在正向促进作用，且这种促进作用是相互的，则基础设施的贸易效应为正。相反，如果一种基础设施对另一种基础设施的贸易效应存在负向作用，则基础设施交互作用的贸易效应为负。

基础设施交互作用的贸易效应存在两个维度，一个维度是两个国家间同类基础设施的交互作用的贸易效应，另一个维度是一国内两种不同类型基础设施交互作用的贸易效应。就第一个维度来看，事实上，一个基础设施处于扩张的国家只有与基础设施体系强大的国家进行贸易，两国间的贸易偏好才能得到增强；相反，一国基础设施扩张并不能增强与基础设施体系弱小的国家间的贸易偏好。此外，两国基础设施发展水平的同步扩张也可能带来国家间贸易偏好的增强，这取决于两国基础设施水平是否都超过了临界点 $\overline{\Gamma}$，如果两个国家基础设施水平都超过了临界点 $\overline{\Gamma}$，则两个国家间基础设施交互作用的贸易效应就为正，相反，如果一个或两个国家的基础设施发展水平都低于临界点 $\overline{\Gamma}$，则可能导致基础设施交互作用的贸易效应为负。就另外一个维度来看，一国内不同类型基础设施交互作用的贸易效应也存在类似的结论。

第四节　基础设施贸易效应理论分析的基本结论

影响基础设施贸易效应的因素很多,基础设施的贸易效应也比较复杂,上文的理论分析总结可以得出以下一些基本结论。

基础设施对一个国家的进口和出口影响大小是不同的。在双边贸易中,两国基础设施对两国进口和出口的影响也存在差异。

由于基础设施地理分布的差异以及基础设施扩展对时间敏感型产品的影响导致贸易结构的变化,一国基础设施的扩张即使对该国整体国际贸易存在促进作用,也并不代表该国与所有国家的贸易都从该国基础设施的扩张中获益,该国与一些国家的贸易因为基础设施建设而大幅扩张是以与其他国家的贸易受损为代价的。

就基础设施投资的贸易效果而言,当基础设施发展低于临界值 $\overline{\Gamma}$ 时,基础设施投资会带来负效应;当基础设施发展超过临界值 $\overline{\Gamma}$ 时,基础设施投资的双边贸易效果会增加;由于基础设施的贸易边际效应趋于下降,基础设施发展有个最大效应点 Γ^*,超过这个点,基础设施发展带来的运输成本下降的正向贸易效果低于挤占的产品生产机会成本的负向贸易效果。

考虑到基础设施的地理分布特征以及运输时间下降导致的贸易结构性变化的影响,即使一国基础设施发展水平低于临界点 $\overline{\Gamma}$,该国的国际贸易萎缩,也并不意味着该国与所有国家的双边贸易都下降。当一国基础设施发展水平介于临界点 $\overline{\Gamma}$ 和最大效应点 Γ^* 之间时,基础设施对该国的整体对外贸易存在促进作用,但并不代表对该国与所有国家之间的双边贸易都存在促进作用。

基础设施处于扩张的国家只有与基础设施体系强大的国家进行贸易时,两国间的贸易偏好才能得到增强,基础设施交互作用的贸易效应才为正。此外,基础设施扩张的同步与否也影响其交互作用的贸易效应。

第五节　"一带一路"基础设施贸易效应的基本假设

本书将分析"一带一路"沿线国家以及六大经济走廊基础设施对贸易成本的影响以及对贸易的影响,基于前文的理论分析以及第二章"一带一路"基础设施发展的现状分析,可以对"一带一路"基础设施的贸易效应提出一些基本假设，并在后文的分析中进行证实。

（一）"一带一路"基础设施贸易成本效应的基本假设

就基础设施的贸易成本效应而言，基础设施建设是否能降低贸易成本，取决于基础设施建设是否达到临界点 $\bar{\Gamma}$，考虑到"一带一路"国家大多是发展中国家，基础设施建设还存在较大缺口，一般没有达到最大效应点 Γ^*，分布可能低于临界点 $\bar{\Gamma}$，也可能介于临界点 $\bar{\Gamma}$ 和最大效应点 Γ^* 之间。考虑到中国的基础设施发展水平较高，因此，提出如下假设：

假设1：平均来看，中国与"一带一路"沿线国家的基础设施对贸易成本应存在降低作用。

假设2：平均来看，"一带一路"沿线国家的基础设施扩张在与中国较强水平的基础设施的交互作用下，对贸易成本也应存在降低作用。

（二）"一带一路"六大经济走廊基础设施贸易成本效应的基本假设

虽然六大经济走廊的基础设施建设进展存在较大差异，但就中国与"一带一路"六大经济走廊基础设施的双边贸易成本效应来看，也可以提出如下假设：

假设3：平均来看，中国与不同经济走廊的基础设施对双边贸易成本存在降低作用。

假设4：中国与不同经济走廊基础设施的交互作用同样对双边贸易成本存在降低作用。

（三）"一带一路"沿线国家基础设施贸易效应的基本假设

从"一带一路"沿线国家的视角出发，考虑交通、能源、通信网络三种基础设施及其交互作用的进口、出口和域内双边贸易效应，可以提出以下基本假设：

假设5：如果一国的基础设施发展水平超过临界点，则有利于促进该国的进出口贸易；但如果基础设施发展水平低于临界点，则不利于该国的进出口贸易。

假设6：双边贸易与两个国家的基础设施都相关，但两国基础设施对双边贸易的影响可能为正，也可能为负，这既取决于基础设施的发展水平，也取决于基础设施的地理分布特征以及对贸易结构的影响。

运输成本除与进口国和出口国的基础设施有关外，还与过境国的基础设施有关，一国的进口和出口涉及不同的进口来源国和出口目标国以及不同的过境国，必然导致运输成本的不同，对进口和出口的影响也不同，据此，可以提出假设7。

假设7：基础设施在国际贸易的两个方向上的作用大小并不一致，即基础设施的进口效应和出口效应大小不一样。

考虑到不同类型的基础设施对运输成本降低的作用大小并不一致，且"一带一路"沿线国家的能源、交通、通信网络基础设施的发展阶段可能不一致，大多数国家能源基础设施和交通基础设施都比较匮乏，通信网络基础设施则相对稍好，在 E_1 为严格凹函数的假设下，可以提出基本假设8。

假设8：能源基础设施、交通基础设施、通信网络基础设施的国际贸易效应大小不一致。

考虑到不同类型基础设施的交互作用对降低运输成本可能是非线性的，且不同类型基础设施交互作用对国际贸易的影响机制比较复杂，基础设施扩张的国家只有与基础设施体系强大的国家进行贸易时，基础设施交互作用的贸易效应才为正。据此，提出假设9。

假设9：不同类型基础设施交互作用对双边贸易的影响方向可能为正，也可能为负。

（四）中国与"一带一路"六大经济走廊基础设施双边贸易效应的基本假设

由于"一带一路"六大经济走廊上大多是发展中国家，基础设施发展严重不足，部分经济走廊的基础设施发展平均处于临界值之下，而部分经济走廊基础设施发展可能处于临界值之上，因此，基础设施发展对双边贸易的影响方向可能并不一致。据此，可以提出基本假设10。

假设10：基础设施的双边贸易效应可能为正，也可能为负，取决于基础设施发展是否达到临界点。

考虑到不同类型的基础设施对运输成本降低的作用大小并不一致，且"一带一路"沿线国家的能源、交通、通信网络基础设施的发展阶段可能不一样，大多数国家能源基础设施和交通基础设施都比较匮乏，通信网络基础设施则相对稍好，可以提出基本假设11。

假设11：能源基础设施、交通基础设施、通信网络基础设施的双边贸易效应大小不一致。

就不同类型基础设施的交互作用而言，由于单一类型的基础设施的双边贸易效应可能为正,也可能为负,因此,不同类型基础设施的交互作用也可能为正或为负,可以提出基本假设12。

假设12:不同类型基础设施交互作用的双边贸易效应可能为正,也可能为负,正负关系取决于不同类型基础设施的发展状态。

就"一带一路"倡议对基础设施的双边贸易效应的促进作用而言,考虑到设施联通是"一带一路"的优先建设领域,包括道路、能源、通信网络等基础设施,而且很多基础设施投资资金来源于亚投行等国际开发金融机构,没有或者较少对一国的产品生产产生替代效应,因此,预计"一带一路"倡议有助于促进基础设施的双边贸易效应,据此提出基本假设13。

假设13:"一带一路"倡议对基础设施及其交互作用的双边贸易效应具有促进作用。

"一带一路"倡议提出后,不同经济走廊基础设施建设的进展并不一致,就六大经济走廊建设进展而言,中巴经济走廊、中国—中南半岛经济走廊、中蒙俄经济走廊、中国—中亚—西亚经济走廊的基础设施建设进展较快,而新亚欧大陆桥、孟中印缅经济走廊的基础设施建设进展则相对较慢。建设进展较快的经济走廊预计对基础设施的双边贸易效应的促进作用也更强,据此,可以提出基本假设14。

假设14:基础设施建设进展越快的经济走廊,"一带一路"倡议总体上对其基础设施双边贸易效应的促进作用也越强。

(五)"一带一路"基础设施双边贸易偏好影响的基本假设

基础设施建设能促进双边贸易偏好的提高,但考虑到基础设施的网络性,两个国家之间的基础设施不但能让这两个国家获益,任何经过两国进行贸易的国家也能从该基础设施中获益,因此,提出如下假设。

假设15:基础设施对双边贸易偏好的影响可能为正或为负,如果基础设施对两个贸易伙伴之间贸易的相对促进作用强于贸易伙伴与世界其余国家之间的相对贸易,则基础设施对双边贸易偏好的影响为正;相反,如果基础设施对两个贸易伙伴之间贸易的相对促进作用弱于贸易伙伴与世界其余国家之间的相对贸易,则基础设施对双边贸易偏好的影响为负。

假设16:两国基础设施的交互作用对双边贸易偏好的影响显著为正。只有与高质量基础设施的国家进行贸易,一个国家的基础设施质量提高才能提升两国间的交互贸易偏好。

第四章

中国与"一带一路"沿线国家基础设施的双边贸易成本效应研究[*]

本章首先测算 2003~2018 年"一带一路"沿线国家的时变双边贸易成本，并基于扩展的贸易引力方程实证分析基础设施降低贸易成本的作用大小，从而为进一步推进"一带一路"基础设施建设以有效降低贸易成本提供数据分析基础。本章将在测算中国与"一带一路"沿线国家双边贸易成本的基础上，进一步实证分析不同类型基础设施及其交互作用对贸易成本的影响大小和方向。

第一节 中国与"一带一路"沿线国家双边贸易成本的测算

一、测算模型

本章计划基于诺维（2013）新的具有微观基础的贸易成本度量模型测算中国与"一带一路"沿线国家的时变双边贸易成本。诺维的模型可以由安德森和冯·文克普（2003）的具有微观基础的多边贸易阻力引力方程简单推导出来。安德森和冯·文克普（2003）的模型为：

$$T_{ij} = \frac{GDP_i GDP_j}{GDP^w}\left(\frac{C_{ij}}{P_i P_j}\right)^{1-\sigma}, \quad T_{ji} = \frac{GDP_i GDP_j}{GDP^w}\left(\frac{C_{ji}}{P_i P_j}\right)^{1-\sigma} \quad (4-1)$$

---

[*] 本章部分内容参见胡再勇. 基础设施对中国与"一带一路"沿线国家双边贸易成本的影响研究[J]. 重庆理工大学学报（社会科学版），2022（1）：74-86.

式（4-1）中，$T_{ij}(T_{ji})$ 表示国家 $i(j)$ 对国家 $j(i)$ 的出口；GDP_i 表示 i 国的国民收入，GDP_j 表示 j 国的国民收入，GDP^w 表示世界的国民收入，等于各国国民收入的总和；$C_{ij}(C_{ji})$ 表示国家 i 和国家 j 间的总贸易成本（1加上等价关税）；P_i 和 P_j 分别表示 i 国和 j 国的价格指数，表示多边阻力变量；σ 是替代弹性，大于1。多边贸易阻力模型也可以适用于国内贸易（诺维，2010），则式（4-1）可以变为：

$$T_{ii} = \frac{GDP_i GDP_i}{GDP^w}\left(\frac{C_{ii}}{P_i P_i}\right)^{1-\sigma}, \quad T_{jj} = \frac{GDP_j GDP_j}{GDP^w}\left(\frac{C_{jj}}{P_j P_j}\right)^{1-\sigma} \quad (4-2)$$

从式（4-1）和式（4-2）中消除 P_i 和 P_j，并进行变形，可以得到

$$\frac{T_{ii} T_{jj}}{T_{ij} T_{ji}} = \left(\frac{C_{ii} C_{jj}}{C_{ij} C_{ji}}\right)^{\sigma-1} \quad (4-3)$$

由于国家 i 和 j 之间的双边贸易成本是对称的，对式（4-3）变形后取平方根并减去1可以得到等价关税的双边贸易成本表达式，即

$$\tau_{ij} = \left(\frac{C_{ii} C_{jj}}{C_{ij} C_{ji}}\right)^{\frac{1}{2}} - 1 = \left(\frac{T_{ii} T_{jj}}{T_{ij} T_{ji}}\right)^{\frac{1}{2(\sigma-1)}} - 1 \quad (4-4)$$

式（4-4）就是诺维（2013）的时变双边贸易成本度量方程。该式的含义是，如果国内的贸易量（$T_{ii} T_{jj}$）相对国家间的贸易量（$T_{ij} T_{ji}$）增加，则意味着双边贸易成本上升。式（4-4）涉及国内贸易变量，在国际贸易市场结清条件下，安德森和冯·文克普（2003）认为，$T_{ii} = GDP_i - E_i$，即一国的国内贸易等于国民收入减去该国的出口。诺维（2013）认为，GDP 数据中包含了服务等非贸易品，不适用于计算贸易成本，可以进行调整，即设定 $T_{ii} = p(GDP_i - E_i)$，其中 p 为可贸易品份额。贸易成本与可贸易品份额 p 正相关，而与替代弹性 σ 负相关。

二、数据来源及参数设定

根据中国一带一路网，"一带一路"涉及国家共65个，由于战乱、社会动荡等原因，一些国家数据缺失。另外，新加坡的商品出口额大于 GDP，利用 $T_{ij} = GDP_j - E_j$ 计算国内贸易会得到负数，因此，为保持研究数据的一致性，也剔除了新加坡。考虑到"一带一路"的开放性，越来越多的国家与中国签署了共建"一带一路"的协议，因此，为充分利用尽可能多的样本信息以更客观反映经济活动的行为规律，增加了韩国、新西兰、亚美尼亚、马达

第四章　中国与"一带一路"沿线国家基础设施的双边贸易成本效应研究

加斯加、摩洛哥、埃塞俄比亚和南非7个国家。本章最终的研究样本为50个国家[①]，时间区间为2003~2018年。

GDP数据来自世界银行世界发展指标数据库（World Development Indicators Database），双边贸易和各国出口数据来自联合国贸易数据库，所有数据均采用2010年为基年的GDP平减指数进行转换，得到各国的实际GDP、出口以及双边贸易数据。在测算过程中，还有替代弹性σ和可贸易品份额p这两个参数需要确定。有研究发现，替代弹性σ的值介于5~11之间（Anderson & Van Wincoop，2004），可贸易品份额介于0.3~0.8之间（Evenett & Keller，2002）。为简化分析，借鉴诺维（2013）、孙瑾和杨英俊（2016）、王领和桑梦倩（2019）的做法，替代弹性σ和可贸易品份额p均取中间值，即替代弹性σ取8，而可贸易品份额p取0.5。

三、贸易成本测算结果

图4-1给出了中国与"一带一路"沿线国家在2003~2018年的总体平均时变双边贸易成本。由图可以看出，中国与"一带一路"沿线国家的平均贸易成本整体呈下降趋势，2003年，中国与"一带一路"沿线国家的平均双边贸易成本为1.4414，2018年为1.1590，16年下降了19.5948%，说明这16年间，中国与"一带一路"沿线国家间的双边贸易成本在大幅下降。

从贸易成本下降特征来看，2003~2008年下降趋势明显，除2006年稍有反弹外，2008年平均贸易成本较2003年下降了15.9329%，主要原因是中国于2001年加入世界贸易组织后，大幅降低关税并减少非关税壁垒，使得关税和非关税壁垒对中国的贸易成本的影响大幅降低。2009年，受全球金融危机的影响，全球贸易大幅下滑，各种经济指标低迷，为促进经济复苏和拉动本国就业，许多国家实施了各种非关税壁垒措施，使得2009年中国与"一带一路"沿线国家的平均双边贸易成本出现反弹，其值达到1.2774，较上年增加

---

① 这50个国家包括东南亚7国（印度尼西亚、菲律宾、文莱、越南、柬埔寨、马来西亚、泰国）、南亚2国（印度、巴基斯坦）、独联体5国（俄罗斯、白俄罗斯、亚美尼亚、阿塞拜疆、摩尔多瓦）、中亚2国（吉尔吉斯斯坦、哈萨克斯坦）、西亚9国（阿曼、约旦、黎巴嫩、巴林、阿联酋、以色列、卡塔尔、沙特阿拉伯、土耳其）、非洲5国（马达加斯加、摩洛哥、埃塞俄比亚、埃及、南非）、中东欧17国（乌克兰、格鲁吉亚、奥地利、克罗地亚、立陶宛、波黑、拉脱维亚、阿尔巴尼亚、爱沙尼亚、斯洛文尼亚、匈牙利、波兰、捷克、马其顿、保加利亚、罗马尼亚、斯洛伐克）、中国、韩国和新西兰。

5.4142%，但仍显著低于2003年的1.4414，表明中国与"一带一路"沿线国家的双边贸易成本虽然受到全球金融危机的影响，但影响程度并不是很大。全球金融危机过后，中国—东盟自由贸易协定全面实施，中国与多个国家（或地区）签署自由贸易协定，进一步推进贸易自由化和便利化，使得中国与"一带一路"沿线国家的平均双边贸易成本在2010年和2011年进一步大幅下降，环比下降8.2983%和2.6574%。2011~2014年，中国与"一带一路"沿线国家双边贸易成本处于平稳期，有所波动，但变化幅度很小。受逆全球化思潮影响，2015年和2016年，中国与"一带一路"沿线国家平均双边贸易成本有所上升，但上升幅度较小，环比分别上升3.1944%和0.5837%。2017年和2018年，在"一带一路"倡议的推动下，中国与"一带一路"沿线国家的基础设施互联互通项目建设取得扎扎实实的进展，尤其是沿线港口、铁路和公路等交通基础设施项目的建设，使得中国与"一带一路"沿线国家的双边贸易成本不断下降（De Soyres et al.，2018）。

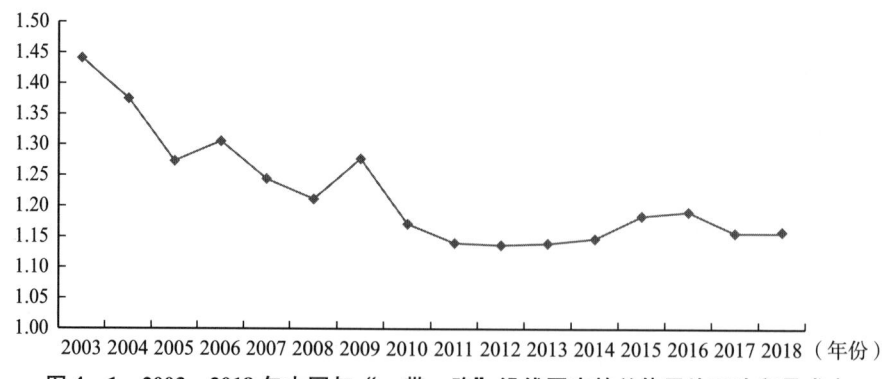

图4-1　2003~2018年中国与"一带一路"沿线国家的总体平均双边贸易成本

第二节　基础设施对中国与"一带一路"沿线国家双边贸易成本的影响分析

一、模型设定

引力方程一直是贸易研究的主流模型，为了分析不同类型基础设施及其交

第四章 中国与"一带一路"沿线国家基础设施的双边贸易成本效应研究

互作用对双边贸易成本的影响，本书考虑在贸易引力方程中进一步纳入不同类型基础设施及其交互作用变量。在 GTAP 数据库中，"一带一路"沿线国家出口额的运输结构中，海运占 57.6%，陆运占 30.6%，而空运仅占 11.7%（De Soyres et al.，2018）。海运在"一带一路"沿线国家出口额中占据了接近 60% 的份额，为简化分析①，本书将陆运基础设施和空运基础设施合并为陆空运基础设施，从而仅需要分析海运基础设施、陆空运基础设施及二者交互作用对双边贸易成本的影响，具体模型为：

$$c_{ijt} = \beta_0 + \beta_1 pcgdpd_{ijt} + \beta_2 distance_{ij} + \beta_3 rta_{ijt} + \beta_4 dependence_{jt} \\ + \beta_5 neighbour_{ij} + \beta_6 sea_{jt} + \beta_7 landair_{jt} + \beta_8 slai_{ijt} + \varepsilon_{ijt} \quad (4-5)$$

式（4-5）中的 i 表示中国，j 表示中国的"一带一路"沿线贸易伙伴国；c_{ijt} 表示中国与"一带一路"沿线国家第 t 年的双边贸易成本；$pcgdpd_{ijt}$ 表示中国与伙伴国在第 t 年的人均 GDP 差额；$distance_{ij}$ 表示两国间的直线距离；rta_{ijt} 表示在第 t 年两国是否签署自由贸易协定；$dependence_{jt}$ 表示中国的贸易伙伴国在第 t 年的对外贸易依存度；$neighbour_{ij}$ 表示两国是否相邻；sea_{jt} 是中国的"一带一路"沿线贸易伙伴国在第 t 年的海运基础设施变量；$landair_{jt}$ 是中国的"一带一路"沿线贸易伙伴国在第 t 年的陆空运基础设施变量；$slai_{ijt}$ 是反映中国与"一带一路"沿线国家在第 t 年的海运基础设施与陆运基础设施交互作用的变量；ε_{ijt} 是随机变量。

考虑到被解释变量是中国对"一带一路"沿线国家的出口，在中国和"一带一路"伙伴国的基础设施中，关键取决于"一带一路"沿线伙伴国的基础设施发展情况，因此，变量 sea_{jt}、$landair_{jt}$ 仅考虑"一带一路"沿线伙伴国的基础设施，不带下标 i。在考虑海运基础设施和陆空运基础设施的交互作用时，为避免仅考虑"一带一路"沿线伙伴国的基础设施构造交互作用变量与变量 sea_{jt}、$landair_{jt}$ 间形成的多重共线性，本书将中国的基础设施变量也考虑在内，所以下标既带 i 也带 j，即 $slai_{ijt}$。

由于式（4-5）中的 $pcgdpd_{ijt}$、$distance_{ij}$、sea_{jt}、$landair_{jt}$ 和 $slai_{ijt}$ 相对其他变量来说比较大，为了增加模型估计的稳健性和显著性，这 5 个变量在实证分析时取对数形式，即 $lnpcgdpd_{ijt}$、$lndistance_{ij}$、$lnsea_{jt}$、$lnlandair_{jt}$ 和 $lnslai_{ijt}$。因此，

---

① 如果不简化，则需要分析海运基础设施、陆运基础设施、空运基础设施及任意两种类型基础设施的交互作用、三种类型基础设施的交互作用对双边贸易成本的影响，共 7 个基础设施变量，变量太多，容易产生多重共线性。

实证模型为：

$$c_{ijt} = \beta_0 + \beta_1 \text{lnpcgdpd}_{ijt} + \beta_2 \text{lndistance}_{ij} + \beta_3 \text{rta}_{ijt} + \beta_4 \text{dependence}_{jt}$$
$$+ \beta_5 \text{neighbour}_{ij} + \beta_6 \text{lnsea}_{jt} + \beta_7 \text{lnlandair}_{jt} + \beta_8 \text{lnslai}_{ijt} + \varepsilon_{ijt} \quad (4-6)$$

二、变量说明及数据来源

实证研究使用的时间区间为2003~2018年，在测算贸易成本使用的"一带一路"沿线50个国家的基础上，由于阿尔巴尼亚、巴林、埃塞俄比亚、黎巴嫩、摩尔多瓦的基础设施变量数据大量缺失，研究样本删掉这5个国家，以其余45个国家作为样本。被解释变量 c_{ijt} 来自上节的测算结果；lnpcgdpd_{ijt} 为两国人均GDP之差的绝对值的对数，数据来自世界银行世界发展指标数据库，单位为美元/人，一般而言，两国的人均GDP越接近，说明两国的人均收入越接近，越有利于两国贸易，但如果两个国家的出口结构比较相似，则反而不利于两国贸易；lndistance_{ij} 表示两国首都的直线距离，数据来自法国CEPII数据库，单位为千米，两国的距离越远，则双边贸易成本越高；rta_{ijt} 表示两国是否签署RTA的虚拟变量，签署设为1，未签署设为0，数据来自WTO的区域贸易协定（RTA）数据库，两国签署RTA，会从关税、非关税壁垒、贸易投资便利化等角度降低双边贸易成本；dependence_{jt} 表示对外贸易依存度，用进出口占GDP的比重度量，数据来自世界银行世界发展指标数据库，单位为%，本书乘以100，以消除百分号，对外贸易依存度越高，说明该国的贸易开放度越高，越有利于与该国开展国际贸易；neighbour_{ij} 表示两国是否相邻，相邻设为1，不相邻设为0，数据来自美国中央情报局编写的世界概况（world fact book），两国相邻，则两国的贸易联系往往比较频繁；lnsea_{jt} 表示海运基础设施的对数，用"一带一路"沿线国家的海洋货运量度量，单位为20英尺标准集装箱（20-feet equivalent units，TEU），数据来自世界银行世界发展指标数据库；lnlandair_{jt} 表示陆空运基础设施，用"一带一路"沿线国家的铁路货运量和航空货运量加和取对数构建，单位为百万吨·千米，数据来自世界银行世界发展指标数据库；lnslai_{ijt} 表示中国和"一带一路"沿线国家海运基础设施和陆空运基础设施的交互作用，由 lnsea_{jt} 和 lnlandair_{jt} 相乘计算，其中，lnsea_{ijt} 由中国的海洋货运量和"一带一路"沿线国家海洋货运量相加后取对数构建，lnlandair_{ijt} 由中国的铁路货运量、航空货运量和"一带一路"沿线国家铁路货运量、航空货运量相加后取对数构建。

三、实证结果

由于被解释变量是中国与"一带一路"沿线国家的双边贸易成本,并不是平衡面板数据,且部分解释变量如距离不随时间而变化,部分解释变量仅与中国的"一带一路"沿线伙伴国相关,如果构造面板数据模型,就可能导致回归结果中部分变量被忽略,而这些变量均具有重要经济意义,因此,本书不使用面板数据模型进行分析。

考虑到式(4-6)可能存在内生性解释变量问题,本书首先进行普通的混合回归分析,作为分析基准,然后针对内生性问题使用工具变量法,如用二阶段最小二乘法(2SLS)或者广义矩估计法(GMM)进行估计,考察处理内生性问题后的估计结果,并与基准分析进行比较,考察估计结果的稳健性。无论是混合回归估计还是工具变量法估计,本书都是在不含基础设施变量的基本模型中逐步加入基础设施变量,以方便分析逐步引入基础设施变量的效果并保持模型变量的一致性。

(一)混合回归分析

表4-1给出了中国与"一带一路"沿线国家基础设施的双边贸易成本效应基于混合回归分析给出的基准分析结果。

表4-1　　　　　　　　　　混合回归分析结果

变量	方程1	方程2	方程3	方程4	方程5
lnpcgdpd	-0.0884*** (0.000)	-0.0558*** (0.000)	-0.0906*** (0.000)	-0.0646*** (0.000)	-0.0603*** (0.000)
lndistance	0.2557*** (0.000)	0.2164*** (0.000)	0.2543*** (0.000)	0.2239*** (0.000)	0.2288*** (0.000)
rta	-0.2951*** (0.000)	-0.1314*** (0.001)	-0.4798*** (0.000)	-0.3122*** (0.000)	-0.2999*** (0.000)
dependence	-0.1802*** (0.000)	-0.3659*** (0.000)	-0.2149*** (0.000)	-0.3529*** (0.000)	-0.3507*** (0.000)

续表

变量	方程1	方程2	方程3	方程4	方程5
neighbour	-0.3229*** (0.000)	-0.4065*** (0.000)	-0.0906* (0.051)	-0.2056*** (0.000)	-0.1974*** (0.002)
lnsea		-0.0339*** (0.000)		-0.0265*** (0.000)	-0.0265*** (0.000)
lnlandair			-0.0931*** (0.000)	-0.0732*** (0.000)	-0.0710*** (0.000)
lnslai					-0.0033** (0.046)
常数项	-0.0625 (0.871)	0.5092 (0.139)	0.7897** (0.023)	1.0555*** (0.001)	1.8508*** (0.000)
Adj. R^2	0.343	0.477	0.483	0.562	0.565
F	72.80	107.94	108.70	127.65	112.67
N	704	704	704	704	704

注：圆括号内的数据表示t统计量的p值；*** 表示在1%的置信水平上显著，** 表示在5%的置信水平上显著；* 表示在10%的置信水平上显著。

（二）变量的内生性检验

为了进行变量的内生性检验，需要为内生变量选择相应的工具变量，且工具变量必须满足严格外生性、非弱工具变量以及非冗余工具变量这三个条件。就解释变量来看，距离的对数（lndistance）、自由贸易协定（rta）、两国相邻（neighbour）是外生变量，即这三个变量影响研究的经济系统，但不受系统的影响。因此，式（4-6）中的内生解释变量可能是人均GDP差额的对数（lnpcgdpd）、贸易依存度（dependence）、海运基础设施的对数（lnsea）、陆空运基础设施的对数（lnlandair）以及海运与陆空运基础设施二者交互作用的对数（lnslai）这5个变量，需要选择这5个内生解释变量的工具变量。

本章考虑的工具变量有中国与"一带一路"沿线国家图谱法人均国民收入（GNI）（当前价，美元）差额的对数（lngniatlasgap）、产业增加值（美元）差额的对数（lnivagap）；"一带一路"沿线国家港口基础设施质量（port）、铁路总里程（千米）的对数（lnrail）、铁路运输载客量（百万旅客·千米）的对数（lnrailpassenger）；中国与"一带一路"沿线国家港口基础设施质量的加和（portboth）、铁路运输载客量（百万旅客·千米）加和的对数（lnrailpassengerboth）、航空运输载客量（个）加和的对数（lnairpassengerboth）这 8 个变量。① 所有工具变量相关数据均来自世界银行世界发展指标数据库。经过过度识别检验、弱工具变量检验、冗余工具变量检验表明，这 8 个变量均满足严格外生性、非弱工具变量，并且不是冗余工具变量，出于行文的简洁性，检验过程略。基于上述 8 个工具变量，本章使用异方差稳健的杜宾—吴—豪斯曼检验（Durbin-Wu-Hausman Test，简记 DWH）进行变量内生性检验，检验变量 lnpcgdpd、dependence、lnsea、lnlandair、lnslai 这 5 个变量是否是内生解释变量，检验结果见表 4 - 2。

表 4 - 2　　　　　　　　　　变量内生性检验

变量	$\chi^2(1)$ 检验统计量	p 值
lnpcgdpd	20.928	0.0000
dependence	1.138	0.2861
lnsea	1.422	0.4913
lnlandair	1.422	0.4913
lnslai	1.422	0.4913

表 4 - 2 检验结果中，仅有变量 lnpcgdpd 的卡方统计量较大，p 值为 0.0000；而其余变量的卡方统计量较小，p 值均显著大于 0.05。检验结果表明，仅有变量 lnpcgdpd 是内生变量，而其余变量 dependence、lnsea、lnlandair、lnslai 都是外生变量。

（三）工具变量估计

本章考虑使用 2SLS 或者 GMM 方法进行估计，由于仅有 lnpcgdpd 是内生

---

① 本书最初考虑的工具变量有 13 个，除已列明的 8 个外，还有包括中国与"一带一路"沿线国家按购买力平价衡量的人均国民总收入（GNI）（2010 年，美元）差额的对数（lngnigap）、"一带一路"沿线国家货物和服务出口占 GDP 的百分比（exportratio）、货物和服务进口占 GDP 的百分比（importratio）、航空运输载客量（个）的对数（lnairpassenger）；中国与"一带一路"沿线贸易伙伴港口基础设施质量的加和（portboth），但经过相关工具变量检验，这 5 个变量不满足工具变量的严格外生性、非弱工具变量以及非冗余工具变量要求。

变量，基于变量 lnpcgdpd 的含义，本书选择 lngniatlasgap、lnivagap 这两个变量作为 lnpcgdpd 的工具变量，同样对这两个变量进行严格外生性、非弱工具变量以及非冗余工具变量检验，以检验这两个工具变量是否是 lnpcgdpd 合适的工具变量，最后进行工具变量估计。

1. 工具变量的检验

选择的工具变量必须满足外生性、工具变量与内生变量的强相关性、不存在冗余工具变量这三个条件，才能进行 2SLS、GMM 等工具变量分析，为此，必须进行相关工具变量的检验，基于式（4-6）进行相应检验。

工具变量的过度识别检验见表 4-3。

表 4-3 工具变量的过度识别检验

卡方统计量	p 值
$\chi^2(1) = 2.3541$	0.1250

由于 p 值为 0.1250，不拒绝所有工具变量均外生的原假设，表明所有工具变量均满足外生性（正交性）。

工具变量与内生变量的相关性检验结果见表 4-4。

表 4-4 工具变量与内生变量的相关性检验

变量	R^2	修正的 R^2	偏 R^2	稳健 F(2, 694)	p 值
lnpcgdpd	0.9374	0.9466	0.9273	1093.69	0.0000

由检验结果可知，拟合优度和修正的拟合优度较高，分别达到 0.9374 和 0.9466，F 统计量为 1093.69，很大，且 p 值为 0.0000，表明工具变量与内生变量间的相关性较好，工具变量不是弱工具变量。

冗余工具变量检验结果见表 4-5。

表 4-5 冗余工具变量检验

变量	LM 统计量	LM 统计量的 p 值
lngniatlasgap	201.780	0.0000
lnivagap	4.918	0.0266

注：冗余工具变量检验的 LM 统计量服从自由度为 2 的卡方分布。

冗余变量检验的 LM 统计量较大，对应的 p 值均低于 0.05，在 5% 的置信水平上强烈拒绝这 2 个工具变量为冗余工具变量的原假设。

2. GMM 估计

由于如果存在异方差，则 GMM 比 2SLS 更有效率，因此，使用变量 lngniatlasgap、lnivagap 作为内生变量 lnpcgdpd 的工具变量，GMM 估计结果见表 4-6。

表 4-6　　　　　　　　　　GMM 估计结果

变量	方程 1	方程 2	方程 3	方程 4	方程 5
lnpcgdpd	-0.0896*** (0.000)	-0.0531*** (0.000)	-0.0935*** (0.000)	-0.0637*** (0.000)	-0.0627*** (0.000)
lndistance	0.2566*** (0.000)	0.2188*** (0.000)	0.2547*** (0.000)	0.2252*** (0.000)	0.2304*** (0.000)
rta	-0.2953*** (0.000)	-0.13384*** (0.000)	-0.4763*** (0.000)	-0.3088*** (0.000)	-0.3012*** (0.000)
dependence	-0.1783*** (0.000)	-0.3560*** (0.000)	-0.2115*** (0.000)	-0.3428*** (0.000)	-0.3534*** (0.000)
neighbour	-0.3180*** (0.000)	-0.3916*** (0.000)	-0.0914*** (0.002)	-0.1996*** (0.000)	-0.2072*** (0.002)
lnsea		-0.0328*** (0.000)		-0.0259*** (0.000)	-0.0276*** (0.000)
lnlandair			-0.0920*** (0.000)	-0.0716*** (0.000)	-0.0739*** (0.000)
lnslai					-0.0033* (0.057)
常数项	-0.0654 (0.832)	0.4373* (0.098)	0.7963*** (0.003)	1.0002*** (0.000)	1.8981*** (0.000)
R^2	0.343	0.481	0.483	0.562	0.564
Wald $\chi^2(8)$	392.58	527.75	658.20	816.14	928.96
N	704	704	704	704	704

注：圆括号内的数据表示 t 统计量的 p 值；*** 表示在 1% 的置信水平上显著，** 表示在 5% 的置信水平上显著；* 表示在 10% 的置信水平上显著。

(四) 实证结果分析

由表 4-1 混合回归分析结果可知，随着逐步引入新的基础设施变量，修正的拟合优度持续上升，从 0.343 最终上升到 0.565，且不改变原有变量的方向和显著性，表明新引入的基础设施变量是合适的变量。这个结论同样适用于表 4-6 的 GMM 估计结果，随着逐步引入基础设施变量，拟合优度持续上升，从 0.343 持续上升至 0.564，自由度为 8 的卡方分布沃尔德（Wald）统计量也持续增大，且原有解释变量的方向和显著性都不发生变化，表明在基础方程 1 中逐步加入基础设施变量是合适的，表 4-1 和表 4-6 中方程 5 是合适的回归方程。

比较表 4-1 的基准回归结果和表 4-6 的 GMM 估计结果可知，除了变量的大小略有差别外，两种估计结果中变量的方向和显著性大小都几乎不变，仅仅方程 5 中的变量 lnslai 以及方程 3 中的变量 neighbour 的显著性发生变化、变量 lnslai 由表 4-1 中 5% 置信水平上的显著性下降至表 4-6 中 10% 置信水平上的显著性、变量 neighbour 由表 4-1 中 10% 置信水平上的显著性上升至表 4-6 中 1% 置信水平上的显著性，表 4-1 和表 4-6 估计结果的相似性表明实证分析结果具有稳健性。

下文基于表 4-6 GMM 估计结果中的方程 5 分析回归结果的经济意义。

从回归结果来看，人均 GDP 差额（pcgdpd）对中国与"一带一路"沿线国家的双边贸易成本的影响方向为负且在 1% 的置信水平上显著，表明两国的人均 GDP 越接近，越不利于降低双边贸易成本，与前文的理论分析相符。这也比较容易理解，中国是大国，且发展非常不均衡，进口的主要是发达国家生产的高科技产品，而出口的主要是劳动密集型产品，使得中国的出口目的地主要是发达国家。而"一带一路"沿线国家几乎都是发展中国家，人均 GDP 与中国相差较小，但经济结构远落后于中国，以生产劳动密集型产品为主，出口产品的相似性阻碍了与中国的贸易。

距离对中国与"一带一路"沿线国家的双边贸易成本的影响方向为正且在 1% 的置信水平上显著，表明距离仍然是影响中国与"一带一路"沿线国家双边贸易成本的重要因素，双边距离每增加 1%，双边贸易成本指数平均增加 0.002304。

双边自由贸易协定对中国与"一带一路"沿线国家的双边贸易成本的影响方向为负且在 1% 的置信水平上显著，表明中国与"一带一路"沿线国家签署双边自由贸易协定能显著降低双边贸易成本,平均降低幅度为0.3012。

贸易依存度对中国与"一带一路"沿线国家的双边贸易成本的影响方向为负且在1%的置信水平上显著,与前文理论分析一致,即"一带一路"沿线国家的贸易依存度越高,越有利于中国与其发展贸易关系。

国家相邻对中国与"一带一路"沿线国家的双边贸易成本的影响方向为负且在1%的置信水平上显著,与前文的理论分析一致,即两国相邻,则两国的经济交往往往更加频繁,更有利于降低双边贸易成本,与中国相邻平均能降低双边贸易成本指数0.2072。

从基础设施变量的回归结果来看,海运基础设施、陆空运基础设施以及二者的交互作用对双边贸易成本的影响均为负且在1%和10%的置信水平上显著,表明发展基础设施能有效降低双边贸易成本。其中,海运基础设施每提升1%,双边贸易成本指数平均降低0.000276;陆运基础设施和空运基础设施每提升1%,双边贸易成本指数平均降低0.000739;海运基础设施和陆空运基础设施的交互作用对双边贸易成本指数的降低作用平均为0.000033,表明基础设施交互作用的双边贸易成本效应要低于基础设施自身。研究结论支持了第三章提出的基本假设1和假设2,即中国与"一带一路"沿线国家的基础设施对双边贸易成本存在降低作用,中国与"一带一路"沿线国家基础设施的交互作用对贸易成本也存在降低作用。

第三节 中国与"一带一路"沿线国家基础设施的双边贸易成本效应研究结论

本章基于诺维模型测算了中国与"一带一路"沿线国家的时变双边贸易成本,并进一步基于贸易的引力方程实证分析了基础设施及其交互作用对双边贸易成本的影响方向和大小,得出如下结论:

2003~2018年,中国与"一带一路"沿线国家的平均双边贸易成本整体呈下降趋势,虽然有波折起伏,但不改变整体的下降趋势。2003~2018年16年下降了19.5948%。

距离仍然是双边贸易成本的重要组成因素,而人均GDP差额、自由贸易协定、贸易依存度、两国是否相邻对双边贸易成本的影响显著且为负。人均GDP差额每增长1%,双边贸易成本指数下降0.000627;双边距离每增长

1%，双边贸易成本指数增长 0.002304；签署双边自由贸易协定能降低中国与"一带一路"沿线国家的双边贸易成本指数 0.3012；贸易依存度越高，越有利于降低中国与"一带一路"沿线国家的双边贸易成本指数，平均影响为 -0.3534；国家相邻有助于降低双边贸易成本指数，平均影响为 -0.2072。

海运基础设施、陆空运基础设施以及二者的交互作用均能显著降低双边贸易成本，基础设施交互作用降低双边贸易成本的效果要低于基础设施本身降低双边贸易成本的效果。海运基础设施每提升 1%，双边贸易成本指数平均降低 0.000276；陆运基础设施和空运基础设施每提升 1%，双边贸易成本指数平均降低 0.000739；海运基础设施和陆空运基础设施的交互作用对双边贸易成本指数的降低作用平均为 0.000033，表明基础设施交互作用的双边贸易成本效应要低于基础设施自身。

研究结果验证了第三章提出的假设 1，就中国与"一带一路"沿线国家基础设施而言，平均对贸易成本应存在降低作用。研究结果也验证了第三章提出的假设 2，"一带一路"沿线国家的基础设施扩展在与中国较强水平的基础设施的交互作用对贸易成本平均也应存在降低作用。

第五章

中国与"一带一路"六大经济走廊基础设施的双边贸易成本效应研究[*]

相比其他国家,作为"一带一路"战略支柱的六大经济走廊沿线国家,预计从"一带一路"基础设施建设中获益最大(De Soyres et al., 2018)。受德·索伊尔等(2018)研究结论的启发,本章的目标是测算中国与"一带一路"六大经济走廊沿线国家的时变双边贸易成本,并实证分析基础设施对中国与"一带一路"六大经济走廊沿线国家双边贸易成本的影响。本章的研究从三个角度进行了创新,一是现有文献大多分析中国与发达国家、新兴市场经济国家或者部分"一带一路"沿线国家间的双边贸易成本,本章聚焦中国与"一带一路"六大经济走廊沿线国家间的双边贸易成本进行测算;二是现有文献大多从宏观视角分析中国与"一带一路"部分沿线国家双边贸易成本的影响因素,较少考虑基础设施等微观因素的影响,本章在控制宏观影响因素的基础上聚焦基础设施的双边贸易成本效应;三是现有实证文献鲜有涉及基础设施的交互作用因素,本章尝试将基础设施的交互作用因素纳入分析。

第一节 中国与"一带一路"六大经济走廊沿线国家双边贸易成本的测算

一、测算模型

本书基于诺维(2013)的贸易成本度量模型测算中国与"一带一路"六

---

[*] 本章部分内容参见胡再勇. 中国与"一带一路"六大经济走廊基础设施的双边贸易成本效应研究[J]. 长安大学学报(社会科学版),2021(2):48-60.

大经济走廊沿线国家的时变双边贸易成本。诺维（2013）的模型为：

$$\tau_{ij} = \left(\frac{T_{ii}T_{jj}}{T_{ij}T_{ji}}\right)^{\frac{1}{2(\sigma-1)}} - 1 \qquad (5-1)$$

式（5-1）中，τ_{ij}表示等价关税的双边贸易成本，T_{ij}表示国家i对国家j的出口，T_{ji}表示国家j对国家i的出口，T_{ii}表示国家i的国内贸易，T_{jj}表示国家j的国内贸易。该式的含义是：如果国内的贸易量相对国家间的贸易量增加，则意味着双边贸易成本上升。式（4-1）可以由安德森和冯·文克普的具有微观基础的多边贸易阻力引力方程简单推导出来。安德森和冯·文克普的模型为：

$$T_{ij} = (GDP_i \; GDP_j/GDP_w)(C_{ij}/P_iP_j)^{1-\sigma}$$

其中，GDP_i、GDP_j和GDP_w分别表示i国、j国和世界的国民收入；C_{ij}表示国家i和国家j间的总贸易成本；P_i和P_j分别表示i国和j国的价格指数，表示多边阻力变量；σ是替代弹性，大于1。同样可以写出T_{ji}以及表示国内贸易的T_{ii}和T_{jj}的表达式。从T_{ij}、T_{ji}、T_{ii}和T_{jj}四个方程中消除GDP_i、GDP_j、GDP_w、P_i和P_j，可以得到：

$$C_{ii}C_{jj}/C_{ij}C_{ji} = (T_{ii}T_{jj}/T_{ij}T_{ji})^{1/(\sigma-1)}$$

由于国家i和j之间的双边贸易成本是对称的，等价关税的双边贸易成本为：

$$\tau_{ij} = (C_{ii}C_{jj}/C_{ij}C_{ji})^{1/2} - 1 = (T_{ii}T_{jj}/T_{ij}T_{ji})^{1/2(\sigma-1)} - 1$$

在国际贸易市场结清条件下，安德森和冯·文克普（2003）认为，一国的国内贸易（T_{ii}）等于国民收入（GDP_i）减去该国的出口（EX_i）。诺维（2013）认为，GDP数据中包含了服务等非贸易品，需要进行调整，从而可以设定$T_{ii} = p(GDP_i - EX_i)$，其中p为可贸易品份额，出于简化考虑，假设每个国家的可贸易品份额一致。于是式（5-1）变为：

$$\tau_{ij} = \left(\frac{p^2(GDP_i - EX_i)(GDP_j - EX_j)}{T_{ij}T_{ji}}\right)^{\frac{1}{2(\sigma-1)}} - 1 \qquad (5-2)$$

式（5-2）就是本书的测算模型。

二、数据来源及参数设定

本书研究的时间区间为2003~2018年，但由于战乱、社会动荡等原

第五章 中国与"一带一路"六大经济走廊基础设施的双边贸易成本效应研究

因,六大经济走廊中有18个国家很多年份的数据缺失。[①] 此外,新加坡的商品出口额大于GDP,计算国内贸易时会得到负数,因此,为保证数据的一致性,本研究也不包括新加坡。因此,六大经济走廊最终包括的样本国家见表5-1。

表5-1 双边贸易成本测算包括的六大经济走廊样本国家

经济走廊	样本国家
中国—中南半岛经济走廊	中国、越南、泰国、柬埔寨、文莱、马来西亚、印度尼西亚、菲律宾
中国—中亚—西亚经济走廊	中国、哈萨克斯坦、吉尔吉斯斯坦、土耳其、阿联酋、沙特阿拉伯、卡塔尔、黎巴嫩、约旦、以色列、埃及、巴林、阿曼
新亚欧大陆桥经济走廊	中国、哈萨克斯坦、俄罗斯、白俄罗斯、乌克兰、摩尔多瓦、阿塞拜疆、亚美尼亚、格鲁吉亚、波兰、捷克、匈牙利、罗马尼亚、保加利亚、立陶宛、阿尔巴尼亚、克罗地亚、斯洛伐克、斯洛文尼亚、爱沙尼亚、拉脱维亚、马其顿
孟中印缅经济走廊	中国、印度
中巴经济走廊	中国、巴基斯坦
中蒙俄经济走廊	中国、俄罗斯

注:中国—中南半岛经济走廊缺少老挝、缅甸、东帝汶和新加坡;中国—中亚—西亚经济走廊缺少塔吉克斯坦、乌兹别克斯坦、阿富汗、土库曼斯坦、伊朗、叙利亚、伊拉克、科威特、也门和巴勒斯坦;新亚欧大陆桥经济走廊缺少塞尔维亚、波黑和黑山;孟中印缅经济走廊缺少孟加拉国和缅甸;中蒙俄经济走廊缺少蒙古国。

双边贸易成本测算用到的变量数据来自世界银行世界发展指标数据库和联合国贸易数据库。其中,各国GDP数据来自世界发展指标数据库,双边贸易和各国出口数据来自联合国贸易数据库,所有数据使用世界发展指标数据库2010年为基年的GDP平减指数转换为实际数据。

基于式(5-2)测算双边贸易成本,还需要确定替代弹性σ和可贸易品份额p的取值。有研究发现,替代弹性σ值介于5~11之间(Anderson & Van Wincoop,2004),各国可贸易品份额p值介于0.3~0.8之间(Evenett & Keller,2002),本章借鉴诺维的做法,σ和p均为可能取值区间的中间值,即$\sigma=8$,p=0.5。

[①] 这18个国家包括塞尔维亚、波黑、黑山、老挝、缅甸、东帝汶、塔吉克斯坦、乌兹别克斯坦、阿富汗、土库曼斯坦、伊朗、叙利亚、伊拉克、科威特、也门、巴勒斯坦、孟加拉国和蒙古国。

三、贸易成本测算结果

图5-1给出了中国与六大经济走廊沿线国家在2003~2018年总体平均时变双边贸易成本。由图5-1可以看出,中国与六大经济走廊沿线国家的平均双边贸易成本整体呈下降趋势,由2003年的1.3718下降到2018年的1.1139,16年间下降了18.8024%。

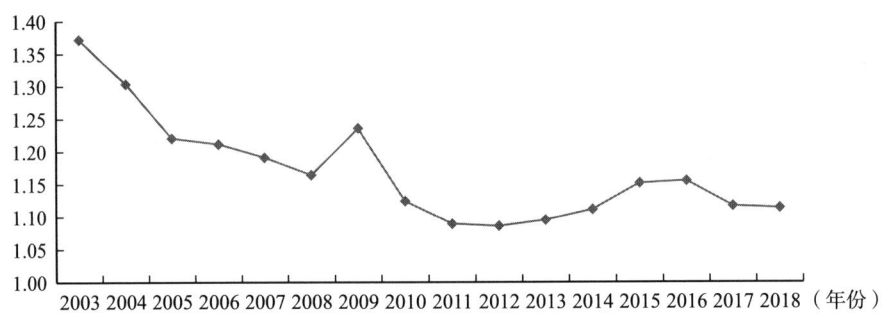

图5-1　2003~2018年中国与六大经济走廊沿线国家的平均双边贸易成本

从中国与六大经济走廊沿线国家的平均双边贸易成本下降特征来看,2003~2005年快速下降,2005年平均双边贸易成本为1.2208,较2003年下降了11.0107%。而2005~2008年平均双边贸易成本下降趋缓,2008年平均双边贸易成本为1.1643,较2005年下降4.6210%。平均双边贸易成本在2003~2008年的变化特征与中国加入WTO后履行承诺,大幅度降低关税息息相关,加入WTO后,中国的简单平均关税由2001年的15.4%下降到2005年的9.24%,进一步下降到2008年的8.7%,① 由此可知,关税下降速度的先急后缓与该期间的平均双边贸易成本下降趋势先快后缓是一致的,加入WTO后大幅度降低关税使得关税在双边贸易成本中的构成大幅度降低。2009年,全球金融危机爆发,许多国家实施了以邻为壑的经济政策,造成了贸易成本的上升,中国与六大经济走廊平均双边贸易成本也出现反弹,达到1.2358,较2008年增长6.1379%,但仍大幅低于2003年的水平。全球金融危机过后,随着经济形势

---

① 数据来源于世界银行世界发展指标数据库。

好转，各种应对经济危机的以邻为壑的临时性经济政策逐渐退出，再加上中国继续推进贸易自由化和便利化，签署多项自由贸易协定，使得2010～2012年中国与六大经济走廊平均双边贸易成本继续下降，2012年达到1.0861，较2009年大幅下降12.1177%。2012年过后，受逆全球化思潮的影响，全球贸易成本有所回升，中国与六大经济走廊的平均双边贸易成本逐年提高，2015年达到1.1519，较2012年增长6.0619%。虽然逆全球化甚嚣尘上，但中国仍然坚持推进经济全球化战略，"一带一路"倡议更是得到沿线国家的大力支持和众多国际组织的肯定，六大经济走廊基础设施项目建设取得稳步进展，降低了中国与六大经济走廊的平均双边贸易成本（De Soyres et al.，2018），使得2016年中国与六大经济走廊的平均双边贸易成本的环比增幅已经大大低于前期的走势，只是稍微上升，2017年和2018年更是出现较大幅度的下降。

图5-2给出了2003～2008年中国与各经济走廊沿线国家的平均双边贸易成本变化情况。首先，就中国与各经济走廊的平均双边贸易成本整体高低来看，中国与新亚欧大陆桥经济走廊沿线国家的平均双边贸易成本整体最高，然后依次是中国与中国—中亚—西亚经济走廊、中国与中巴经济走廊、中国与孟中印缅经济走廊、中国与中国—中南半岛经济走廊以及中国与中蒙俄经济走廊。其次，就2018年中国与各经济走廊沿线国家的平均双边贸易成本相对2003年的降低幅度来看，中国与新亚欧大陆桥经济走廊沿线国家的平均双边

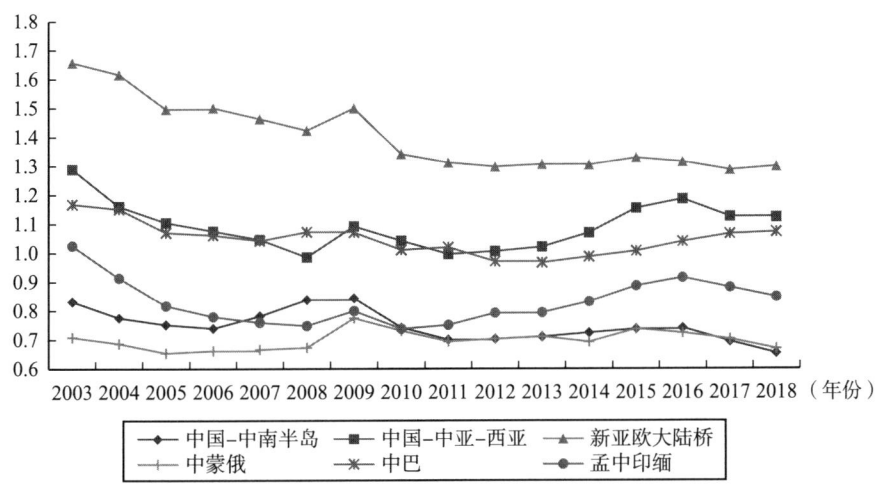

图5-2 2003～2018年中国与各经济走廊沿线国家的平均双边贸易成本

贸易成本降幅最大,达到21.6599%,然后依次是中国与中南半岛经济走廊沿线国家、中国与孟中印缅经济走廊沿线国家、中国与中国—中亚—西亚经济走廊沿线国家、中国与中巴经济走廊沿线国家、中国与中蒙俄经济走廊沿线国家,平均双边贸易成本降幅分别为21.4557%、17.3081%、12.8792%、8.1927%和5.5918%。最后,就中国与各经济走廊沿线国家平均双边贸易成本走势特征来看,整体都呈下降趋势,但也存在明显的局部特征差异,主要体现在2003~2008年的下降速度差异、全球金融危机后的逆全球化对平均双边贸易成本影响程度的差异,以及2016年后"一带一路"倡议下的基础设施项目建设对降低双边贸易成本的大小异同。

德·索伊尔等(2018)使用网络分析法分析"一带一路"倡议官方计划中的运输基础设施建设项目(港口、铁路、公路等)对贸易成本的影响,预计随着这些运输基础设施项目完全建成,世界各国都会受益,运输成本将下降1.1%~2.2%,"一带一路"国家运输成本下降1.5%~2.8%。而"一带一路"经济走廊国家从这些项目建设中的获益最大,其中,中蒙俄经济走廊获益最低,平均贸易成本最高下降2.4%,而中国—中亚—西亚经济走廊获益最高,平均贸易成本最高下降10.2%。此外,降低边界延迟的贸易便利化措施和经济走廊管理方面的改革会进一步放大上述效应。由此可知,随着"一带一路"精谨细腻的"工笔画"逐步绘制完成,中国与"一带一路"沿线国家,尤其是与六大经济走廊国家的平均双边贸易成本还会大幅下降。

第二节 基础设施对中国与"一带一路"六大经济走廊双边贸易成本的影响分析

一、模型设定

本章对基本的贸易引力方程进行扩展,以分析中国与六大经济走廊沿线国家不同类型的基础设施及其交互作用的双边贸易成本效应。其中基础设施考虑海运基础设施、陆运基础设施和空运基础设施,而不同类型基础设施的交互作用则需要考虑两种类型基础设施的交互作用以及三种类型基础设施的交互作用,这样就存在4种基础设施交互作用变量。3种基础设施变量加上4种交互

第五章 中国与"一带一路"六大经济走廊基础设施的双边贸易成本效应研究

作用变量容易带来变量的多重共线性,导致参数估计量的偏差和检验的失效。因此,考虑对基础设施及其交互作用变量进行简化,本书将陆运基础设施和空运基础设施合并成一个变量,即陆空运基础设施,主要原因有两点:(1)海运占全球贸易量的80%和贸易价值的70%(OECD,2017),而陆运和空运之和占全球贸易量的20%和贸易价值的30%;(2)海运的度量单位通常为集装箱计量单位,而铁路和空运的度量单位均为百万吨·千米,因此,不需要去单位化就可以直接将铁路运输量和航空运输量简单加总作为陆空运基础设施的代表。需要补充说明的是,铁路是国际贸易陆运的主要运输方式,而公路运输只占国际贸易陆运的很小部分(De Soyres et al.,2018),因此,本章用铁路运输作为陆运的代表。简化基础设施变量后,本章仅需要在引力方程中纳入海运基础设施、陆空运基础设施以及二者的交互作用3个变量,大大简化了原来的7个基础设施相关变量,具体模型为:

$$btc_{ijt} = \gamma_0 + \gamma_1 pcid_{ijt} + \gamma_2 distance_{ij} + \gamma_3 rta_{ijt} + \gamma_4 open_{jt} + \gamma_5 neighbour_{ij} \\ + \gamma_6 mi_{jt} + \gamma_7 lai_{jt} + \gamma_8 mlaii_{ijt} + \mu_{ijt} \qquad (5-3)$$

式(5-3)中下标 i 表示中国,下标 j 表示除中国外的其余六大经济走廊沿线国家,下标 t 表示年份;btc_{ijt} 表示中国与其他六大经济走廊沿线国家在第 t 年的双边贸易成本;$pcid_{ijt}$ 表示第 t 年中国与其他六大经济走廊沿线国家的人均收入差额绝对值;$distance_{ij}$ 表示中国与其他六大经济走廊沿线国家首都间的直线距离;rta_{ijt} 表示中国与其他六大经济走廊沿线国家在第 t 年是否签署有自由贸易协定的虚拟变量;$open_{jt}$ 表示第 t 年除中国外其余六大经济走廊沿线国家的开放度;$neighbour_{ij}$ 表示中国与其他六大经济走廊沿线国家是否相邻的虚拟变量;mi_{jt} 是除中国外的其余六大经济走廊沿线国家在第 t 年的海运基础设施变量;lai_{jt} 是除中国外的六大经济走廊沿线国家在第 t 年的陆空运基础设施变量;[①] $mlaii_{ijt}$ 是反映第 t 年中国与六大经济走廊沿线国家海运基础设施与陆运基础设施交互作用的变量;[②] μ_{ijt} 是随机变量。

变量 $pcid_{ijt}$、$distance_{ij}$、mi_{jt}、lai_{jt} 和 $mlaii_{ijt}$ 相对其他变量来说比较大,为了

---

① 考虑到被解释变量是中国对六大经济走廊沿线国家的出口,在中国和其余六大经济走廊沿线国家的基础设施中,更关键地取决于六大经济走廊沿线国家的基础设施发展情况,因此,变量 mi_{jt}、lai_{jt} 仅考虑除中国外的其余六大经济走廊沿线国家的基础设施,不带下标 i。

② 在考虑海运基础设施和陆空运基础设施的交互作用时,为避免仅考虑除中国外的其余六大经济走廊沿线国家的基础设施构造的交互作用变量与变量 mi_{jt}、lai_{jt} 间形成的多重共线性,本章将中国的基础设施变量也考虑在内,所以下标既带 i 也带 j,即 $mlaii_{ijt}$。

增加模型估计的稳健性和显著性,在实证分析时对这 5 个变量取对数形式,最终的实证模型为:

$$btc_{ijt} = \gamma_0 + \gamma_1 lpcid_{ijt} + \gamma_2 ldistance_{ij} + \gamma_3 rta_{ijt} + \gamma_4 open_{jt} + \gamma_5 neighbour_{ij}$$
$$+ \gamma_6 lmi_{jt} + \gamma_7 llai_{jt} + \gamma_8 lmlaii_{ijt} + \mu_{ijt} \quad (5-4)$$

二、变量说明及数据来源

实证研究使用的时间区间为 2003~2018 年,与测算双边贸易成本时一致。在样本国家中,由于巴林、黎巴嫩、阿尔巴尼亚、摩尔多瓦的基础设施变量数据存在大量缺失,因此,研究样本是表 5-1 中去掉这 4 个国家后剩余的国家,一共有 38 个国家,实证分析基础设施及其交互作用对中国与六大经济走廊其余 37 个沿线国家双边贸易成本的影响大小和方向。

在变量构造及数据来源方面,被解释变量中国与六大经济走廊沿线国家的双边贸易成本 btc_{ijt} 来自上节的测算结果。人均收入差额绝对值的对数 $pcid_{ijt}$ 用中国与六大经济走廊沿线国家的人均 GDP 之差的绝对值的对数来表示,数据来自世界银行世界发展指标数据库,单位为美元/人。一般而言,两国的人均收入越接近,越有利于两国贸易,但如果两国的出口贸易结构比较类似,则不利于两国贸易。$ldistance_{ij}$ 表示两国首都直线距离的对数,两国首都的直线距离数据来自网站 www.timeanddate.com,单位为千米,距离是双边贸易成本的重要构成因素。rta_{ijt} 是中国和六大经济走廊沿线国家在第 t 年是否签署自由贸易协定(RTA)的虚拟变量,签署则变量值设为 1,未签署变量值设为 0。其数据来自中国自由贸易区服务网,RTA 有利于降低双边贸易成本。$open_{jt}$ 表示除中国外的其余六大经济走廊沿线国家的对外贸易开放度,用进出口总值占 GDP 的比重来度量。其数据来自世界银行 WDI 数据库,对外贸易开放度越高,越有利于与该国开展双边贸易。$neighbour_{ij}$ 是中国与其余六大经济走廊沿线国家是否有共同边界的虚拟变量,有共同边界则变量值设为 1,否则变量值设为 0,数据由作者基于世界地图设定。一般而言,两国有共同边界,则两国的交往往往比较密切,有利于两国开展双边贸易。lmi_{jt} 表示六大经济走廊沿线国家的海运基础设施的对数,由除中国外的六大经济走廊沿线国家的海洋货运量来度量,单位为 20 英尺标准箱。其数据来自世界银行 WDI 数据库,如果一国是内陆国家,没有海洋货运量数据,则令该变量值为 0。一国的海运基础设施越完善,则越有利于节省运输时间,从而贸易成本越低。$llai_{jt}$ 表示陆空运基础设施，由除中国外的其余六大经济走廊沿线国家的铁路货运量和航空货运量加总后再取对数构建，单位为百万吨·千米。其数据来自世界银行 WDI 数据库，一国的陆空运基础设施越完善，越有利于节省运输时间，从而贸易成本也越低。$lmlai_{ijt}$ 表示中国和六大经济走廊沿线国家海运基础设施和陆空运基础设施的交互作用，由 lmi_{ijt} 和 $llai_{ijt}$ 相乘计算。其中，lmi_{ijt} 是中国和六大经济走廊沿线国家的海运基础设施变量的对数，由两国的海洋货运量相加后取对数构建，$llai_{ijt}$ 是中国和六大经济走廊沿线国家的陆空运基础变量的对数，由两国的铁路货运量、航空货运量相加后取对数构建。基础设施的互联互通有利于创造较低的运输时间，节省运输成本，从而降低双边贸易成本，因此，基础设施的交互作用对双边贸易成本的影响方向为负。

三、实证结果

由于式（5-4）中的部分解释变量与时间 t 无关，部分解释变量仅与下标 j 有关，而与下标 i 无关，因此，式中的数据并不是平衡面板数据。如果构建面板数据模型，尤其是固定效应面板数据模型，就会导致部分解释变量在回归时被忽略，而这些被忽视的变量，如距离等，对双边贸易成本具有重要影响。因此，为避免重要解释变量在回归结果中被忽略，本书不使用面板数据模型进行分析。此外，由于式（5-4）中部分解释变量和双边贸易成本间存在相互影响，因此，需要考虑解释变量的内生性问题。首先本书的实证分析思路是先进行混合回归分析，作为分析基准；其次，引入内生变量的工具变量，进行二阶段最小二乘法（2SLS）或者广义矩估计法（GMM）等工具变量分析，通过比较两种估计方法的结果，验证实证分析结果的稳健性，并分析实证结果的经济意义。

无论是混合回归分析还是工具变量分析，本章在基本的引力方程中逐步加入基础设施变量，以方便评估新引入的基础设施变量的显著性、对原模型变量的影响、对原模型显著性的影响等。

（一）混合回归估计

表 5-2 给出了混合回归的基准分析结果，方程 1 是基本的引力方程，方程 2~方程 5 是在方程 1 的基础上逐步引入海运基础设施变量、陆空运基础设施变量以及二者交互作用变量的估计结果。

表 5-2　　　　　　　　　　混合回归估计结果

变量	方程1	方程2	方程3	方程4	方程5
lpcid	-0.0638*** (0.000)	-0.0416*** (0.000)	-0.0775*** (0.000)	-0.0592*** (0.000)	-0.0530*** (0.000)
ldistance	0.1309*** (0.007)	0.1452*** (0.000)	0.4120*** (0.000)	0.3807*** (0.000)	0.4048*** (0.000)
rta	-0.3356*** (0.000)	-0.1911*** (0.000)	-0.3731*** (0.000)	-0.2615*** (0.000)	-0.2369*** (0.000)
open	-0.2678*** (0.000)	-0.3856*** (0.000)	-0.2881*** (0.000)	-0.3715*** (0.000)	-0.3698*** (0.000)
neighbour	-0.3854*** (0.000)	-0.4234*** (0.000)	-0.0475** (0.038)	-0.1256** (0.017)	-0.1061** (0.044)
lmi		-0.0232*** (0.000)		-0.0170*** (0.000)	-0.0169*** (0.000)
llai			-0.0861*** (0.000)	-0.0733*** (0.000)	-0.0706*** (0.000)
lmlaii					-0.0045*** (0.004)
常数项	0.9000 (0.230)	0.9189 (0.185)	-0.7064 (0.293)	-0.4537 (0.478)	0.4858 (0.496)
Adj. R^2	0.381	0.471	0.521	0.566	0.571
F	73.79	88.73	107.95	110.98	99.42
N	592	592	592	592	592

注：圆括号内的数据表示 t 统计量的 p 值；*** 表示在 1% 的置信水平上显著，** 表示在 5% 的置信水平上显著，* 表示在 10% 的置信水平上显著。

（二）内生变量检验

如果式（5-4）存在内生性解释变量问题，就可能导致表 5-2 混合回归结果中参数估计量有偏差且非一致，需要使用工具变量法，如 2SLS 或者 GMM 进行估计，以得到一致性估计量。但是否存在内生性解释变量，需要进行严格

第五章 中国与"一带一路"六大经济走廊基础设施的双边贸易成本效应研究

检验。

在式（5-4）的解释变量中，两国间距离、是否签署自由贸易协定的虚拟变量、两国是否相邻的虚拟变量（neighbour）会影响双边贸易成本，但不受双边贸易成本的影响，因此，是外生变量。式（5-4）中其余5个变量可能是内生变量，但仍然需要检验。考虑与内生变量的相关性，本书初步选择的工具变量有"一带一路"六大经济走廊国家货物和服务贸易占GDP的比重（trader）、对外贸易开放度（open）的滞后一期，港口基础设施质量（qport）、铁路总里程（千米）的对数（lnrl）、铁路载客量（百万·千米）的对数（lnrp）、航空载客量（人次）的对数（lnap）；中国与"一带一路"国家按购买力平价衡量的人均国民收入（2010年，不变价，美元）差额的对数（lngnipppd）、图谱法人均国民收入（美元）差额的对数（lngniatlasd）、产业增加值（美元）差额（lnivad）的对数；中国与"一带一路"贸易伙伴国港口基础设施质量之和（qporta）、铁路总里程之和的对数（lnrla）、铁路载客量之和的对数（lnrpa）、航空载客量之和的对数（lnapa）。这13个工具变量涉及的数据均来自世界银行世界发展指标数据库。

经过外生性等工具变量检验，发现lngniatlasd、lnap、lnrla这3个工具变量不能通过检验，出于行文的简洁性考虑，检验过程略。因此，基于其余10个工具变量来检验式（5-4）中解释变量lpcid、open、lmi、llai、lmlaii的内生性，本章使用异方差稳健的杜宾—吴—豪斯曼检验（Durbin-Wu-Hausman Test，简记DWH），检验结果见表5-3。

表5-3 变量内生性检验

变量	$\chi^2(1)$ 检验统计量	p值
lpcid	13.930	0.0002
open	1.423	0.2329
lmi	0.087	0.7675
llai	41.942	0.0000
lmlaii	0.070	0.7910

检验结果显示，变量lpcid和llai的卡方统计量较大，相应的p值很小，分别为0.0002和0.0000，表明这两个变量是显著的内生变量。而变量open、 lmi、lmlaii 的卡方统计量很小，p 值很大，表明不是内生变量。

（三）工具变量检验

由于仅有 2 个解释变量是内生变量，基于工具变量与内生变量的强相关性要求，对于内生变量 lpcid，本书选择的工具变量为 lngnipppd 和 lnivad；对于内生变量 llai，选择的工具变量为 lnrl、qport 和 qporta。

为进行 2SLS、GMM 等工具变量分析，选择的工具变量必须满足外生性、非弱工具变量以及不存在冗余工具变量三个条件。为此，本章基于式（5-4）进行相应检验。表 5-4、表 5-5、表 5-6 分别给出了工具变量的过度识别检验、工具变量与内生变量的相关性检验以及冗余工具变量检验。

由表 5-4 的检验结果可知，卡方统计量较小，对应的 p 值为 0.3490，不拒绝所有工具变量均外生的原假设，表明所有工具变量均满足外生性（正交性）。

表 5-4　　　　　　　　　工具变量的过度识别检验

卡方统计量	p 值
$\chi^2(2) = 3.2903$	0.3490

由表 5-5 的相关性检验结果可知，内生变量 lpcid 与工具变量间关系检验的拟合优度和修正的拟合优度分别达到 0.9351 和 0.9339，F 统计量达到 975.137，对应的 p 值为 0.0000，表明工具变量和内生变量 lpcid 之间的相关性很强。对内生变量 llai 来说，检验的拟合优度和修正的拟合优度分别为 0.6243 和 0.6172，F 统计量为 80.5572，对应的 p 值为 0.0000，表明工具变量与内生变量 llai 间的相关性也较好。

表 5-5　　　　　　　工具变量与内生变量的相关性检验

变量	R^2	修正的 R^2	偏 R^2	$F(2, 694)$	p 值
lpcid	0.9351	0.9339	0.9237	975.137	0.0000
llai	0.6243	0.6172	0.3914	80.5572	0.0000

表 5-6 的冗余变量检验表明，所有工具变量的拉格朗日乘数（LM）检验

统计量较大，对应的 p 值均不大于 0.0005，强烈拒绝这 5 个工具变量为冗余工具变量的原假设。表明这 5 个工具变量均是有用的工具变量。

表 5 - 6   冗余工具变量检验

变量	LM 统计量	LM 统计量的 p 值
lngniatlasd	118.541	0.0000
lnivad	32.783	0.0000
lnrl	110.379	0.0000
qport	17.083	0.0002
qporta	15.087	0.0005

注：冗余工具变量检验的 LM 统计量服从自由度为 2 的卡方分布。

（四）GMM 估计

由于如果存在异方差，则 GMM 比 2SLS 更有效率，因此，本章直接使用 GMM 估计，估计结果见表 5 - 7。

表 5 - 7   GMM 估计结果

变量	方程 1	方程 2	方程 3	方程 4	方程 5
lpcid	-0.0868*** (0.000)	-0.0362*** (0.000)	-0.0896*** (0.000)	-0.0634*** (0.000)	-0.0668*** (0.000)
ldistance	0.1613* (0.089)	0.1409* (0.075)	0.4925*** (0.000)	0.4521*** (0.000)	0.5047*** (0.000)
rta	-0.3278*** (0.000)	-0.1920*** (0.001)	-0.3997*** (0.000)	-0.2670*** (0.000)	-0.2639*** (0.000)
open	-0.2522*** (0.000)	-0.3838*** (0.000)	-0.2898*** (0.000)	-0.3605*** (0.000)	-0.3686*** (0.000)
neighbour	-0.3734*** (0.000)	-0.4129*** (0.000)	-0.0544 (0.396)	-0.0377 (0.506)	-0.0159 (0.757)

续表

变量	方程1	方程2	方程3	方程4	方程5
lmi		-0.0233*** (0.000)		-0.0155*** (0.000)	-0.0143*** (0.000)
llai			-0.1151*** (0.000)	-0.0912*** (0.000)	-0.1040*** (0.000)
lmlaii					-0.0036** (0.022)
常数项	0.8101 (0.332)	0.9021 (0.201)	-1.0605 (0.134)	-0.9277 (0.122)	-0.2671 (0.716)
R^2	0.386	0.476	0.509	0.556	0.557
Wald χ^2	396.36	504.44	735.43	877.79	1003.49
N	592	592	592	592	592

注：圆括号内的数据表示 t 统计量的 p 值；＊＊＊表示在1%的置信水平上显著，＊＊表示在5%的置信水平上显著，＊表示在10%的置信水平上显著。

四、实证结果分析

随着逐步加入新的基础设施变量，方程的拟合优度持续上升，表5-2由0.381上升至0.571，表5-7由0.386上升至0.557，且除了表5-7中border变量外，几乎不改变既有解释变量的方向和显著性，表明新引入的基础设施变量都是合适的变量，即纳入基础设施及其交互作用变量的回归方程（5-4）是合适的。

比较表5-7GMM估计结果和表5-2混合回归估计结果可知，除了变量border的显著性有所变化，以及变量估计结果大小稍有差别外，两种估计结果中变量的方向和显著性几乎不变。不考虑内生性问题和考虑内生性问题的估计结果的相似性表明，本书的实证分析结果具有较强的稳健性，下文将基于表5-7GMM估计结果中方程5分析其经济意义。

就控制变量的回归结果来看，人均收入差额对中国与六大经济走廊沿线国家的双边贸易成本指数的影响在1%的置信水平上显著为负，人均收入差额每增加1%，中国与六大经济走廊沿线国家的双边贸易成本平均下降0.000668。这与前文的理论分析一致，中国各地区的发展极度不均衡，产品的进口和出口

第五章 中国与"一带一路"六大经济走廊基础设施的双边贸易成本效应研究

刚好和发达经济体的出口和进口重叠，使得中国的贸易对象以发达经济体为主。而六大经济走廊沿线国家均为发展中国家，经济结构与中国相似，甚至落后于中国，出口产品的相似性阻碍了与中国的贸易。距离是影响中国与六大经济走廊沿线国家双边贸易成本的重要因素。ldistance 的回归结果为正且在 1% 的置信水平上显著，两国距离每增加 1% 双边贸易成本指数平均增加 0.005047。自由贸易协定的回归结果为负且在 1% 的置信水平上显著，表明在中国与六大经济走廊沿线国家之间签署自由贸易协定平均能降低 0.2639 的双边贸易成本指数。贸易开放度的回归结果为 -0.3686，且在 1% 的置信水平上显著，与前文的理论分析一致，六大经济走廊沿线国家的贸易开放度越高，表明该国涉外经济部门相对国内经济部门的比重越高，经济发展对国际贸易的依赖程度也越高，越容易与该国开展国际贸易。共同边界虚拟变量的回归结果为 -0.0159，与理论分析一致，但不显著，可能原因是样本中与中国相邻的国家太少，使得回归结果中共同边界对六大经济走廊沿线国家与中国的双边贸易成本影响不显著。

就基础设施的回归结果来看，海运基础设施、陆空运基础设施、海运基础设施和陆空运基础设施的交互作用的回归结果均为负且在 1% 或 5% 的置信水平上显著，与理论分析结果一致，即基础设施的发展能显著降低双边贸易成本。其中，lmi 每增加 1%，平均能降低双边贸易成本指数 0.000143；llai 每增加 1%，平均能降低双边贸易成本指数 0.001040；而 lmlaii 每增加 1%，平均能降低双边贸易成本指数 0.000036，表明海运基础设施和陆空运基础设施的交互作用的双边贸易成本效应要低于海运基础设施和陆空运基础设施本身的双边贸易成本效应。研究结论支持了第三章提出的基本假设 3 和假设 4，即中国与不同经济走廊的基础设施对双边贸易成本存在降低作用，中国与不同经济走廊的基础设施的交互作用同样对双边贸易成本存在降低作用。

第三节 中国与"一带一路"六大经济走廊基础设施的双边贸易成本效应研究结论

本章基于诺维（2013）的贸易成本度量模型测算了中国与"一带一路"六大经济走廊沿线国家的时变双边贸易成本，并进一步在引力模型中纳入基础设施及其交互作用变量，实证分析了海运基础设施、陆空运基础设施及二者交

互作用对中国与"一带一路"六大经济走廊沿线国家的双边贸易成本的影响,得到如下研究结论:

第一,中国与六大经济走廊沿线国家的平均双边贸易成本在下降过程中虽然波折起伏,但整体下降趋势非常显著。中国与"一带一路"各经济走廊沿线国家平均双边贸易成本整体也都呈下降趋势,但也存在明显的局部特征差异。就双边成本来看,中国与新亚欧大陆桥经济走廊沿线国家的平均双边贸易成本整体最高,然后依次是中国与中国—中亚—西亚经济走廊沿线国家、中国与中巴经济走廊沿线国家、中国与孟中印缅经济走廊沿线国家、中国与中国—中南半岛经济走廊沿线国家以及中国与中蒙俄经济走廊沿线国家。就双边贸易成本降幅来看,中国与新亚欧大陆桥经济走廊沿线国家的平均双边贸易成本降幅最大,然后依次是中国与中南半岛经济走廊沿线国家、中国与孟中印缅经济走廊沿线国家、中国与中国—中亚—西亚经济走廊沿线国家、中国与中巴经济走廊沿线国家、中国与中蒙俄经济走廊沿线国家。

第二,海运基础设施、陆空运基础设施及二者的交互作用均能显著降低双边贸易成本,但海运基础设施和陆空运基础设施的交互作用的双边贸易成本效应较海运基础设施和陆空运基础设施本身的双边贸易成本效应要低。其中,海运基础设施每增加1%,平均能降低双边贸易成本指数0.000143;陆空运基础设施每增加1%,平均能降低双边贸易成本指数0.001040;而二者交互作用每增加1%,平均能降低双边贸易成本指数0.000036。

研究结论支持了第三章提出的假设3,平均来看,中国与不同经济走廊基础设施对双边贸易成本存在降低作用。研究结论同样支持了第三章提出的假设4,中国与不同经济走廊基础设施的交互作用同样对双边贸易成本存在降低作用。

第三,距离的影响方向为正且显著,表明距离仍然是双边贸易成本的重要构成因素。其余影响因素,如人均收入差额、是否签署自由贸易协定、贸易开放度、两国是否有共同边界,对双边贸易成本的影响方向均显著为负,表明这些因素能显著降低双边贸易成本。就控制变量的回归结果来看,人均收入差额每增加1%,中国与六大经济走廊沿线国家的双边贸易成本指数平均降低 -0.000668;两国距离每增加1%,双边贸易成本指数平均增加0.005047;中国与六大经济走廊沿线国家之间签署自由贸易协定平均能降低0.2639的双边贸易成本指数;贸易开放度(open)平均能降低0.3686的双边贸易成本指数;共同边界虚拟变量(border)平均能降低双边贸易成本指数0.0159。

第 六 章

"一带一路"沿线国家基础设施的
国际贸易效应研究*

设施联通是"一带一路"建设的优先领域,自 2013 年以来,包括交通基础设施、能源基础设施、通信网络基础设施在内的一系列跨境项目开工建设,已逐步形成连接亚洲各次区域以及亚非欧之间的交通、能源和通信网络基础设施。设施联通有助于促进其余四通,尤其是贸易畅通的发展。本章在前两章分析"一带一路"及六大经济走廊基础设施的双边贸易成本效应的基础上,进一步分析"一带一路"沿线国家基础设施的国际贸易效应促进作用。和现有文献相比,本章的创新点主要表现在三个方面:一是本章将基础设施区分为交通基础设施、能源基础设施和通信网络基础设施,有利于比较分析三种不同类型基础设施的相对贸易效应大小,从而更有助于提出促进"一带一路"基础设施贸易效应最大化的政策建议;二是与大多数文献的中国视角出发的研究不同,本章从"一带一路"沿线国家的视角出发,分析基础设施对"一带一路"沿线国家的进口、出口和域内双边贸易的影响;三是本章在分析不同类型基础设施的国际贸易效应时,进一步将交通、能源和通信网络这三类基础设施交互作用的国际贸易效应纳入实证分析。

第一节 "一带一路"沿线国家基础设施
及其国际贸易贡献的特征事实

为充分利用尽可能多的样本信息以更客观反映经济活动的行为规律,增加

---

* 本章部分内容参见胡再勇,付韶军和张璐超."一带一路"沿线国家基础设施的国际贸易效应研究 [J]. 数量经济技术经济研究,2019(2):24-44.

了韩国、新西兰、摩洛哥、埃塞俄比亚、南非、巴拿马和奥地利7个国家,因此,本章最终的研究样本为54个国家。

一、数据的统计特征

表6-1给出了54个国家出口、进口、能源基础设施、交通基础设施、通信网络基础设施在2000~2016年平均值的统计特征。出口、进口、能源、交通这四个变量都是尖峰有偏分布,且标准差很大,表明这些变量分布非常离散,即54个国家的出口、进口、能源基础设施和交通基础设施差异非常大。与其他四个变量不同,通信网络基础设施比较接近正态分布,表明"一带一路"沿线大部分国家通信网络基础设施发展程度差异相对较小,总体上比较均衡。

表6-1 数据的统计特征

变量	均值	中位数	最大值	最小值	标准差	偏度	峰度	雅克贝拉值	p值
出口	864.64	250.56	12884.10	7.61	1869.84	5.16	33.03	2268.14	0.00
进口	780.66	261.58	10749.90	23.19	1560.68	5.08	32.25	2156.51	0.00
能源	4234.68	3172.63	19506.40	45.92	4074.14	1.67	5.97	44.78	0.00
交通	1076.82	137.11	11774.00	0.13	2473.23	3.10	11.88	263.92	0.00
通信网络	36.51	37.056	62.12	4.41	13.81	-0.13	2.37	1.04	0.60

注:各国的出口(亿美元)、进口(亿美元)、能源基础设施(千瓦时)、交通基础设施(百万吨·千米)和通信网络基础设施(数/百人)均取2000~2016年的均值,样本数均为54个。

资料来源:各国进出口额数据来自联合国Comtrade数据库;各国能源基础设施用人均耗电量表示,数据来自世界银行世界发展指标数据库和BVD的各国能源指标分析库(EIU Energy Indicators and Forecasts);交通基础设施用航空货运量表示,数据来自世界银行WDI数据库;通信网络基础设施用每百人互联网用户数、每百人固定电话用户数和每百人移动蜂窝式无线通信系统的电话租用数的简单平均值表示,数据来自世界银行世界发展指标数据库。

二、"一带一路"沿线国家基础设施及其进口、出口贡献的特征事实分析

基础设施的完善有助于降低运输成本,提高运输效率,从而促进国际贸易的

发展，反过来，国际贸易的发展也会带来进一步改善基础设施的内在要求和动力，因此，国际贸易发达的国家，其基础设施总体上也会更加完善。图6-1、图6-2、图6-3分别给出了除中国外的其余53个国家进出口总额平均值与能源基础设施平均值、交通基础设施平均值以及通信网络基础设施平均值的散点分布图。①②

由图6-1可知，巴林、卡塔尔、科威特、阿联酋等西亚国家能源基础设施比较完善，而韩国、新加坡、俄罗斯、印度等新兴市场经济体进出口规模比较大，但大部分"一带一路"沿线国家能源基础设施比较匮乏，进出口规模也很小，总体上看，能源基础设施越完善的国家，其进出口总额也越高。

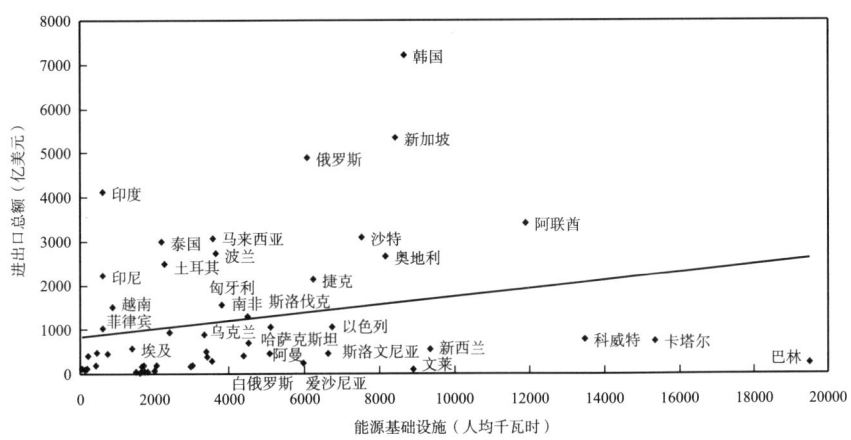

图6-1 "一带一路"沿线53国平均进出口总额与平均能源基础设施值

由图6-2可知，除韩国、新加坡、阿联酋等少数国家外，大部分"一带

---

① 考虑到有三类基础设施、两个贸易方向（出口和进口），如果绘制散点分布图的话，会有6个图，出于文章篇幅考虑，且考虑到大部分国家进口和出口高度相关，这里仅绘制"一带一路"沿线国家进出口总额与基础设施间的散点分布图进行分析，而不分别绘制出口与基础设施的散点分布图以及进口与基础设施的散点分布图。各国进出口总额平均值、能源基础设施平均值、交通基础设施平均值以及通信网络基础设施平均值均使用该国2000~2016年数据的平均值表示。
② 由于"一带一路"都是发展中国家，绝大部分国家进出口总额规模较小，2000~2016年中国进出口总额平均值（23634亿美元）远超其余53个国家，且约是排第二位的韩国（7214亿美元）的3.28倍，如果将中国和其余53国一起绘制散点分布图，会导致中国成为奇异点，且其余国家积聚在一起，不容易分析，因此，这里在绘制进出口总额平均值与基础设施平均值散点分布图时排除中国，仅基于其余53国绘制。

一路"沿线国家交通基础设施非常匮乏,但交通基础设施和进出口之间的趋势性特征也很明显,交通基础设施越完善的国家,其进出口总额也越高。

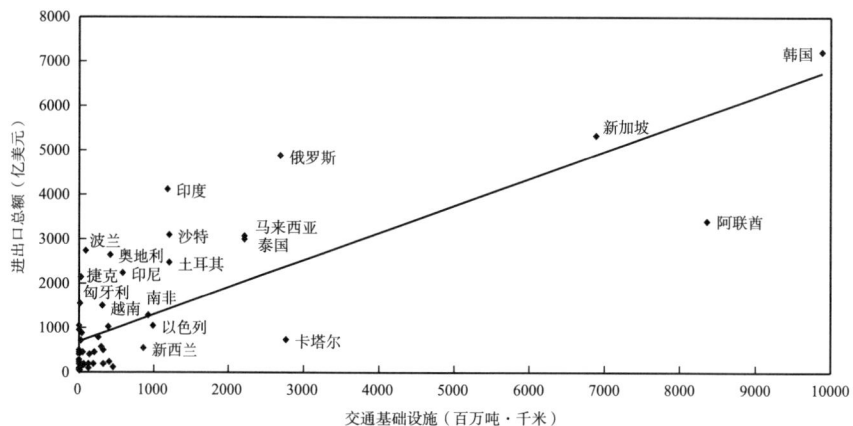

图6-2 "一带一路"沿线53国平均进出口总额与平均交通基础设施值

由图6-3可知,"一带一路"沿线国家通信网络基础设施发展程度总体上比能源基础设施和交通基础设施更均衡,除埃塞俄比亚通信网络基础设施值低于10以外,大部分国家介于20~60之间,进出口总额与通信网络基础设施间的趋势性特征较为明显,网络基础设施越完善的国家,其进出口总额总体上也越高。

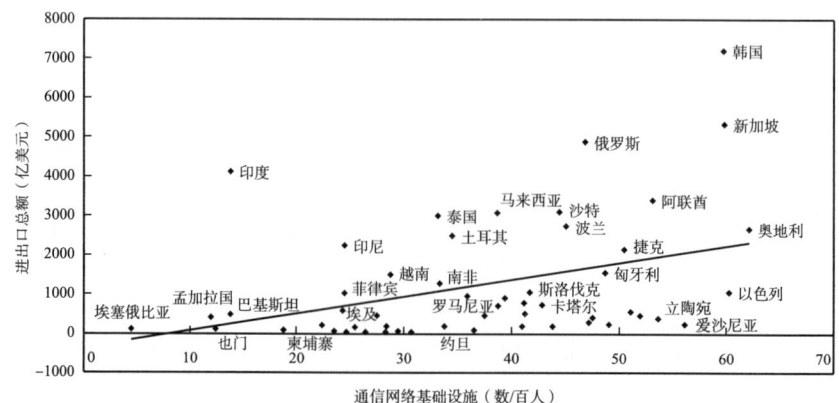

图6-3 "一带一路"沿线53国平均进出口总额与平均通信基础设施值

为了进一步观察进口、出口与不同类型基础设施及其交互项的动态变化关系，图6-4给出了2000~2016年54个国家出口、进口与能源基础设施、交通基础设施、通信网络基础设施及不同类型基础设施交互项之间的动态变化关系，其中，出口值、进口值、能源基础设施、交通基础设施、通信网络基础设施、不同类型基础设施交互项均为54个国家的平均值。基础设施交互项的构建方法是两种或三种不同类型基础设施的相乘，由于涉及乘积项，不同变量的值相差巨大，故图6-4所有变量均为其自然对数值。

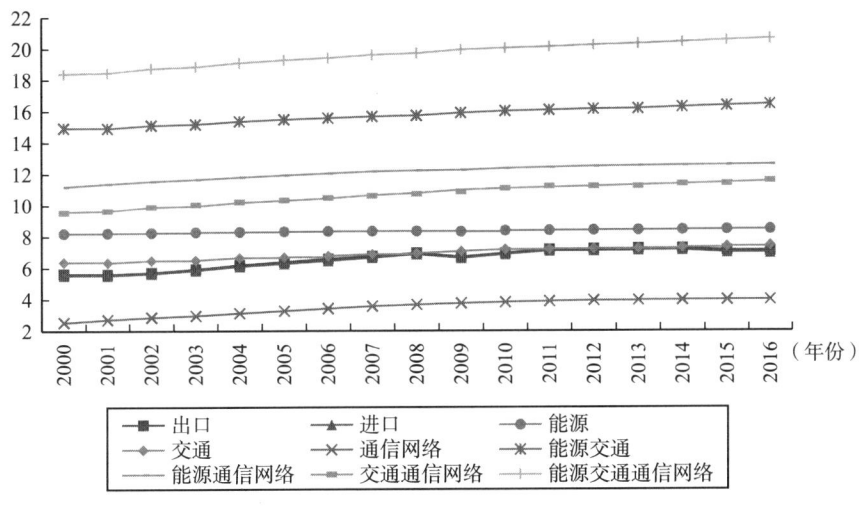

图6-4 "一带一路"沿线国家出口、进口与不同类型基础设施及其交互项的动态关系

注：出口和进口单位为亿美元；能源基础设施单位为人均千瓦时；交通基础设施单位为百万吨·千米；通信网络基础设施单位为数/百人；能源交通基础设施交互项的单位为千瓦时*百万吨·千米；能源通信网络基础设施交互项单位为千瓦时*数/百人；交通通信网络基础设施交互项单位为百万吨·千米*数/百人；能源交通通信网络基础设施交互项单位为千瓦时*百万吨·千米*数/百人。

由图6-4可知，"一带一路"沿线54个国家的出口平均值和进口平均值除在2009年、2015年和2016年这三年有明显下滑外，总体上来看，呈现较快增长势头。从能源、交通以及通信网络这三类基础设施来看，交通基础设施、通信网络基础设施增长趋势比较明显，而能源基础设施的增长趋势稍显平缓。从不同类型基础设施交互项来看，无论是能源交通基础设施交互项、能源通信网络基础设施交互项、交通通信网络基础设施交互项，还是能源交通通信网络基础设施交互项都呈明显的增长趋势。从时间维度来看，进口、出口以及不同类型基础设施及其交互项在 2000~2016 年总体都呈增长趋势。

三、"一带一路"沿线国家基础设施及其域内双边贸易贡献的特征事实分析

考虑到"一带一路"区域内双边贸易的国家对，相关基础设施涉及两个国家，因此，分析"一带一路"沿线国家基础设施的域内双边贸易效应，需要综合考虑两个国家的基础设施状况，本书直接将两个国家相同类型基础设施相乘来构建基础设施变量，即考虑两个国家基础设施的协同效应。① 图 6-5 给出了 2003~2016 年 54 个国家之间的双边贸易平均值与能源基础设施平均值、交通基础设施平均值、通信网络基础设施平均值以及不同类型基础设施交互项平均值的动态变化关系。② 其中，基础设施交互项的构建方法是两种或三种不同类型基础设施间的相乘，所有变量均为其自然对数值。

由图 6-5 可知，"一带一路"区域内双边贸易在 2009 年、2015 年和 2016 年有所下滑；而能源基础设施，在 2008 年和 2009 年均有所下滑；其余变量，如交通基础设施、通信网络基础设施、能源交通基础设施交互项、能源通信网络基础设施交互项、交通通信网络基础设施交互项、能源交通通信网络基础设施交互项都呈单调的增长趋势。从时间维度来看，"一带一路"区域内双边贸易与能源基础设施、交通基础设施、通信网络基础设施及其交互项在 2003~2016 年总体上都呈增长趋势。

---

① 也可以将两个国家相同类型的基础设施相加来构建基础设施变量，即考虑两国基础设施的规模效应对国际贸易的影响，出于篇幅考虑，本书仅提供基于乘法构建的基础设施及其交互作用的双边贸易效应的研究结果。笔者在写作过程中同时研究了基于加法构建的基础设施及其交互作用的双边贸易效应以及基于乘法构建的基础设施及其交互作用的双边贸易效应。总体上看，结论一致，但基于乘法构建的基础设施及其交互作用的双边贸易效应研究结果更显著也更稳健，表明两国基础设施的双边贸易效应更可能来源于两国基础设施的协同效应（乘法方法），而不是两国基础设施的规模效应（加法方法）。

② 双边贸易平均值、能源基础设施平均值、交通基础设施平均值、通信网络基础设施平均值均为 1078 个国家对的平均值。考虑到双边贸易有两个统计维度，且从不同的国家角度来统计的双边贸易数据并不一致，这里仅考虑基于一个国家统计的双边数据来进行分析，共有 1431 个国家对，但有些国家之间部分年份的双边贸易数据缺失，剔除掉这些国家对后，共有 1078 个国家对。

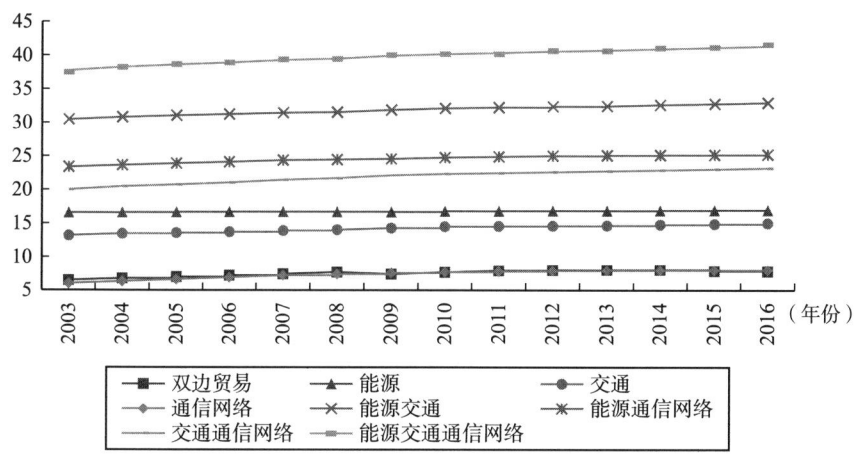

图6-5 "一带一路"域内双边贸易与不同类型基础设施及其交互项的动态

注：双边贸易单位为美元；能源基础设施单位为千瓦时；交通基础设施单位为百万吨·千米；通信网络基础设施单位为数/百人；能源交通基础设施交互项的单位为千瓦时＊百万吨·千米；能源通信网络基础设施交互项单位千瓦时＊数/百人；交通通信网络基础设施交互项单位为百万吨·千米＊数/百人；能源交通通信网络基础设施交互项单位为千瓦时＊百万吨·千米＊数/百人。

第二节 基础设施国际贸易效应的实证研究模型构建

本章基于引力方程从两个角度分析"一带一路"沿线国家基础设施的国际贸易效应：一是"一带一路"沿线国家基础设施的进口和出口效应；二是"一带一路"沿线国家基础设施的域内双边贸易效应。

一、"一带一路"沿线国家基础设施的进出口效应的实证研究模型

为了应用贸易引力模型，将某个国家作为一方，而将全球剩余国家作为另一方，考虑到"一带一路"沿线国家均为发展中国家，其经济总量占全球经济总量的比重都比较小，因此，为简便起见，本章将世界整体作为全球剩余国家的代表，重点考虑在贸易引力模型的基础上纳入基础设施及其交互影响因素，基于数据的可得性，本章建立的实证研究模型为：

$$\text{export}_{i,t}(\text{import}_{i,t}) = \beta_0 + \beta_1 \text{gdp}_{i,t} + \beta_2 \text{wgdp}_t + \beta_3 \text{mp}_{i,t} + \beta_4 \text{wmp}_t + \beta_5 \text{fta}_{i,t}$$
$$+ \beta_6 \text{landlocked}_{i,t} + \beta_7 \text{ei}_{i,t} + \beta_8 \text{ti}_{i,t} + \beta_9 \text{ni}_{i,t} + \beta_{10} \text{eiti}_{i,t}$$
$$+ \beta_{11} \text{eini}_{i,t} + \beta_{12} \text{tini}_{i,t} + \beta_{13} \text{eitini}_{i,t} + \delta_t + \varepsilon_{i,t} \quad (6-1)$$

式（6-1）中，$\text{export}_{i,t}(\text{import}_{i,t})$ 表示国家 i 在第 t 年的出口额（或进口额）；$\text{gdp}_{i,t}$ 和 wgdp_t 表示第 t 年国家 i 和世界的 GDP；$\text{mp}_{i,t}$ 和 wmp_t 表示第 t 年国家 i 和世界的贸易潜力；$\text{fta}_{i,t}$ 表示国家 i 在截至第 t 年已经签署的自由贸易协定协议数量的虚拟变量；$\text{landlocked}_{i,t}$ 表示国家 i 是否为内陆国家的虚拟变量；$\text{ei}_{i,t}$ 表示第 t 年国家 i 的能源基础设施；$\text{ti}_{i,t}$ 表示第 t 年国家 i 的交通基础设施；$\text{ni}_{i,t}$ 表示第 t 年国家 i 的通信网络基础设施；$\text{eiti}_{i,t}$、$\text{eini}_{i,t}$、$\text{tini}_{i,t}$ 和 $\text{eitini}_{i,t}$ 分别表示第 t 年国家 i 能源基础设施和交通基础设施的交互作用，能源基础设施和通信网络基础设施的交互作用，交通基础设施和通信网络基础设施的交互作用，能源、交通与通信网络基础设施间的交互作用[①]；δ_t 为时间固定效应。在这里，不纳入国家固定效应，因为国家固定效应与众多解释变量间会形成多重共线性关系。

二、"一带一路"沿线国家基础设施的域内双边贸易效应的实证研究模型

为分析"一带一路"沿线国家基础设施对域内双边贸易的影响，在贸易的引力模型中纳入基础设施及其交互影响因素，构建的实证模型为：

$$\text{trade}_{ij,t} = \beta_0 + \beta_1 \text{gdp}_{i,t} + \beta_2 \text{gdp}_{j,t} + \beta_3 \text{mp}_{i,t} + \beta_4 \text{mp}_{j,t} + \beta_5 \text{distance}_{ij,t} + \beta_6 \text{fta}_{ij,t}$$
$$+ \beta_7 \text{landlocked}_{i,t} + \beta_8 \text{landlocked}_{j,t} + \beta_9 \text{language}_{ij,t} + \beta_{10} \text{neighbour}_{ij,t}$$
$$+ \beta_{11} \text{ei}_{ij,t} + \beta_{12} \text{ni}_{ij,t} + \beta_{13} \text{ti}_{ij,t} + \beta_{14} \text{eiti}_{ij,t} + \beta_{15} \text{eini}_{ij,t} + \beta_{16} \text{tini}_{ij,t}$$
$$+ \beta_{17} \text{eitini}_{ij,t} + \delta_t + \varepsilon_{ij,t} \quad (6-2)$$

式（6-2）中，$\text{trade}_{ij,t}$ 表示国家 i 和 j 在第 t 年的双边贸易额；$\text{gdp}_{i,t}$ 和 $\text{gdp}_{j,t}$ 表示第 t 年国家 i 和 j 的 GDP；$\text{mp}_{i,t}$ 和 $\text{mp}_{j,t}$ 表示第 t 年国家 i 和 j 的贸易潜力；$\text{distance}_{ij,t}$ 表示国家 i 和 j 间的距离；$\text{fta}_{ij,t}$ 表示第 t 年国家 i 和 j 是否有签署 FTA 的虚拟变量；$\text{landlocked}_{i,t}$、$\text{landlocked}_{j,t}$ 代表内陆国家的虚拟变量；$\text{language}_{ij,t}$ 表示国家 i 和 j 的语言相同程度指标；$\text{neighbour}_{ij,t}$ 表示国家 i、j 是否相邻的虚拟变量；$\text{ei}_{ij,t}$ 表示第 t 年国家 i 和 j 能源基础设施的共同作用；$\text{ti}_{ij,t}$ 表示

---

① 本章中基础设施间的交互作用变量直接基于不同类型基础设施变量的乘积来构建。

第 t 年国家 i 和 j 交通基础设施的共同作用；$ni_{ij,t}$ 表示第 t 年国家 i 和 j 通信网络基础设施的共同作用[①]；$eiti_{ij,t}$、$eini_{ij,t}$、$tini_{ij,t}$ 和 $eitini_{ij,t}$ 分别表示第 t 年国家 i 和 j 间能源基础设施和交通基础设施的交互作用，能源基础设施和通信网络基础设施的交互作用，交通基础设施和通信网络基础设施的交互作用，以及能源、交通和通信网络基础设施的交互作用；$δ_t$ 为时间固定效应。在这里，为避免多重共线性同样不纳入国家固定效应。

第三节 "一带一路"沿线国家基础设施国际贸易效应的实证分析

一、数据来源

（一）基础设施变量的数据来源

本章用人均耗电量作为各国能源基础设施变量的代表，数据来自世界银行世界发展指标数据库和 BVD 的各国能源指标分析库，单位为人均千瓦时；考虑到很多国家铁路里程数据存在严重缺失，用航空货运量作为交通基础设施的代表，数据来源为世界银行世界发展指标数据库，单位为百万吨·千米；用每百人互联网用户数、每百人固定电话用户数和每百人移动蜂窝式无线通信系统的电话租用数的简单平均值表示通信网络基础设施变量，数据来源为世界银行世界发展指标数据库，单位为数/百人。基础设施的交互项都直接使用乘法构建。

（二）其他数据来源

各国出口额和进口额数据来自联合国 Comtrade 数据库，时间为 2000～2016 年，单位为美元；域内双边贸易数据来自 IMF 统计数据库，时间为 2003～2016 年，单位为美元；GDP 数据来自 IMF 世界经济展望（WEO）数据库，单位为美元；贸易潜力使用各国和世界经济增长率表示，数据来自 IMF 经济展

---

① 基于乘法来构建两国的能源、交通和通信网络基础设施变量。

望数据库,单位为%;自由贸易协定数据来自 WTO 组织的区域贸易协定数据库;国家间距离数据来自法国 CEPII 数据库,单位为千米;内陆国家的虚拟变量数据来自法国 CEPII 数据库;语言变量使用法国 CEPII 数据库构建的语言相同度指标 cl 来表示;两个国家相邻虚拟变量基于 54 个"一带一路"国家是否相邻构建,相邻赋值 1,否则为 0。

二、"一带一路"沿线国家基础设施的进出口效应的实证研究

为了消除数据的非平稳性,变量 $export_{i,t}$、$import_{i,t}$、$gdp_{i,t}$、$wgdp_t$、$ei_{i,t}$、$ti_{i,t}$、$ni_{i,t}$、$eiti_{i,t}$、$eini_{i,t}$、$tini_{i,t}$、$eitini_{i,t}$ 均取对数,而其余变量中由于有负数和零值,不取对数形式。研究思路是:首先,考察单一类型基础设施的进出口效应,估计结果见表 6-2 和表 6-3 中 2~5 列;其次,考察两种类型基础设施及其交互作用的进出口效应,估计结果见表 6-4;最后,综合考察三种类型基础设施及其交互作用的进出口效应,估计结果见表 6-3 中 6~9 列和表 6-5。

为了便于比较和增强估计结果的稳健性,实证研究同时提供了随机效应和固定效应估计结果。表 6-2 至表 6-5 中最后一列都给出了固定效应和随机效应的豪斯曼检验结果,由于 p 值均小于或等于 0.001,故强烈拒绝随机项与解释变量不相关的原假设,应使用固定效应模型,因此,本章的分析将主要基于固定效应模型回归结果展开,但同时也使用随机效应模型的估计结果进行验证分析。在所有研究中都纳入了时间效应,表 6-2 至表 6-5 中倒数第二列都给出了时间效应检验,由于时间效应检验的 p 值都为 0.000,显著拒绝无时间效应的原假设,表明在随机效应和固定效应回归模型中纳入时间效应是正确的。模型统计量的 p 值均为 0.000,表明所有回归模型的拟合效果都很好。

综合表 6-2 至表 6-5 中的控制变量估计结果来看,各国 GDP 和世界 GDP、各国的贸易潜力和世界的贸易潜力对"一带一路"沿线国家的出口和进口都存在正向影响,而且表 6-2 至表 6-6 中无论是固定效应回归结果还是随机效应回归结果,各国 GDP、世界 GDP、各国的贸易潜力、世界的贸易潜力的回归系数波动幅度都较小,表明回归结果具有较好的稳健性,这与贸易引力方程的理论分析一致。但世界的贸易潜力影响不显著,这可能是因为"一带一路"沿线国家都为发展中国家,出口和进口规模较小,较少受世界经济增速的影响。自由贸易协定对出口的影响不显著,但对进口的影响在 5% 的水平上显

著且方向为负，表明自由贸易协定总体上对"一带一路"沿线国家的出口没有发挥显著作用，反而阻碍了"一带一路"沿线国家的进口。内陆国家虚拟变量对出口和进口的影响都为负，表明内陆国家的地理位置特征不利于国际贸易，这与理论分析一致，但影响都不显著。

下文分析基础设施及其交互作用的进口和出口效应。首先，观察"一带一路"沿线国家单一类型基础设施的进口和出口效应。由表6-2和表6-3中2~5列的回归结果可知，固定效应回归模型显示能源基础设施的进口弹性[1]为0.242，出口弹性为0.100，随机效应模型也显示能源基础设施的进口弹性为0.193，出口弹性为0.176，固定效应回归模型的回归结果和随机效应回归模型的回归结果相差较小，且所有回归结果都在5%的水平上显著，表明能源基础设施的进口弹性和出口弹性显著为正且较为稳健。固定效应回归模型显示，交通基础设施的进口弹性为0.013，出口弹性为0.020；随机效应模型显示，交通基础设施的进口弹性为0.012，出口弹性为0.022，回归结果相差较小，除交通基础设施进口效应的随机效应模型估计结果在10%的水平上显著外，其余所有回归结果都在5%的水平上显著，表明交通基础设施的进口弹性和出口弹性显著为正且较为稳健。固定效应回归模型显示，通信网络基础设施的进口弹性为0.121，出口弹性为负，但不显著；随机效应模型显示，通信网络基础设施的进口弹性为0.108，出口弹性为-0.034，但仅在10%的水平上显著，表明通信网络基础设施的进口弹性显著为正且较为稳健，但出口效应不显著。

表6-2和表6-3的实证结果总体上支持了第三章提出的假设5，除通信网络基础设施的出口效应为负外，能源基础设施和交通基础设施的进口效应、出口效应都为正，通信网络基础设施的进口效应为正。表6-2和表6-3的实证结果还证实了第三章提出的假设7，即基础设施的进口效应和出口效应大小不一样，能源基础设施的进口弹性平均为0.218，出口弹性平均为0.138；交通基础设施的进口弹性平均为0.013，出口弹性平均为0.021；通信网络基础设施的进口弹性平均为0.114，出口弹性平均为-0.031。很显然，能源基础设施、交通基础设施、通信网络基础设施的进口（出口）效应大小不一致，这也证实了第三章提出的假设8，即能源基础设施、交通基础设施、通信网络基础设施的国际贸易效应大小不一致。

---

[1] 进口（出口）弹性是进口（出口）效应的固定效应回归结果和随机效应回归结果的平均值。

表6-2　"一带一路"沿线国家单一类型基础设施的进出口效应

变量	进口 随机效应	进口 固定效应	出口 随机效应	出口 固定效应	进口 随机效应	进口 固定效应	出口 随机效应	出口 固定效应
lgdp	0.696*** (0.000)	0.624*** (0.000)	0.743*** (0.000)	0.605*** (0.000)	0.719*** (0.000)	0.656*** (0.000)	0.720*** (0.000)	0.604*** (0.000)
lwgdp	0.928*** (0.001)	1.045*** (0.000)	0.808** (0.034)	1.105*** (0.003)	0.967*** (0.000)	1.086*** (0.000)	0.921** (0.015)	1.141*** (0.002)
mp	0.009*** (0.000)	0.009*** (0.000)	0.010*** (0.000)	0.011*** (0.000)	0.010*** (0.000)	0.010*** (0.000)	0.011*** (0.000)	0.011*** (0.000)
wmp	0.151 (0.200)	0.160 (0.169)	0.224 (0.213)	0.236 (0.180)	0.133 (0.270)	0.139 (0.245)	0.208 (0.246)	0.222 (0.208)
fta	-0.011*** (0.000)	-0.012*** (0.000)	0.004 (0.359)	0.006 (0.183)	-0.010*** (0.001)	-0.011*** (0.001)	0.004 (0.398)	0.005 (0.264)
landlocked	-0.124 (0.452)		-0.200 (0.337)		-0.116 (0.487)		-0.212 (0.386)	
lei	0.193*** (0.000)	0.242*** (0.000)	0.176*** (0.000)	0.100** (0.050)				
lti					0.012* (0.063)	0.013** (0.046)	0.022** (0.025)	0.020** (0.042)
常数项	-24.821*** (0.003)	-27.146*** (0.001)	-22.568* (0.073)	-28.001** (0.023)	-25.103*** (0.000)	-27.376*** (0.001)	-24.212* (0.052)	-28.373** (0.021)
模型统计量	$\chi^2(21)$ = 12999.080 (0.000)	F(20, 844) = 644.750 (0.000)	$\chi^2(21)$ = 5601.330 (0.000)	F(20, 844) = 274.770 (0.000)	$\chi^2(21)$ = 12352.10 (0.000)	F(20, 844) = 608.370 (0.000)	$\chi^2(21)$ = 5569.050 (0.000)	F(20, 844) = 274.870 (0.000)
时间效应检验	$\chi^2(14)$ = 88.180 (0.000)	F(14, 844) = 7.010 (0.000)	$\chi^2(14)$ = 63.790 (0.000)	F(14, 844) = 4.770 (0.000)	$\chi^2(14)$ = 64.790 (0.000)	F(14, 844) = 4.920 (0.000)	$\chi^2(14)$ = 52.900 (0.000)	F(14, 844) = 4.200 (0.000)
豪斯曼检验	$\chi^2(5)$ = 26.230 (0.000)		$\chi^2(5)$ = 46.730 (0.000)		$\chi^2(5)$ = 21.540 (0.001)		$\chi^2(5)$ = 33.690 (0.000)	

注：括号内的数据为相应统计量的 p 值；***、**、* 分别表示在1%、5%、10%的水平上显著；考虑到时间效应不是主要关注对象，故没有列出时间效应估计结果。

表6-3 "一带一路"沿线国家单一类型基础设施的进出口效应

变量	进口		出口		进口		出口	
	随机效应	固定效应	随机效应	固定效应	随机效应	固定效应	随机效应	固定效应
lgdp	0.670*** (0.000)	0.570*** (0.000)	0.800*** (0.000)	0.646*** (0.000)	0.657*** (0.000)	0.553*** (0.000)	0.768*** (0.000)	0.625*** (0.000)
lwgdp	0.755*** (0.002)	0.911*** (0.000)	0.880** (0.024)	1.151*** (0.002)	0.793*** (0.001)	0.950*** (0.000)	1.006*** (0.008)	1.210*** (0.001)
mp	0.009*** (0.000)	0.009*** (0.000)	0.012*** (0.000)	0.012*** (0.000)	0.009*** (0.000)	0.008*** (0.000)	0.011*** (0.000)	0.011*** (0.000)
wmp	0.134 (0.252)	0.143 (0.211)	0.214 (0.242)	0.230 (0.191)	0.135 (0.249)	0.144 (0.207)	0.227 (0.203)	0.236 (0.179)
fta	−0.006** (0.042)	−0.006** (0.040)	0.005 (0.326)	0.007 (0.162)	−0.009*** (0.004)	−0.009*** (0.003)	−0.002 (0.729)	0.001 (0.764)
landlocked	−0.152 (0.328)		−0.190 (0.348)		−0.127 (0.392)		−0.152 (0.445)	
lei					0.093*** (0.003)	0.105*** (0.008)	0.291*** (0.000)	0.197*** (0.001)
lti					0.014** (0.025)	0.015** (0.015)	0.019** (0.041)	0.019* (0.054)
lni	0.108*** (0.000)	0.121*** (0.000)	−0.034* (0.091)	−0.027 (0.182)	0.086*** (0.000)	0.099*** (0.000)	−0.107*** (0.000)	−0.069*** (0.005)
常数项	−18.003** (0.028)	−20.611** (0.010)	−24.578* (0.055)	−29.457** (0.017)	−19.491** (0.017)	−22.101*** (0.006)	−29.568** (0.018)	−32.108*** (0.009)
模型统计量	$\chi^2(21)$ = 13267.850 (0.000)	F(20, 844) = 669.190 (0.000)	$\chi^2(21)$ = 5471.920 (0.000)	F(20, 844) = 273.990 (0.000)	$\chi^2(23)$ = 13400.230 (0.000)	F(22, 842) = 617.040 (0.000)	$\chi^2(23)$ = 5776.290 (0.000)	F(22, 842) = 253.410 (0.000)
时间效应检验	$\chi^2(14)$ = 81.65 (0.000)	F(14, 844) = 6.57 (0.000)	$\chi^2(14)$ = 51.88 (0.000)	F(14, 844) = 4.36 (0.000)	$\chi^2(14)$ = 81.07 (0.000)	F(14, 842) = 6.57 (0.000)	$\chi^2(14)$ = 62.04 (0.000)	F(14, 842) = 4.63 (0.000)
豪斯曼检验	$\chi^2(5)$ = 43.51 (0.000)		$\chi^2(5)$ = 66.43 (0.000)		$\chi^2(7)$ = 51.68 (0.000)		$\chi^2(7)$ = 41.57 (0.000)	

注：括号内的数据为相应统计量的p值；***、**、*分别表示在1%、5%、10%的水平上显著；考虑到时间效应不是本书的主要关注对象，故在表中没有列出时间效应估计结果。

其次，考察表6-4给出的"一带一路"沿线国家两种类型基础设施及其交互作用的进口和出口效应。就能源基础设施、交通基础设施及其交互作用的进口和出口效应来看，固定效应回归模型下能源基础的进口弹性为0.256，出口弹性为0.181，随机效应下能源基础设施的进口弹性为0.217，出口弹性为0.255，都在1%的水平上显著，表明能源基础设施的进口效应和出口效应都为正，回归结果稳健；交通基础设施的出口效应在1%的水平上显著，出口弹性在固定效应和随机效应下的估计结果分别为0.194和0.172，但进口效应在5%的水平上不显著；能源交通基础设施交互作用的进口效应和出口效应都为负，其中，出口效应在1%的水平上显著，出口弹性在固定效应和随机效应下的估计结果分别为-0.230和-0.020，但进口效应不显著。

就能源基础设施、通信网络基础设施及其交互作用的进口和出口效应来看，能源基础设施的进口效应不显著，出口效应也仅在随机效应模型下显著，而在固定效应模型下不显著；同样，通信网络基础设施的进口效应也不显著，但出口效应在1%的水平上显著为负，出口弹性在固定效应模型和随机效应模型下分别为-0.153和-0.178；能源通信网络基础设施交互作用的进口效应在1%的水平上显著且为正，出口效应在5%的水平上显著，进口弹性在固定效应模型和随机效应模型下分别为0.021和0.014，出口弹性在固定效应模型和随机效应模型下分别为0.017和0.014。

就交通基础设施、通信网络基础设施及其交互作用的进口和出口效应来看，交通基础设施的进口效应和出口效应在1%的水平上显著且都为正，固定效应回归模型下能源基础的进口弹性为0.084，出口弹性为0.182，随机效应下能源基础设施的进口弹性为0.082，出口弹性为0.1743，回归结果比较稳健；通信网络基础设施的进口效应在1%的水平上显著且为正，固定效应模型和随机效应模型下的进口弹性分别为0.156和0.143，固定效应模型下通信网络基础设施的出口效应在5%的水平上显著且为正，弹性为0.055，随机效应模型下通信网络基础设施的出口效应在10%的水平上显著且为正，弹性为0.044；交通通信网络基础设施交互作用的进口效应和出口效应都在1%的水平上显著，但都为负，固定效应回归模型下进口弹性为-0.008，出口弹性为-0.019，随机效应回归模型下进口弹性为-0.008，出口弹性为-0.018，回归结果也比较稳健。

表6-4的实证研究结果支持了第三章提出的假设9，不同类型基础设施交互作用对国际贸易的影响方向不确定。能源交通基础设施交互作用的进口

效应和出口效应都为负,能源通信网络基础设施交互作用的进口效应和出口效应都为正,而交通通信网络基础设施交互作用的进口效应和出口效应都为负。表6-4和表6-5的实证结果还支持了第三章提出的假设7和假设8,即基础设施的进口效应和出口效应大小不一样,不同类型基础设施的国际贸易效应大小不一样。表6-4、表6-5中能源基础设施的进口弹性平均为0.237,出口弹性平均为0.211;交通基础设施的进口弹性平均为0.074,出口弹性平均为0.180;通信网络基础设施的进口弹性平均为0.078,出口弹性平均为-0.058。[①]

表6-4 "一带一路"沿线国家两种类型基础设施及其交互作用的进出口效应

变量	进口		出口		进口	
	随机效应	固定效应	随机效应	固定效应	随机效应	固定效应
lgdp	0.685*** (0.000)	0.613*** (0.000)	0.724*** (0.000)	0.600*** (0.000)	0.662*** (0.000)	0.534*** (0.000)
lwgdp	0.945*** (0.000)	1.061*** (0.000)	0.843** (0.026)	1.121*** (0.003)	0.712*** (0.004)	0.867*** (0.000)
mp	0.009*** (0.000)	0.009*** (0.000)	0.010*** (0.000)	0.011*** (0.000)	0.009*** (0.000)	0.009*** (0.000)
wmp	0.149 (0.205)	0.157 (0.178)	0.226 (0.206)	0.240 (0.169)	0.140 (0.230)	0.153 (0.176)
fta	-0.0113*** (0.000)	-0.0127*** (0.000)	0.0051 (0.294)	0.0079* (0.098)	-0.0081*** (0.009)	-0.0090*** (0.003)
landlocked	-0.121 (0.464)		-0.209 (0.317)		-0.149 (0.300)	
lei	0.217*** (0.000)	0.256*** (0.000)	0.255*** (0.000)	0.181*** (0.001)	0.002 (0.967)	-0.005 (0.925)
lti	0.057* (0.066)	0.044 (0.163)	0.172*** (0.000)	0.194*** (0.000)		

---

① 基于10%水平上显著的回归结果进行简单平均计算,下文计算方法与此相同,不再一一说明。

续表

变量	进口		出口		进口	
	随机效应	固定效应	随机效应	固定效应	随机效应	固定效应
lni					0.016 (0.571)	-0.004 (0.901)
leiti	-0.006 (0.141)	-0.004 (0.324)	-0.020*** (0.001)	-0.230*** (0.000)		
leini					0.014*** (0.006)	0.021*** (0.000)
常数项	-24.821*** (0.003)	-27.529*** (0.001)	-23.877* (0.055)	-29.083** (0.017)	-16.624** (0.044)	-18.599** (0.020)
模型统计量	$\chi^2(23)=$ 13062.910 (0.000)	$F(22, 842)$ $=588.750$ (0.000)	$\chi^2(23)=$ 5707.400 (0.000)	$F(22, 842)$ $=255.540$ (0.000)	$\chi^2(23)=$ 13395.270 (0.000)	$F(22, 842)$ $=624.820$ (0.000)
时间效应检验	$\chi^2(14)=$ 84.890 (0.000)	$F(14, 842)$ $=6.650$ (0.000)	$\chi^2(14)=$ 64.530 (0.000)	$F(14, 842)$ $=4.770$ (0.000)	$\chi^2(14)=$ 88.460 (0.000)	$F(14, 842)$ $=7.580$ (0.000)
豪斯曼检验	$\chi^2(7)=27.700$ (0.000)		$\chi^2(7)=50.240$ (0.000)		$\chi^2(7)=64.510$ (0.000)	

注：括号内的数据为相应统计量的 p 值；***、**、*分别表示在1%、5%、10%的水平上显著；考虑到时间效应不是本书的主要关注对象，故在表中没有列出时间效应估计结果。

表6-5 "一带一路"沿线国家两种类型基础设施及其交互作用的进出口效应

变量	出口		进口		出口	
	随机效应	固定效应	随机效应	固定效应	随机效应	固定效应
lgdp	0.774*** (0.000)	0.616*** (0.000)	0.645*** (0.000)	0.548*** (0.000)	0.761*** (0.000)	0.612*** (0.000)
lwgdp	0.924** (0.016)	1.136*** (0.003)	0.784*** (0.002)	0.935*** (0.000)	0.922*** (0.016)	1.186*** (0.001)
mp	0.012*** (0.000)	0.011*** (0.000)	0.009*** (0.000)	0.009*** (0.000)	0.013*** (0.000)	0.013*** (0.000)

续表

变量	出口		进口		出口	
	随机效应	固定效应	随机效应	固定效应	随机效应	固定效应
wmp	0.236 (0.186)	0.246 (0.160)	0.131 (0.259)	0.139 (0.219)	0.211 (0.241)	0.229 (0.187)
fta	-0.0002 (0.972)	0.002 (0.617)	-0.006* (0.059)	-0.006* (0.056)	0.007 (0.178)	0.009* (0.061)
landlocked	-0.182 (0.361)		-0.141 (0.368)		-0.174 (0.389)	
lei	0.196*** (0.005)	0.109 (0.145)				
lti			0.082*** (0.000)	0.084*** (0.000)	0.174*** (0.000)	0.182*** (0.000)
lni	-0.178*** (0.000)	-0.153*** (0.001)	0.143*** (0.000)	0.156*** (0.000)	0.044* (0.090)	0.055** (0.034)
leini	0.014* (0.062)	0.017** (0.036)				
ltini			-0.008*** (0.002)	-0.008*** (0.001)	-0.018*** (0.000)	-0.019*** (0.000)
常数项	-26.668** (0.034)	-29.179** (0.018)	-22.568* (0.073)	-21.148*** (0.008)	-25.655** (0.042)	-30.470** (0.012)
模型统计量	$\chi^2(23)=$ 5771.460 (0.000)	$F(22,842)$ $=253.650$ (0.000)	$\chi^2(23)=$ 13508.910 (0.000)	$F(22,842)$ $=619.710$ (0.0000)	$\chi^2(23)=$ 5646.670 (0.000)	$F(22,842)$ $=285.450$ (0.000)
时间效应检验	$\chi^2(14)=$ 67.440 (0.000)	$F(14,842)$ $=5.130$ (0.000)	$\chi^2(14)=$ 77.300 (0.000)	$F(14,842)$ $=6.190$ (0.000)	$\chi^2(14)=$ 49.810 (0.000)	$F(14,842)$ $=4.220$ (0.000)
豪斯曼检验	$\chi^2(7)=42.350$ (0.000)		$\chi^2(7)=44.360$ (0.000)		$\chi^2(7)==71.270$ (0.000)	

注：括号内的数据为相应统计量的 p 值；***、**、* 分别表示在 1%、5%、10% 的水平上显著；考虑到时间效应不是本书的主要关注对象，故在表中没有列出时间效应估计结果。

最后，进一步考察表 6-3 中 6~9 列以及表 6-6 中三种类型基础设施及其交互效应的进口和出口效应。第一，观察三种类型基础设施的进口效应和出口效应。从表 6-3 中 6~9 列同时纳入三种类型的基础设施的回归结果来看，所有的回归结果都显著。能源基础设施的进口效应、出口效应都为正；交通基础设施的进口效应、出口效应都为正；通信网络基础设施的进口效应都为正，而仅出口效应为负。从表 6-6 中 2~5 列纳入两种类型基础设施交互效应后的结果可以看到，能源基础设施的出口效应为正且显著，但进口效应不显著；交通基础设施的进口效应、出口效应都为正且显著；通信网络基础设施的出口效应显著但为负，而进口效应为正但不显著。从表 6-6 中 6~9 列进一步纳入三种类型基础设施的交互效应后可以看到，除通信网络基础设施的出口效应显著但为负外，能源、交通、通信网络的进口效应都不显著，而能源、交通的出口效应也不显著，纳入三种类型基础设施的交互效应后，能源、交通基础设施的进口效应、出口效应不显著，可能是基础设施交互项导致多重共线性所致。表 6-3 中 6~9 列以及表 6-6 的研究结论总体上支持第三章提出的假设 5，即基础设施的国际贸易效应为正，与表 6-2、6-3 的回归结果一致，除通信网络基础设施的出口效应为负外，能源基础设施和交通基础设施的进口效应、出口效应都为正，通信网络基础设施的进口效应为正。表 6-3 中 6~9 列以及表 6-6 实证结果也支持第三章提出的假设 7 和假设 8，即基础设施的进口效应和出口效应大小不一样，不同类型基础设施的国际贸易效应大小不一样。表 6-3 中 6~9 列以及表 6-6 中能源基础设施的进口弹性平均为 0.099，出口弹性平均为 0.214；交通基础设施的进口弹性平均为 0.051，出口弹性平均为 0.134；通信网络基础设施的进口弹性平均为 0.092，出口弹性平均为 -0.181。

第二，观察两种类型基础设施交互作用的进口效应和出口效应。从表 6-6 中 2~5 列可知，能源交通基础设施交互作用的出口效应为负且显著，但进口效应不显著；能源通信网络基础设施交互作用的进口效应和出口效应都为正且显著；交通通信网络基础设施交互作用的进口效应和出口效应都为负且显著。进一步考察表 6-6 中 6~9 列纳入三种类型基础设施交互项后的两种类型基础设施交互作用的进口效应和出口效应，能源交通基础设施交互作用的进口效应和出口效应大多不显著，能源通信网络基础设施交互作用的进口效应和出口效应为正且大多显著，交通通信网络基础设施交互作用的进口效应和出口效应大多不显著。表 6-6 中两种类型基础设施交互作用的进口效应和出口效应的方向与表6-4、表6-5结论几乎一致，显示研究结论具有较强的稳健性。表6-6的实证研究结果进一步支持了第三章提出的假设9，即不同类型基础设施交互作用对国际贸易的影响方向不确定。

第三，考察三种类型基础设施交互作用的进口效应和出口效应，从表6-6中6~9列可知，三种类型基础设施交互作用的出口效应为负且显著，进口效应为正但不显著。研究结论也进一步支持了第三章提出的假设9。

表6-6　"一带一路"沿线国家三种类型基础设施及其交互作用的进出口效应

变量	进口		出口		进口		出口	
	随机效应	固定效应	随机效应	固定效应	随机效应	固定效应	随机效应	固定效应
lgdp	0.635*** (0.000)	0.512*** (0.000)	0.741*** (0.000)	0.591*** (0.000)	0.633*** (0.000)	0.512*** (0.000)	0.747*** (0.000)	0.595*** (0.000)
lwgdp	0.739*** (0.003)	0.889*** (0.000)	0.948** (0.012)	1.152*** (0.002)	0.738*** (0.003)	0.887*** (0.000)	0.986*** (0.000)	1.179*** (0.001)
mp	0.010*** (0.000)	0.009*** (0.000)	0.013*** (0.000)	0.012*** (0.000)	0.010*** (0.000)	0.009*** (0.000)	0.013*** (0.000)	0.012*** (0.000)
wmp	0.139 (0.231)	0.149 (0.184)	0.240 (0.172)	0.251 (0.144)	0.138 (0.232)	0.149 (0.185)	0.245 (0.162)	0.256 (0.136)
fta	-0.008** (0.018)	-0.009*** (0.006)	0.003 (0.536)	0.006 (0.202)	-0.008** (0.019)	-0.009*** (0.007)	0.002 (0.700)	0.005 (0.306)
landlocked	-0.144 (0.327)		-0.187 (0.345)		-0.147 (0.322)		-0.159 (0.411)	
lei	0.003 (0.949)	-0.011 (0.828)	0.226*** (0.002)	0.141* (0.063)	0.020 (0.776)	0.003 (0.996)	-0.020 (0.853)	-0.033 (0.757)
lti	0.092*** (0.004)	0.081** (0.010)	0.241*** (0.000)	0.256*** (0.000)	0.129 (0.272)	0.112 (0.335)	-0.277 (0.116)	-0.136 (0.445)
lni	0.046 (0.143)	0.033 (0.307)	-0.131*** (0.006)	-0.104** (0.037)	0.064 (0.305)	0.048 (0.447)	-0.377*** (0.000)	-0.295*** (0.002)
leiti	-0.002 (0.708)	0.001 (0.887)	-0.013* (0.060)	-0.015** (0.031)	-0.007 (0.680)	-0.004 (0.818)	0.062** (0.014)	0.042 (0.102)

续表

变量	进口		出口		进口		出口	
	随机效应	固定效应	随机效应	固定效应	随机效应	固定效应	随机效应	固定效应
leini	0.015*** (0.003)	0.021*** (0.000)	0.018** (0.022)	0.020** (0.013)	0.013 (0.149)	0.019** (0.035)	0.050*** (0.000)	0.045*** (0.001)
ltini	-0.008*** (0.007)	-0.009*** (0.003)	-0.015*** (0.001)	-0.015*** (0.000)	-0.012 (0.374)	-0.012 (0.370)	0.047** (0.024)	0.031 (0.131)
leitini					0.001 (0.744)	0.001 (0.782)	-0.009*** (0.002)	-0.007** (0.022)
常数项	-17.170** (0.036)	-19.06** (0.016)	-27.541* (0.026)	-30.011** (0.014)	-17.228** (0.035)	-19.087** (0.016)	-27.078** (0.029)	-29.666** (0.014)
模型统计量	$\chi^2(26)$ = 13649.960 (0.000)	F(25, 839) = 559.600 (0.000)	$\chi^2(26)$ = 5983.400 (0.000)	F(25, 839) = 232.840 (0.000)	$\chi^2(27)$ = 13652.700 (0.000)	F(26, 838) = 537.490 (0.000)	$\chi^2(27)$ = 6045.860 (0.000)	F(26, 838) = 225.230 (0.000)
时间效应检验	$\chi^2(14)$ = 84.500 (0.000)	F(14, 839) = 7.080 (0.000)	$\chi^2(14)$ = 68.500 (0.000)	F(14, 839) = 5.240 (0.000)	$\chi^2(14)$ = 84.760 (0.000)	F(14, 838) = 7.080 (0.000)	$\chi^2(14)$ = 68.480 (0.000)	F(14, 838) = 5.300 (0.000)
豪斯曼检验	$\chi^2(10)$ = 63.760 (0.000)		$\chi^2(10)$ = 48.500 (0.000)		$\chi^2(11)$ = 62.880 (0.000)		$\chi^2(11)$ = 48.820 (0.000)	

注：括号内的数据为相应统计量的 p 值；***、**、* 分别表示在1%、5%、10%的水平上显著；考虑到时间效应不是本书的主要关注对象，故在表中没有列出时间效应估计结果。

三、"一带一路"基础设施域内双边贸易效应的实证研究

为了消除数据的非平稳性，变量 $trade_{ij,t}$、$gdp_{i,t}$、$gdp_{j,t}$、$distance_{ij,t}$、$ei_{ij,t}$、$ti_{ij,t}$、$ni_{ij,t}$、$eiti_{ij,t}$、$eini_{ij,t}$、$tini_{ij,t}$、$eitini_{ij,t}$ 均取对数，而其余变量中由于有负数和零值，不取对数形式。本章的研究思路是：首先，考察单一类型基础设施的双边贸易效应，实证结果见表6-7；其次，考察两种类型的基础设施及其交互作用的双边贸易效应，实证结果见表6-8；最后，综合考察三种类型基础设施及其交互作用的双边贸易效应，实证结果见表6-9。

为了便于比较和增强估计结果的稳健性，实证研究同时提供了随机效应面

板数据模型和固定效应面板数据模型估计结果。表6-7至表6-9中最后一列都给出了固定效应和随机效应的豪斯曼检验结果,由于p值均为0.000,故强烈拒绝随机项与解释变量不相关的原假设,应使用固定效应模型,因此,本书的分析将主要基于固定效应模型回归结果展开,但同时也使用随机效应模型的估计结果进行验证分析。本书在所有研究中都纳入了时间效应,表6-7至表6-9中倒数第二列都给出了时间效应检验,由于时间效应检验的p值都为0.000,显著拒绝无时间效应的原假设,表明在随机效应和固定效应回归模型中纳入时间效应是正确的。模型的统计量的p值均为0.000,表明所有回归模型的拟合效果都很好。

综合表6-7至表6-9的控制变量估计结果来看,贸易伙伴GDP、贸易潜力对双边贸易都存在正向影响且在1%的水平上显著,这与贸易引力方程的理论分析一致,但$mp_{j,t}$不显著,这主要是因为在双边贸易样本中,只从一个国家的角度纳入其与贸易伙伴的双边贸易,双边贸易样本是不对称的。其中,贸易规模大的国家,如中国、韩国、俄罗斯等被纳入了$mp_{j,t}$的统计中,表明贸易规模大的国家与其他"一带一路"沿线国家双边贸易的增长更主要受贸易伙伴贸易潜力的影响。自由贸易协定对双边贸易的影响方向为正且在1%的水平上显著,表明自由贸易协定对"一带一路"域内国家双边贸易发挥了显著的作用。语言的互通性对双边贸易的影响方向为正且显著,边界效应对双边贸易的影响方向为正且在1%的水平上都显著,与贸易理论相符。两国距离对双边贸易的影响方向都为负,符合贸易理论,但在固定效应模型下都不显著,而在随机效应模型下1%的水平上都显著,这表明两国距离可能受到模型的系统性影响。内陆国家虚拟变量对双边贸易的影响方向都为负且在1%的水平上显著,这与贸易理论分析一致,即内陆区位不利于国际贸易的开展。

由表6-7单一类型基础设施的双边贸易效应的回归结果可知,固定效应模型和随机效应模型下能源基础设施的双边贸易效应为正且都在1%的水平上显著,双边贸易弹性分别为0.298和0.126;固定效应模型和随机效应模型下交通基础设施的双边贸易效应也为正且都在1%的水平上显著,双边贸易弹性分别为0.011和0.018;固定效应模型下通信网络基础设施的双边贸易效应为正且在5%的水平上显著,双边贸易弹性为0.041,随机效应模型下通信网络基础设施的双边贸易效应为负且在10%的水平上显著,双边贸易弹性为-0.019。从表6-8纳入两种类型基础设施交互效应后的估计结果可以看到,能源基础设施、交通基础设施的双边贸易效应都为正且都在1%的水平上显著,通信网络基础设施的双边贸易效应都在1%的水平上显著。从表6-9进一步纳入三种类型基础设施的交互作用后可以看到,能源基础设施的双边贸易效应在所有回归结果中都为正且在1%的水平上显著;交通基础设施的双边贸易效应在所有回归结果中也都为正,部分在1%的水平上显著,部分在10%的水平上显著;通信网络基础设施的双边贸易效应都为负,但仅部分回归结果在1%的水平上显著。

表6-7至表6-9中能源、交通基础设施的双边贸易效应研究结论支持第三章提出的假设6,即基础设施的双边贸易效应为正。表6-7至表6-9的研究结论也支持第三章提出的假设8,即不同类型基础设施的国际贸易效应大小不一样,表6-7至表6-9中能源基础设施的双边贸易弹性平均为0.250,交通基础设施的双边贸易弹性平均为0.131,通信网络基础设施的双边贸易弹性平均为-0.031。

表6-7　　"一带一路"域内单一基础设施的双边贸易效应

变量	双边贸易		双边贸易		双边贸易	
	随机效应	固定效应	随机效应	固定效应	随机效应	固定效应
$lgdp_i$	0.529*** (0.000)	0.234*** (0.000)	0.536*** (0.000)	0.296*** (0.000)	0.566*** (0.000)	0.280*** (0.000)
$lgdp_j$	0.737*** (0.004)	0.486*** (0.000)	0.744*** (0.000)	0.544*** (0.000)	0.773*** (0.000)	0.524*** (0.000)
mp_i	0.013*** (0.000)	0.013*** (0.000)	0.013*** (0.000)	0.014*** (0.000)	0.013*** (0.000)	0.014*** (0.000)
mp_j	0.0004 (0.771)	-0.002 (0.282)	0.002 (0.293)	0.001 (0.653)	0.001 (0.436)	0.000004 (0.998)
fta	0.130*** (0.000)	0.079*** (0.003)	0.131*** (0.000)	0.076*** (0.005)	0.125*** (0.000)	0.083*** (0.002)
language	0.484* (0.051)		0.670*** (0.006)		0.712*** (0.004)	
ldistance	-0.615*** (0.000)	-0.445 (0.226)	-0.654*** (0.000)	-0.411 (0.266)	-0.637*** (0.000)	-0.421 (0.254)

续表

变量	双边贸易		双边贸易		双边贸易	
	随机效应	固定效应	随机效应	固定效应	随机效应	固定效应
neighbour	1.592 ** (0.000)		1.540 *** (0.000)		1.546 *** (0.000)	
$landlocked_i$	-0.645 *** (0.000)		-0.564 *** (0.000)		-0.616 *** (0.000)	
$landlocked_j$	-0.365 *** (0.000)		-0.330 *** (0.000)		-0.337 *** (0.000)	
lei	0.126 *** (0.000)	0.298 *** (0.000)				
lti			0.018 *** (0.000)	0.011 ** (0.014)		
lni					-0.019 * (0.094)	0.041 *** (0.001)
常数项	-10.496 *** (0.000)	-1.034 (0.742)	-8.784 *** (0.000)	0.222 (0.944)	-10.110 *** (0.000)	1.077 (0.735)
模型统计量	$\chi^2(24)=$ 15159.510 (0.000)	$F(20,13994)=$ 671.830 (0.000)	$\chi^2(24)=$ 15152.400 (0.000)	$F(20,13994)=$ 661.630 (0.000)	$\chi^2(24)=$ 15090.060 (0.000)	$F(20,13994)=$ 662.200 (0.000)
时间效应检验	$\chi^2(13)=$ 44.430 (0.000)	$F(13,13994)=$ 18.670 (0.000)	$\chi^2(13)=$ 42.020 (0.000)	$F(13,13994)=$ 17.030 (0.000)	$\chi^2(13)=$ 38.320 (0.000)	$F(13,13994)=$ 15.500 (0.000)
豪斯曼检验	$\chi^2(7)=446.370$ (0.000)		$\chi^2(7)=412.7$ (0.000)		$\chi^2(7)=393.330$ (0.000)	

注：括号内的数据为相应统计量的 p 值；***、**、* 分别表示在 1%、5%、10% 的水平上显著；考虑到时间效应不是本书的主要关注对象，故在表中没有列出时间效应估计结果。

由表 6-8 两种类型基础设施及其交互作用的双边贸易效应回归结果可知，能源交通基础设施交互作用的双边贸易效应都为负且在 1% 的水平上显著，能源通信网络基础设施交互作用的双边贸易效应仅在固定效应模型下为正且在1%的水平上显著，交通通信网络基础设施的双边贸易效应都为负且在1%的水平上显著。进一步考察表6-9中同时纳入三种类型基础设施及其交互项后两种类型基础设施的双边贸易效应回归结果，表6-9中第4、5列的回归结果与表6-8中一致，两种类型基础设施的双边贸易效应回归结果都在1%的水平上显著，其中，能源交通基础设施交互作用的双边贸易效应和交通通信网络基础设施的双边贸易效应的回归结果都为负，能源通信网络基础设施交互作用的双边贸易效应回归结果都为正。表6-9中第6、7列的两种类型基础设施的双边贸易效应回归结果的符号方向与表6-9中第4、5列一样，但仅个别回归结果显著，可能与三种类型基础设施交互项引致的多重共线性有关。表6-8与表6-9中，两种类型基础设施交互作用的双边贸易效应方向与表6-4至表6-6中两种类型基础设施交互作用的进口效应和出口效应的方向一致，显示了较强的稳健性。

最后，考察三种类型基础设施交互作用的双边贸易效应。由表6-9中6、7列的回归结果可知，三种类型基础设施交互作用的双边贸易效应都为负，但都不显著。

表6-8与表6-9的研究结论也进一步支持了第三章提出的假设5，即不同类型基础设施交互作用对国际贸易的影响方向不确定。

表6-8　"一带一路"域内两种类型基础设施及其交互作用的双边贸易效应

变量	双边贸易		双边贸易		双边贸易	
	随机效应	固定效应	随机效应	固定效应	随机效应	固定效应
$lgdp_i$	0.523*** (0.000)	0.242*** (0.000)	0.543*** (0.000)	0.211*** (0.000)	0.544*** (0.000)	0.265*** (0.000)
$lgdp_j$	0.729*** (0.000)	0.493*** (0.000)	0.756*** (0.000)	0.475*** (0.000)	0.755*** (0.000)	0.516*** (0.000)
mp_i	0.012*** (0.000)	0.013*** (0.000)	0.013*** (0.000)	0.013*** (0.000)	0.013*** (0.000)	0.014*** (0.000)
mp_j	0.001 (0.433)	-0.001 (0.467)	0.001 (0.543)	-0.001 (0.619)	0.003*** (0.008)	0.002 (0.180)

续表

变量	双边贸易		双边贸易		双边贸易	
	随机效应	固定效应	随机效应	固定效应	随机效应	固定效应
fta	0.144*** (0.000)	0.088*** (0.001)	0.120*** (0.000)	0.079*** (0.003)	0.146*** (0.000)	0.097*** (0.000)
language	0.494** (0.043)		0.481* (0.053)		0.699*** (0.004)	
ldistance	−0.625*** (0.000)	−0.454 (0.217)	−0.625*** (0.000)	−0.453 (0.218)	−0.667*** (0.000)	−0.434 (0.238)
neighbour	1.573*** (0.000)		1.564*** (0.000)		1.500*** (0.000)	
landlocked$_i$	−0.608*** (0.000)		−0.639*** (0.000)		−0.528*** (0.000)	
landlocked$_j$	−0.366*** (0.000)		−0.365*** (0.000)		−0.316*** (0.001)	
lei	0.281*** (0.000)	0.394*** (0.000)	0.140*** (0.000)	0.234*** (0.000)		
lti	0.280*** (0.000)	0.193*** (0.000)			0.107*** (0.000)	0.075*** (0.000)
lni			−0.104*** (0.006)	−0.180*** (0.000)	0.089*** (0.000)	0.115*** (0.000)
leiti	−0.017*** (0.000)	−0.012*** (0.000)				
leini			0.004 (0.195)	0.015*** (0.000)		
ltini					−0.011*** (0.000)	−0.008*** (0.000)
常数项	−12.685*** (0.000)	−2.906 (0.362)	−11.244*** (0.000)	0.589 (0.855)	−9.907*** (0.000)	1.062 (0.740)

续表

变量	双边贸易		双边贸易		双边贸易	
	随机效应	固定效应	随机效应	固定效应	随机效应	固定效应
模型统计量	$\chi^2(26) =$ 15335.720 (0.000)	$F(22, 13992) =$ 613.190 (0.000)	$\chi^2(26) =$ 15207.310 (0.000)	$F(22, 13992) =$ 612.630 (0.000)	$\chi^2(26) =$ 15305.900 (0.000)	$F(22, 13992) =$ 605.250 (0.000)
时间效应检验	$\chi^2(13) =$ 44.880 (0.000)	$F(13, 13992) =$ 17.250 (0.000)	$\chi^2(13) =$ 50.030 (0.000)	$F(13, 13992) =$ 16.100 (0.000)	$\chi^2(13) =$ 44.450 (0.000)	$F(13, 13992) =$ 15.330 (0.000)
豪斯曼检验	$\chi^2(9) =$ 457.400 (0.000)		$\chi^2(9) =$ 448.850 (0.000)		$\chi^2(9) =$ 426.350 (0.000)	

注：括号内的数据为相应统计量的 p 值；***、**、* 分别表示在 1%、5%、10% 的水平上显著；考虑到时间效应不是本书的主要关注对象，故在表中没有列出时间效应估计结果。

表 6-9 "一带一路"域内三种类型基础设施及其交互作用的双边贸易效应

变量	双边贸易		双边贸易		双边贸易	
	随机效应	固定效应	随机效应	固定效应	随机效应	固定效应
$lgdp_i$	0.536*** (0.000)	0.229*** (0.000)	0.536*** (0.000)	0.213*** (0.000)	0.537*** (0.000)	0.213*** (0.000)
$lgdp_j$	0.747*** (0.000)	0.482*** (0.000)	0.750*** (0.000)	0.482*** (0.000)	0.751*** (0.000)	0.482*** (0.000)
mp_i	0.012*** (0.000)	0.013*** (0.000)	0.013*** (0.000)	0.014*** (0.000)	0.013*** (0.000)	0.014*** (0.000)
mp_j	0.001 (0.443)	-0.001 (0.367)	0.003** (0.022)	0.001 (0.416)	0.003** (0.022)	0.001 (0.413)
fta	0.123*** (0.000)	0.078*** (0.004)	0.144*** (0.000)	0.097*** (0.000)	0.144*** (0.000)	0.096*** (0.000)
language	0.490** (0.042)		0.479** (0.046)		0.480** (0.045)	

续表

变量	双边贸易		双边贸易		双边贸易	
	随机效应	固定效应	随机效应	固定效应	随机效应	固定效应
ldistance	-0.649*** (0.000)	-0.447 (0.224)	-0.643*** (0.000)	0.467 (0.203)	-0.643*** (0.000)	-0.467 (0.203)
neighbour	1.538*** (0.000)		1.523*** (0.000)		1.521*** (0.000)	
landlocked$_i$	-0.584*** (0.000)		-0.579*** (0.000)		-0.577*** (0.000)	
Landlocked$_j$	-0.349*** (0.000)		-0.358*** (0.000)		-0.357*** (0.000)	
lei	0.157*** (0.000)	0.302*** (0.000)	0.242*** (0.000)	0.305*** (0.000)	0.226*** (0.001)	0.297*** (0.000)
lti	0.015*** (0.001)	0.008* (0.091)	0.268*** (0.000)	0.181*** (0.000)	0.244** (0.013)	0.169* (0.089)
lni	-0.056*** (0.000)	-0.008 (0.544)	-0.059 (0.162)	-0.137*** (0.001)	-0.090 (0.480)	-0.152 (0.229)
leiti			-0.012*** (0.000)	-0.007*** (0.008)	-0.010 (0.134)	-0.007 (0.342)
leini			0.006** (0.036)	0.016*** (0.000)	0.009 (0.323)	0.017** (0.046)
ltini			-0.008*** (0.000)	-0.007*** (0.000)	-0.005 (0.665)	-0.006 (0.643)
leitini					-0.0002 (0.797)	-0.0001 (0.896)
常数项	-10.961*** (0.000)	-0.864 (0.787)	-13.191*** (0.000)	-1.242 (0.703)	-12.991*** (0.000)	-1.129 (0.738)
模型统计量	$\chi^2(26)$ = 15295.170 (0.000)	F(22, 13992) = 610.970 (0.000)	$\chi^2(29)$ = 15489.780 (0.000)	F(25, 13989) = 543.330 (0.000)	$\chi^2(30)$ = 15495.490 (0.000)	F(26, 13988) = 522.400 (0.000)

续表

变量	双边贸易		双边贸易		双边贸易	
	随机效应	固定效应	随机效应	固定效应	随机效应	固定效应
时间效应检验	$\chi^2(13)=$ 55.480 (0.000)	$F(13, 13992)=$ 18.650 (0.000)	$\chi^2(13)=$ 51.280 (0.000)	$F(13, 13989)=$ 14.990 (0.000)	$\chi^2(13)=$ 51.070 (0.000)	$F(13, 13988)=$ 14.990 (0.000)
豪斯曼检验	$\chi^2(9)=496.490$ (0.000)		$\chi^2(10)=482.000$ (0.000)		$\chi^2(10)=475.740$ (0.000)	

注：括号内的数据为相应统计量的 p 值；***、**、*分别表示在1%、5%、10%的水平上显著；考虑到时间效应不是本书的主要关注对象，故在表中没有列出时间效应估计结果。

四、稳健性检验

为了便于评估估计结果的稳健性，本章从三个不同角度进行了实证分析：一是从研究对象的角度，本章分别分析了基础设施对"一带一路"沿线国家的进口、出口以及双边贸易的影响；二是从研究方法的角度，本章同时给出了固定效应模型和随机效应模型的估计结果；三是从研究思路的角度，无论是分析基础设施及其交互作用的进出口效应还是分析基础设施及其交互作用的域内双边贸易效应，本章都秉承了相同的分析思路，即依次分析单一类型基础设施的国际贸易效应、两种类型基础设施及其交互作用的国际贸易效应、三种基础设施及其交互作用的国际贸易效应。

总体上看，本章的估计结果具有较强的稳健性，能源基础设施的进口效应、出口效应、双边贸易效应都为正；交通基础设施的进口效应、出口效应、双边贸易效应也都为正；通信网络基础设施的进口效应为正，而出口效应、双边贸易效应为负。能源交通基础设施交互作用的进口效应、出口效应和双边贸易效应总体上为负；能源通信网络基础设施交互作用的进口效应、出口效应和双边贸易效应总体上为正；交通通信网络基础设施交互作用的进口效应、出口效应和双边贸易效应总体上为负。

第四节 "一带一路"沿线国家基础设施的国际贸易效应研究结论

本节在分析"一带一路"沿线国家基础设施及其国际贸易贡献特征事实的基础上,在贸易引力方程中纳入能源基础设施、交通基础设施、通信网络基础设施及其交互作用因素,构建面板数据模型考察了这三类基础设施及其交互作用对"一带一路"沿线国家进口、出口以及"一带一路"域内双边贸易的影响,得到以下主要结论。

从时间维度来看,"一带一路"沿线国家进口、出口以及不同类型基础设施及其交互项在 2000~2016 年总体上都呈增长趋势,"一带一路"域内双边贸易与能源基础设施、交通基础设施、通信网络基础设施及其交互项在 2003~2016 年总体上也都呈增长趋势,表明基础设施及其交互作用可能对"一带一路"沿线国家的进口、出口和域内双边贸易存在正向影响关系。

就"一带一路"沿线国家基础设施及其交互作用的进口、出口以及域内双边贸易效应来看,研究结论总体上支持了第三章提出的假设 5 至假设 9。

假设 5 在能源基础设施和交通基础设施上成立,即能源基础设施和交通基础设施的进口效应和出口效应都为正。此外,通信网络基础设施的进口效应为正,而出口效应为负。由表 6-1 至表 6-6 固定效应回归模型 10% 显著性水平上回归结果的平均值来看,能源基础设施的出口和进口弹性平均为 0.201 和 0.155;交通基础设施的进口和出口弹性平均为 0.037 和 0.125;通信网络基础设施的进口和出口弹性平均为 0.125 和 -0.113。

假设 6 也在能源基础设施和交通基础设施上成立,两国能源基础设施和交通基础设施的双边贸易效应都为正。由表 6-7 至表 6-9 固定效应回归模型下 10% 显著性水平上回归结果的平均值来看,能源基础设施的双边贸易弹性平均为 0.305;交通基础设施的双边贸易弹性平均为 0.106;通信网络基础设施的双边贸易弹性平均为 -0.040。

假设 7 成立,能源、交通、通信网络基础设施在国际贸易的两个方向上的作用不一致,即进口效应和出口效应大小不一致。

假设 8 成立,不同类型基础设施的国际贸易效应大小不一致。能源基础设施、交通基础设施、通信网络基础设施的进口效应、出口效应和双边贸易效应大小都不一致。

假设 9 成立,不同类型基础设施交互作用对国际贸易的影响方向不确定。能源交通基础设施的进口效应、出口效应和双边贸易效应总体上为负;能源通信网络基础设施的进口效应、出口效应和双边贸易效应总体上为正;而交通通信网络基础设施的进口效应、出口效应和双边贸易效应总体上为负。

第七章

"一带一路"六大经济走廊基础设施的双边贸易效应研究*

考虑到六大经济走廊是"一带一路"的战略支柱和优先建设对象,采用六大经济走廊作为样本比采用"一带一路"全部样本来评估基础设施建设的国际贸易效应应该更具备显著性。因此,本章在第六章分析"一带一路"沿线国家基础设施的国际贸易效应的基础上,进一步分析"一带一路"六大经济走廊基础设施的双边贸易效应,并在此基础上评估"一带一路"倡议的提出是否促进了"一带一路"六大经济走廊基础设施的双边贸易效应。

第一节 "一带一路"六大经济走廊建设进展情况分析

表7-1列出了"一带一路"六大经济走廊建设进展情况,包括重点建设领域、签署的协议和重点项目建设情况。

表7-1　　　　　　"一带一路"六大经济走廊建设进展情况

走廊	建设重点	签署的文件	项目建设进展
新亚欧大陆桥经济走廊	国际贸易通道建设和海关运输便利化	2017年11月发布《中国—中东欧国家合作布达佩斯纲要》,2018年7月发布《中国—中东欧国家合作索菲亚纲要》	新亚欧大陆桥互联互通平台有序推进

---

* 本章的部分内容参见胡再勇."一带一路"倡议促进了基础设施的双边贸易效应吗?——基于六大经济走廊的研究[J].当代经济管理,2021(5):36-45.

续表

走廊	建设重点	签署的文件	项目建设进展
中国—中亚—西亚经济走廊	能源设施联通和贸易通道畅通	中国与哈萨克斯坦、乌兹别克斯坦、土耳其等国的双边国际道路运输协定、中巴哈吉、中哈俄、中吉乌等多边国际道路运输协议和协定相继签署	启动一批重大项目,推进走廊在能源合作、基础设施建设、经贸与产能等领域合作不断深化
中国—中南半岛经济走廊	国际产能合作	2016年5月发布《中国—中南半岛经济走廊建设倡议书》	在基础设施互联互通、跨境经济合作区建设等方面取得积极进展
孟中印缅经济走廊	产能合作和贸易通道建设	成立四方联合工作组,签署共建中缅经济走廊的谅解备忘录	在机制和制度建设、基础设施等领域规划了一批项目
中巴经济走廊	基础设施建设	2014年11月发布《中巴经济走廊远景规划纲要》	在能源、交通基础设施、产业园区合作等领域推进一大批重大项目
中蒙俄经济走廊	能源合作和农业合作	2016年6月签署《中蒙俄经济走廊规划纲要》,2018年签署《关于建立中蒙俄经济走廊联合推进机制的谅解备忘录》以及《关于沿亚洲公路网国际道路运输政府级间协定》	中蒙俄推动三国形成以铁路、公路和边境口岸为主体的跨境基础设施联通网络

资料来源:罗雨泽. 统筹协调六大国际经济走廊合作建设 [N]. 经济日报, 2019年5月9日;推进"一带一路"建设工作领导小组办公室. 共建"一带一路"倡议:进展、贡献与展望 [R]. 外文出版社, 2019年3月;马鑫,韦梦晨. 年终盘点:"一带一路"六大经济走廊的现状与进展 [Z]. 第一财经研究院, 2016年12月30日, http://www.cbnri.org/news/5227336.html.

就六大经济走廊建设进展而言,中巴经济走廊起步早进展快,"中巴经济走廊"由李克强总理于2013年5月访问巴基斯坦时提出。得益于中巴双方的扎实推进,2014年11月8日,《中巴经济走廊远景规划纲要》签署,为中巴经济走廊建设奠定了坚实的基础,已实质启动一批重大项目建设。得益于稳固的中俄全面战略协作伙伴关系,中蒙俄经济走廊稳步推进,2014年9月,习近平主席在中俄蒙元首会晤上提出将"丝绸之路经济带"与俄罗斯跨欧亚大铁路、蒙古国草原之路倡议进行对接,打造中蒙俄经济走廊。① 2016年6月23日,《中蒙俄经济走廊规划纲要》签署,确认中蒙俄经济走廊建设旨在增加三方贸易量、提升产品竞争力、加强过境运输便利化、发展基础设施等领域合作

---

① 中华人民共和国商务部. 共同打造中蒙俄经济走廊, http://www.mofcom.gov.cn/article/i/jyjl/j/201409/20140900728588.shtml.

项目，进一步加强三边合作。中蒙俄推进形成以铁路、公路和边境口岸为主体的跨境基础设施联通网络。新欧亚大陆桥重点是推进中欧贸易通道建设和海关运输便利化，2017年11月和2018年7月，《中国—中东欧国家合作布达佩斯纲要》和《中国—中东欧国家合作索菲亚纲要》相继发布，包括中欧班列、匈塞铁路等合作项目积极推进。2013年5月，李克强总理在访问印度时提出了孟中印缅经济走廊倡议，得到了印度、孟加拉国和缅甸三国的积极响应，2013年，成立四方联合工作组，签署了共建中缅经济走廊的谅解备忘录，在机制和制度建设、基础设施等领域研拟并规划了一批重点项目。但是，由于中印孟缅的初衷和出发点的不同，再加上历史矛盾、政治互信缺失、宗教信仰等问题，孟中印缅经济走廊发展大大滞后于预期。中国—中亚—西亚经济走廊主要涉及中亚五国以及西亚的伊朗、土耳其、沙特等17个国家和地区，大致与古"丝绸之路"范围相吻合，是"丝绸之路经济带"的重要组成部分。[①] 中国和中亚、西亚诸国高层之间的互访机制和政府间合作机制，为中国—中亚—西亚经济走廊机制提供了制度性保障，当前，中国—中亚—西亚经济走廊进展比较快，建成和建设了一批重大项目。除中巴经济走廊外，中国—中南半岛经济走廊是进展比较迅速的，其主要得益于中国和东盟较多的合作机制以及中南半岛各国较高的参与意愿，各国都有发展战略与中国—中南半岛经济走廊对接，如越南的"两廊一圈"、柬埔寨的"四角战略"、泰国的"东部走廊计划"以及东盟的"2025发展景愿"等。2016年5月26日，中国—中南半岛经济走廊发展论坛发布了《中国—中南半岛经济走廊建设倡议书》，中国—中南半岛经济走廊进入全面落地实施阶段。

总体来看，中巴经济走廊、中国—中南半岛经济走廊、中国—中亚—西亚经济走廊、中蒙俄经济走廊进展较快，而孟中印缅经济走廊、新亚欧大陆桥经济走廊则进展相对缓慢。

第二节 模型、变量及数据来源

本节考虑基于贸易引力方程来分析"六大经济走廊"基础设施建设的双

---

① 搜狐网.中国—中亚—西亚经济走廊，2017年10月18日，http://www.sohu.com/a/198720572_488902。

边贸易效应,并分析"一带一路"倡议是否促进了"六大经济走廊"基础设施的双边贸易效应。

一、模型与变量

基本的贸易引力方程(Tinbergen,1962)认为,两国间的贸易(T_{ij})与两国间的地理距离(D_{ij})成反比,而与两国的 GDP 成正比,基本的贸易引力方程为:

$$T_{ij} = \kappa \frac{(GDP_i)^{\alpha}(GDP_j)^{\beta}}{(1+\theta D_{ij})^{\gamma}} \tag{7-1}$$

其中,κ 和 θ 是常数;α 和 β 为参数,表示产出的贸易弹性;γ 为参数,表示距离的贸易弹性。丁伯根(1962)的贸易引力方程对现实有较高的解释能力,得到了广泛的应用,考虑到除两国 GDP 以及两国间距离因素外,还有众多因素影响双边贸易规模,为了更好地解释双边贸易规模,一些学者对丁伯根(1962)的贸易引力方程进行了扩展,引入了贸易潜力、冰山运输成本、经济自由度等经济因素以及两国是否签署 FTA、两国是否是内陆国家、两国是否相邻、两国的语言互通程度等社会经济因素。其中,边界效应是国际贸易中的著名现象,由麦卡勒姆(McCallum,1995)基于美国和加拿大间国际贸易的研究提出,并为随后的系列研究证实。

本章考虑在贸易的引力方程中纳入不同基础设施及其交互作用因素分析"六大经济走廊"基础设施建设的双边贸易效应,同样,由于难以准确获得各国 2013 年以来"一带一路"倡议下的不同类型基础设施建设进展的数据,因此,本章考虑基于"六大经济走廊"的历史基础设施数据分析不同类型基础设施的双边贸易效应,并分析 2013 年"一带一路"倡议提出后是否提升了基础设施及其交互作用的双边贸易效应。在将两国 GDP、两国贸易潜力、两国距离、两国是否签署 FTA、两国是否为内陆国家、两国语言的互通程度、两国是否相邻作为控制变量后,本章构建的实证研究模型如下:

$$\begin{aligned}
trade_{ij,t} = & \beta_0 + \beta_1 gdp_{i,t} + \beta_2 gdp_{j,t} + \beta_3 tp_{i,t} + \beta_4 tp_{j,t} + \beta_5 distance_{ij} + \beta_6 fta_{ij,t} \\
& + \beta_7 landlocked_{ij,t} + \beta_8 language_{ij} + \beta_9 adjacency_{ij} + \beta_{10} ei_{ij,t} + \beta_{11} ti_{ij,t} \\
& + \beta_{12} cni_{ij,t} + \beta_{13} eiti_{ij,t} + \beta_{14} eicni_{ij,t} + \beta_{15} ticni_{ij,t} + \beta_{16} eiticni_{ij,t} \\
& + \beta_{17} D_t * ei_{ij,t} + \beta_{18} D_t * ti_{ij,t} + \beta_{19} D_t * cni_{ij,t} + \beta_{20} D_t * eiti_{ij,t} \\
& + \beta_{21} D_t * eicni_{ij,t} + \beta_{22} D_t * ticni_{ij,t} + \delta_t + \varepsilon_{ij,t} \tag{7-2}
\end{aligned}$$

式（7-2）中，$trade_{ij,t}$ 表示国家 i 和国家 j 之间在第 t 年的双边贸易规模；模型的控制变量包括国家 i 和国家 j 在第 t 年的 GDP（$gdp_{i,t}$，$gdp_{j,t}$）、国家 i 和国家 j 在第 t 年的贸易潜力（$tp_{i,t}$，$tp_{j,t}$）、国家 i 和国家 j 间距离（$distance_{ij}$）、国家 i 和国家 j 是否签署 FTA 的虚拟变量（$fta_{ij,t}$）、国家 i 和国家 j 是否是内陆国家的虚拟变量（$landlocked_{ij,t}$）、国家 i 和国家 j 是否相邻的虚拟变量（$adjacency_{ij}$）；$EI_{ij,t}$、$TI_{ij,t}$、$CNI_{ij,t}$ 分别表示国家 i 和国家 j 在第 t 年的能源基础设施、交通基础设施和通信网络基础设施；$eiti_{ij,t}$、$eicni_{ij,t}$、$ticni_{ij,t}$ 和 $eiticni_{ij,t}$ 分别表示国家 i 和国家 j 在第 t 年的能源基础设施和交通基础设施的交互作用，能源基础设施和通信网络基础设施的交互作用，交通基础设施和通信网络基础设施的交互作用以及能源、交通和通信网络基础设施三者的交互作用；D_t 是虚拟变量，2014 年之后的取值为 1，而 2014 年之前的取值为 0，虚拟变量 D_t 分别与 $ei_{ij,t}$、$ti_{ij,t}$、$cni_{ij,t}$、$eiti_{ij,t}$、$eicni_{ij,t}$、$eiticni_{ij,t}$ 相乘；系数 β_{17}、β_{18} 和 β_{19} 的显著性与否可以度量"一带一路"倡议是否提升了能源基础设施、交通基础设施和通信网络基础设施的双边贸易效应；系数 β_{20}、β_{21} 和 β_{22} 的显著性与否则可以度量"一带一路"倡议是否提升了不同类型基础设施交互作用的双边贸易效应；δ_t 为时间固定效应。在这里，不纳入国家固定效应，因为国家固定效应与众多解释变量间会形成多重共线性关系。

二、样本、变量及数据来源

本章分别使用六大经济走廊样本国家 2003~2016 年的面板数据进行实证研究。就六大经济走廊来说，新亚欧大陆桥经济走廊涉及"一带一路"中的 25 个国家，包括中国、哈萨克斯坦、独联体 5 国以及中东欧 18 国；中国—中亚—西亚经济走廊涉及"一带一路"中的 23 个国家，包括中国、埃及、中亚 5 国、西亚 16 国；中国—中南半岛经济走廊涉及 12 个国家，包括中国和东南亚 11 国；孟中印缅经济走廊涉及 4 个国家，包括中国、孟加拉国、印度和缅甸；而中巴经济走廊涉及中国和巴基斯坦 2 个国家；中蒙俄经济走廊涉及中国、蒙古国和俄罗斯 3 个国家。

本章在实证研究过程中，尽量将各经济走廊的国家都纳入并考虑尽可能长的时间区间，但考虑到一些国家由于战乱、社会动荡和政治体制等原因，很多年份的数据严重缺失，这些国家包括缅甸、东帝汶、老挝、土库曼斯坦、塔吉克斯坦、乌兹别克斯坦、巴勒斯坦、叙利亚、伊朗、伊拉克、阿富汗、黑山、波黑、马其顿、塞尔维亚共15个国家。最终确定的时间区间为2003~2016年，新欧亚大陆桥的样本国家为21个，不包括塞尔维亚、波黑、马其顿和黑山；中国—中亚—西亚经济走廊的样本国家为15个，不包括塔吉克斯坦、乌兹别克斯坦、阿富汗、土库曼斯坦、伊朗、叙利亚、伊拉克和巴勒斯坦；中国—中南半岛经济走廊的样本国家为9个，不包括老挝、缅甸和东帝汶；孟中印缅经济走廊的样本为3个，不包括缅甸；中巴经济走廊的国家为2个，中蒙俄经济走廊的国家个数为3个。表7-2给出了六大经济走廊基础设施建设的双边贸易效应实证研究涉及的变量及数据来源。

表7-2　六大经济走廊基础设施建设的双边贸易效应涉及的变量及数据来源

序号	变量	变量构造方法	单位	数据来源
1	双边贸易额（$trade_{i,t}$）	进出口总额	美元	IMF统计数据库
2	各国GDP（$gdp_{i,t}$，$gdp_{j,t}$）	用各国名义GDP表示	美元	IMF世界经济展望数据库
3	贸易潜力（$mp_{i,t}$，$mp_{j,t}$）	使用GDP增长率表示	%	IMF世界经济展望数据库
4	两国距离（$distance_{ij}$）	两国首都之间的空间距离	千米	法国CEPII数据库
5	自由贸易协定（$fta_{ij,t}$）	签署的贸易协定数量	个	WTO组织的区域贸易协定（RTA）数据库
6	内陆国家的虚拟变量（$landlocked_{ij}$）	内陆国家为1，非内陆国家为0，基于两个国家的内陆国家虚拟变量相加计算	无	法国CEPII数据库
7	语言互通程度（$lnaguage_{ij}$）	语言相同度指标用cl来表示	无	法国CEPII数据库
8	两个国家相邻虚拟变量（$neighbour_{ij}$）	相邻赋值1，否则赋值0	无	
9	能源基础设施变量（$ei_{ij,t}$）	基于两个国家人均耗电量相加构建	人均千瓦时	世界银行世界发展指标数据库和BVD的各国能源指标分析库
10	交通基础设施变量（$ti_{ij,t}$）	基于两个国家的航空货运量相加构建	百万吨·千米	世界银行世界发展指标数据库

续表

序号	变量	变量构造方法	单位	数据来源
11	通信网络基础设施变量（$cni_{ij,t}$）	基于两个国家每百人互联网用户数、每百人固定电话用户数和每百人移动蜂窝式无线通信系统的电话租用数的简单平均值相加构建	数/百人	世界银行世界发展指标数据库
12	基础设施的交互作用变量（$eiti_{ij,t}$）	能源基础设施变量的对数和交通基础设施变量的对数的交叉乘积	人均千瓦时＊百万吨·千米	世界银行世界发展指标（WDI）数据库和BVD的各国能源指标分析库
13	基础设施的交互作用变量（$eicni_{ij,t}$）	能源基础设施变量的对数和通信网络基础设施变量的对数的交叉乘积	人均千瓦时＊数/百人	世界银行世界发展指标（WDI）数据库和BVD的各国能源指标分析库
14	基础设施的交互作用变量（$ticni_{ij,t}$）	交通基础设施变量的对数和通信网络基础设施变量的对数的交叉乘积	百万吨·千米＊数/百人	世界银行世界发展指标（WDI）数据库
15	基础设施的交互作用变量（$eiticni_{ij,t}$）	能源基础设施变量的对数，交通基础设施变量的对数和通信网络基础设施变量的对数的交叉乘积	人均千瓦时＊百万吨·千米＊数/百人	世界银行世界发展指标（WDI）数据库和BVD的各国能源指标分析库

第三节 "一带一路"六大经济走廊基础设施双边贸易效应的实证分析

一、样本的统计特征

表7-3给出了六大经济走廊双边贸易、能源基础设施、交通基础设施、通信网络基础设施在2003~2016年期间的统计特征。从统计数据来看，新亚欧大陆桥经济走廊、中国—中亚—西亚经济走廊、中国—中南半岛经济走廊都是有偏尖峰分布，双边贸易、能源基础设施、交通基础设施标准差很大，最大值和最小值相差悬殊，表明这些变量分布非常离散；而通信网络基础设施标准

差相对较小，表明通信网络基础设施的分布离散程度要小于交通基础设施和能源基础设施，通信网络基础设施的发展更均衡。孟中印缅经济走廊、中蒙俄经济走廊除双边贸易是尖峰有偏外，其余变量以及中巴经济走廊的所有变量均不拒绝正态分布假设，表明总体上孟中印缅经济走廊、中蒙俄经济走廊、中巴经济走廊的变量分布较新亚欧大陆桥经济走廊、中国—中亚—西亚经济走廊、中国—中南半岛经济走廊要更均衡。就孟中印缅经济走廊、中蒙俄经济走廊、中巴经济走廊来看，通信网络基础设施的标准差较能源基础设施、交通基础设施要小，表明通信网络基础设施较交通基础设施、能源基础设施发展更加均衡。

表7-3　"一带一路"六大经济走廊样本数据的统计特征

经济走廊	变量	均值	中位数	最大值	最小值	标准差	偏度	峰度	JB	Prob
新亚欧大陆桥	双边贸易	2196.2	251.0	95307.4	0.03	6456.1	7.0	71.9	524591.2	0.00
	能源	7608.2	7434.9	16065.5	2695.8	2201.2	0.4	2.8	61.9	0.00
	交通	1804.6	27.5	27167.8	0.1	4514.6	2.9	10.6	9701.9	0.00
	通信网络	92.2	99.9	145.2	15.5	27.4	-0.7	2.7	245.4	0.00
中国—中亚—西亚	双边贸易	2865.6	488.7	73399.4	0.01	7180.1	5.3	39.4	70521.4	0.00
	能源	13193.7	12334.6	36727.2	1357.9	7929.8	0.7	2.8	85.5	0.00
	交通	4900.8	1556.7	38054.7	14.7	6380.3	1.6	5.1	728.6	0.00
	通信网络	81.4	83.1	165.1	9.4	31.5	-0.1	2.2	31.3	0.00
中国—中南半岛	双边贸易	13119.8	3765.1	106009.1	0.01	20702.0	2.2	7.5	816.7	0.00
	能源	6482.5	5177.0	20408.0	490.5	4375.1	0.6	2.5	30.2	0.00
	交通	5889.5	2970.5	27727.8	91.4	6077.5	1.3	4.0	165.8	0.00
	通信网络	73.5	79.9	132.6	4.2	30.3	-0.3	2.1	25.5	0.00
孟中印缅	双边贸易	19896.1	6834.4	73957.7	1370.2	24758.5	1.3	3.0	11.4	0.00
	能源	2486.6	2389.0	5082.7	567.7	1437.8	0.2	1.7	3.4	0.19
	交通	9881.1	8444.1	23198.5	755.4	7392.3	0.2	1.6	3.7	0.16
	通信网络	40.9	42.5	74.9	2.8	21.2	-0.1	1.8	2.5	0.29

续表

经济走廊	变量	均值	中位数	最大值	最小值	标准差	偏度	峰度	JB	Prob
中巴	双边贸易	9721.8	7835.1	19600.2	2430.3	5706.6	0.5	2.0	1.2	0.56
	能源	3293.4	3225.5	4656.5	1780.7	969.18	-0.1	1.7	1.0	0.60
	交通	13664.7	14067.6	21480.1	5997.2	5035.8	-0.1	1.7	1.0	0.60
	通信网络	47.0	50.2	69.4	15.3	18.88	-0.4	1.8	1.3	0.53
中蒙俄	双边贸易	20277.1	3204.87	95307.4	306.61	29683.1	1.4	3.4	13.1	0.00
	能源	7121.9	7503.1	10835.0	2514.6	2300.3	-0.4	2.3	2.1	0.35
	交通	10947.1	9369.6	27167.8	1121.0	7493.1	0.4	1.9	3.1	0.22
	通信网络	75.2	81.5	113.3	20.1	29.2	-0.4	1.9	3.5	0.17

注：各国的出口（亿美元）、进口（亿美元）、能源基础设施（千瓦时/人）、交通基础设施（百万吨·千米）和通信网络基础设施（数/百人）均取2000~2016年的均值。新亚欧大陆桥经济走廊样本数为21个；中国—中亚—西亚经济走廊样本数为15个；中国—中南半岛经济走廊样本数为9个；孟中印缅经济走廊样本数为3个；中巴经济走廊样本数为2个；中蒙俄经济走廊样本数为3个。

二、"六大经济走廊"基础设施及"一带一路"倡议的基础设施双边贸易效应

本章的分析思路是：首先，考察单一类型基础设施的国际贸易效应；其次，如果单一类型基础设施的双边贸易效应显著，则进一步考察两种类型的基础设施及其交互作用的双边贸易效应；最后，综合考察三种类型基础设施及其交互作用的双边贸易效应。

就不同经济走廊的数据结构来看，新亚欧大陆桥经济走廊、中国—中亚—西亚经济走廊、中国—中南半岛经济走廊、孟中印缅经济走廊、中蒙俄经济走廊均为面板数据，而中巴经济走廊则属于时间序列数据。数据结构不同，估计方法也不同，中巴经济走廊是时间序列数据，需要考虑随机项的自相关性，可以考虑使用普雷斯-温斯滕（Prais-Winsten）变换估计法或者简单使用"OLS+稳健估计法"。在面板数据中，新亚欧大陆桥经济走廊、中国—中亚—西亚经济走廊、中国—中南半岛经济走廊属于短面板数据，而孟中印缅经济走廊、中蒙俄经济走廊属于长面板数据。对长面板数据来说，由于单一样本的数据够长，可以放松短面板随机项独立同分布的假定，本书考虑组间异方差、组内自相关和组间同期相关性等特征以提高估计精度，并使用面板校正标准误差

(Panel-Corrected Standard Error，PCSE）的估计方法或者全面广义最小二乘法（FGLS）进行估计。对短面板数据来说，本章首先进行随机效应和固定效应的 Hausman 检验，确定是随机效应变截距模型还是固定效应变截距模型，并进而对各模型进行组间异方差检验、组内自相关检验、组间同期相关检验。如果存在组间异方差、组内自相关和组间同期相关性中的一种或多于一种，则考虑使用 PCSE 或者 FGLS 方法估计，如果组间异方差、组内自相关和组间同期相关性均不存在，则直接使用短面板数据模型的常用方法进行估计；如最小二乘虚拟变量模型（LSDV）等、极大似然估计法、组内估计法等。

为了消除数据的非平稳性，变量 $trade_{ij,t}$、$gdp_{i,t}$、$gdp_{j,t}$、$distance_{ij,t}$、$ei_{ij,t}$、$ti_{ij,t}$、$ni_{ij,t}$、$eiti_{ij,t}$、$eini_{ij,t}$、$tini_{ij,t}$、$eitini_{ij,t}$ 均取对数，而其余变量中由于有负数和零值，不取对数形式。

（一）新亚欧大陆桥经济走廊

表7-4、表7-5、表7-6给出了新亚欧大陆桥经济走廊基础设施建设的双边贸易效应及"一带一路"倡议的基础设施双边贸易效应估计结果。控制变量 $lgdp_i$、$lgdp_j$、mp_i、rta、language、ldistamce、neighbour、landlocked 以及常数项的估计结果除个别不显著外，均符合经济意义，出于简化行文的目的，本章及以后的实证研究都不再详细列出。各模型的 Hausman 检验结果拒绝随机项和解释变量不相关的原假设，表明应采用固定效应变截距模型。各模型组间异方差、组内自相关和组间同期相关性的检验结果表明，各模型均存在组间异方差、组内自相关，但不存在组间同期相关性，因此，本章基于模型的组间异方差和组内自相关特征使用 FGLS 方法估计模型。

表7-4　　　　　新亚欧大陆桥经济走廊单一类型基础设施
　　　　　　　　及"一带一路"倡议的双边贸易效应

变量	模型1	模型2	模型3	模型4	模型5	模型6
	FGLS	FGLS	FGLS	FGLS	FGLS	FGLS
lei	0.050 (0.552)	0.043 (0.608)				
D*lei		0.037 (0.514)				

续表

变量	模型1 FGLS	模型2 FGLS	模型3 FGLS	模型4 FGLS	模型5 FGLS	模型6 FGLS
lti			0.013* (0.086)	0.016** (0.043)		
D*lti				-0.007 (0.150)		
lni					-0.520*** (0.000)	-0.541*** (0.000)
D*lni						0.220 (0.190)
控制变量	有	有	有	有	有	有
时间效应	有	有	有	有	有	有
模型统计量	$\chi^2(23)=$ 12855.50 (0.000)	$\chi^2(24)=$ 12896.76 (0.000)	$\chi^2(23)=$ 12934.38 (0.000)	$\chi^2(24)=$ 13073.73 (0.000)	$\chi^2(23)=$ 13757.09 (0.000)	$\chi^2(24)=$ 14466.67 (0.000)

注：FGLS 表示可行的广义最小二乘法；括号内的数据为相应统计量的 p 值；***、**、* 分别表示在 1%、5%、10% 的置信水平上显著。

表7-5　新亚欧大陆桥经济走廊不同类型基础设施交互作用的双边贸易效应

变量	模型1 FGLS	模型2 FGLS	模型3 FGLS	模型4 FGLS	模型5 FGLS	模型6 FGLS	模型7 FGLS	模型8 FGLS
lei	0.058 (0.493)	-0.190 (0.116)	0.469*** (0.000)	1.697*** (0.000)			0.474*** (0.000)	-2.231*** (0.006)
lti	0.014* (0.083)	-0.521*** (0.002)			0.016** (0.037)	-0.056 (0.279)	0.018** (0.022)	-6.917*** (0.000)
lni			-0.320*** (0.000)	2.156*** (0.006)	-0.233*** (0.000)	-0.580*** (0.000)	-0.304*** (0.000)	-4.818*** (0.002)
leiti		0.059*** (0.002)						0.802*** (0.000)
leini				-0.283*** (0.002)				0.528*** (0.003)

续表

变量	模型1 FGLS	模型2 FGLS	模型3 FGLS	模型4 FGLS	模型5 FGLS	模型6 FGLS	模型7 FGLS	模型8 FGLS
ltini						0.015 (0.178)		1.440*** (0.000)
leitini								-0.167*** (0.000)
控制变量	有	有	有	有	有	有	有	有
时间效应	有	有	无	无	无	有	无	无
模型统计量	$\chi^2(24)=$ 12833.09 (0.000)	$\chi^2(25)=$ 12345.17 (0.000)	$\chi^2(24)=$ 13286.40 (0.000)	$\chi^2(25)=$ 13361.30 (0.000)	$\chi^2(24)=$ 13145.25 (0.000)	$\chi^2(25)=$ 13157.31 (0.000)	$\chi^2(25)=$ 13238.34 (0.000)	$\chi^2(29)=$ 13134.21 (0.000)

注：FGLS 表示全面的、可行的广义最小二乘法；括号内的数据为相应统计量的 p 值；***、**、* 分别表示在 1%、5%、10% 的置信水平上显著。

表 7-6　新亚欧大陆桥经济走廊不同类型基础设施交互作用及"一带一路"倡议的双边贸易效应

变量	模型1 FGLS	模型2 FGLS	模型3 FGLS	模型4 FGLS	模型5 FGLS	模型6 FGLS	模型7 FGLS	模型8 FGLS
leiti	0.002* (0.067)	0.002** (0.031)						
leini			-0.046*** (0.000)	-0.046*** (0.000)				
ltini					0.002 (0.338)	0.002 (0.208)		
leitini							0.0002 (0.307)	0.0003 (0.183)
D*leiti		-0.0008 (0.141)						
D*leini				0.008 (0.329)				
D*ltini						-0.001 (0.208)		

第七章 "一带一路"六大经济走廊基础设施的双边贸易效应研究

续表

变量	模型1 FGLS	模型2 FGLS	模型3 FGLS	模型4 FGLS	模型5 FGLS	模型6 FGLS	模型7 FGLS	模型8 FGLS
D*leitini								-0.0001 (0.203)
控制变量	有	有	有	有	有	有	有	有
时间效应	有	有	有	有	有	有	有	有
模型统计量	$\chi^2(23)=$ 12930.84 (0.000)	$\chi^2(24)=$ 13092.91 (0.000)	$\chi^2(23)=$ 13660.98 (0.000)	$\chi^2(24)=$ 14144.64 (0.000)	$\chi^2(23)=$ 12905.01 (0.000)	$\chi^2(24)=$ 13057.30 (0.000)	$\chi^2(23)=$ 12895.55 (0.000)	$\chi^2(24)=$ 13066.58 (0.000)

注：FGLS表示可行的广义最小二乘法；括号内的数据为相应统计量的p值；***、**、*分别表示在1%、5%、10%的置信水平上显著。

首先，看能源、交通、通信网络基础设施的双边贸易效应。就能源基础设施的双边贸易效应来看，表7-4中模型1、模型2估计结果分别为0.050和0.043，但都不显著。表7-5中模型1、模型2估计结果不显著，模型3、模型4、模型7、模型8中估计结果均在1%的置信水平上显著，其中，模型3、模型4、模型7的结果为正，模型8的估计结果为负，可能是模型中加入了过多的变量形成多重共线性导致的。就交通基础设施的双边贸易效应来看，表7-4中模型3、模型4的估计结果分别为0.013和0.016，且分别在10%和5%的置信水平上显著；表7-5中模型1、模型5、模型7的估计结果为正且分别在10%、5%、5%的水平上显著，而模型2、模型6、模型8的估计结果为负，但仅模型2和模型8显著。从通信网络基础设施的双边贸易效应来看，表7-4中模型5、模型6的估计结果分别为-0.520和-0.541，且在1%的水平上显著；表7-5中所有的回归结果都在1%的置信水平上显著，其中模型3、模型5、模型6、模型7、模型8的估计结果都为负，仅模型4的估计结果为正，回归结果大多为负，表明通信网络基础设施的发展还未达到图3-1中临界值点。综合估计结果来看，能源基础设施的双边贸易效应平均值为0.102；交通基础设施的双边贸易效应平均值为-1.052；通信网络基础设施双边贸易效应平均值为-0.645。① 研究结果表明第三章提出的假设10和假设

---

① 取值为表5-1、表5-2中能源基础设施双边贸易效应在10%置信水平上显著的估计值的简单平均值。本章其他单一类型基础设施或者不同类型基础设施的交互作用的双边贸易效应的平均值采用类似方法计算，后文不再赘述。

11 成立，基础设施双边贸易效应的正负号不确定，取决于其发展是否超过了临界值，且不同类型基础设施双边贸易效应大小不一致。

其次，看不同类型基础设施交互作用的双边贸易效应。能源基础设施、交通基础设施交互作用的双边贸易效应在表7-5模型2和模型8中的回归结果都为正且都在1%的置信水平上显著，在表7-6模型1和模型2中的回归结果均为正且分别在10%和5%的置信水平上显著。能源基础设施、通信网络基础设施交互作用的双边贸易效应在表7-5模型4和模型8中均在1%的水平上显著，其中，在模型4中回归结果为负，在模型8中回归结果为正；在表7-6模型3和模型4中的回归结果均为负且在1%的水平上显著。交通基础设施、通信网络基础设施交互作用的双边贸易效应在表7-5模型6中的回归结果为正但不显著，在模型8中的回归结果为正且在1%的水平上显著；在表7-6模型5和模型6中的回归结果均为正但不显著。能源基础设施、交通基础设施、通信网络基础设施交互作用的双边贸易效应在表7-5模型8中的回归结果为-0.167，且在1%的置信水平上显著；在表7-6模型7、模型8中的回归结果均为正但都不显著。综合估计结果来看，能源基础设施、交通基础设施交互作用的双边贸易效应平均为0.216；能源基础设施、通信网络基础设施交互作用的双边贸易效应平均为0.038；交通基础设施、通信网络基础设施交互作用的双边贸易效应为1.440，能源基础设施、交通基础设施、通信网络基础设施交互作用的双边贸易效应为-0.167。不同类型基础设施交互作用的双边贸易效应中除能源基础设施、交通基础设施、通信网络交互作用为负外，其余均为正，支持了第三章提出的假设12。

最后，看"一带一路"倡议是否促进了基础设施的双边贸易效应。由表7-4可知，D∗lei、D∗lti、D∗lni均不显著，表明"一带一路"倡议没有促进新亚欧大陆桥经济走廊能源、交通、通信网络基础设施的双边贸易效应。由表7-6可知，D∗leiti、D∗leini、D∗ltini、D∗leitini都不显著，表明"一带一路"倡议并没有促进新亚欧大陆桥经济走廊不同类型基础设施交互作用的双边贸易效应。

（二）中国—中亚—西亚经济走廊

表7-7、表7-8、表7-9分别给出了中国—中亚—西亚经济走廊基础设施建设的双边贸易效应的估计结果。各模型的Hausman检验结果拒绝随机项和解释变量不相关的原假设，表明应采用固定效应变截距模型。各模型的组间异方差、组内自相关和组间同期相关性的检验结果表明组间异方差和组内自相

关都显著，而组间同期相关性不显著，因此，考虑使用FGLS法估计。

表7-7　　　　中国—中亚—西亚经济走廊单一基础设施及
"一带一路"倡议的双边贸易效应

变量	模型1 FGLS	模型2 FGLS	模型3 FGLS	模型4 FGLS	模型5 FGLS	模型6 FGLS
lei	-0.131** (0.013)	-0.169*** (0.002)				
D*lei		0.136*** (0.006)				
lti			0.228*** (0.000)	0.227*** (0.000)		
D*lti				0.004 (0.859)		
lni					-0.049 (0.591)	-0.084 (0.371)
D*lni						0.343** (0.033)
控制变量	有	有	有	有	有	有
时间效应	有	有	有	有	有	有
模型统计量	$\chi^2(23)=$ 3067.98 (0.000)	$\chi^2(24)=$ 3113.55 (0.000)	$\chi^2(23)=$ 3362.52 (0.000)	$\chi^2(24)=$ 3360.17 (0.000)	$\chi^2(23)=$ 3213.87 (0.000)	$\chi^2(24)=$ 3240.48 (0.000)

注：FGLS表示可行的广义最小二乘法；括号内的数据为相应统计量的p值；***、**、*分别表示在1%、5%、10%的置信水平上显著。

表7-8　中国—中亚—西亚经济走廊不同类型基础设施交互作用的双边贸易效应

变量	模型1 FGLS	模型2 FGLS	模型3 FGLS	模型4 FGLS	模型5 FGLS	模型6 FGLS	模型7 FGLS	模型8 FGLS
lei	-0.262*** (0.000)	0.035 (0.873)	-0.143** (0.018)	-0.680** (0.020)			-0.289*** (0.000)	0.946 (0.497)
lti	0.263*** (0.000)	0.661** (0.011)			0.228*** (0.000)	0.150 (0.355)	0.261*** (0.000)	2.070 (0.185)

续表

变量	模型1 FGLS	模型2 FGLS	模型3 FGLS	模型4 FGLS	模型5 FGLS	模型6 FGLS	模型7 FGLS	模型8 FGLS
lni			0.047 (0.655)	-1.110* (0.075)	-0.080 (0.387)	-0.200 (0.468)	0.108 (0.306)	1.370 (0.628)
leiti		-0.043 (0.128)						-0.220 (0.223)
leini				0.131* (0.060)				-0.170 (0.598)
ltini						0.017 (0.626)		-0.279 (0.441)
leitini								0.035 (0.391)
控制变量	有	有	有	有	有	有	有	有
时间效应	有	有	有	有	有	有	有	有
模型统计量	$\chi^2(24)=$ 3274.67 (0.000)	$\chi^2(25)=$ 3361.88 (0.000)	$\chi^2(24)=$ 3044.02 (0.000)	$\chi^2(25)=$ 3022.35 (0.000)	$\chi^2(24)=$ 3303.52 (0.000)	$\chi^2(25)=$ 3327.35 (0.000)	$\chi^2(25)=$ 3218.42 (0.000)	$\chi^2(29)=$ 3300.64 (0.000)

注：FGLS 表示全面的、可行的广义最小二乘法；括号内的数据为相应统计量的 p 值；***、**、* 分别表示在1%、5%、10% 的置信水平上显著。

表 7-9　中国—中亚—西亚经济走廊不同类型基础设施交互作用及"一带一路"倡议的双边贸易效应

变量	模型1 FGLS	模型2 FGLS	模型3 FGLS	模型4 FGLS	模型5 FGLS	模型6 FGLS	模型7 FGLS	模型8 FGLS
leiti	0.015*** (0.000)	0.015*** (0.000)						
leini				-0.009 (0.177)	-0.013* (0.054)			
ltini						0.035*** (0.000)	0.034*** (0.000)	

续表

变量	模型1 FGLS	模型2 FGLS	模型3 FGLS	模型4 FGLS	模型5 FGLS	模型6 FGLS	模型7 FGLS	模型8 FGLS
leitini							0.003*** (0.000)	0.002*** (0.000)
D*leiti		0.002 (0.263)						
D*leini				0.018*** (0.008)				
D*ltini						0.004 (0.365)		
D*leitini								0.0006 (0.120)
控制变量	有	有	有	有	有	有	有	有
时间效应	有	有	有	有	有	有	有	有
模型统计量	$\chi^2(23)=$ 3234.29 (0.000)	$\chi^2(24)=$ 3242.30 (0.000)	$\chi^2(23)=$ 3146.49 (0.000)	$\chi^2(24)=$ 3195.71 (0.000)	$\chi^2(23)=$ 3316.78 (0.000)	$\chi^2(24)=$ 3304.20 (0.000)	$\chi^2(23)=$ 3197.98 (0.000)	$\chi^2(24)=$ 3195.41 (0.000)

注：FGLS表示可行的广义最小二乘法；括号内的数据为相应统计量的p值；***、**、*分别表示在1%、5%、10%的置信水平上显著。

首先，看能源基础设施、交通基础设施、通信网络基础设施的双边贸易效应。就能源基础设施的双边贸易效应来看，表7-7中模型1、模型2估计结果分别为-0.131和-0.169，分别在5%和1%的置信水平上显著。表7-8中模型1、模型3、模型4、模型7的估计结果均为负且在1%或5%的置信水平上显著，而模型2、模型8中估计结果虽为正但均不显著，表明中国—中亚—西亚经济走廊能源基础设施的发展还未达到临界点。就交通基础设施的双边贸易效应来看，表7-7中模型3、模型4的估计结果分别为0.228和0.227，且均在1%的置信水平上显著；表7-8中所有的估计结果均为正，其中除模型6、模型8不显著外，其余估计结果均在1%或5%的水平上显著。就通信网络基础设施的双边贸易效应来看，表7-7中模型5、模型6的估计结果分别为-0.049和-0.084，但都不显著；表7-8中除模型4的回归结果为-1.110且在10%的置信水平上显著外，其余回归结果均不显著，回归结果表明通信网络基础设施的发展还未达到图 3-1 中临界值点。综合估计结果来看,能源基础设施的双边贸易效应平均值为 -0.279；交通基础设施的双边贸易效应平均值为 0.311；通信网络基础设施双边贸易效应仅有一个回归结果在 10% 的置信水平上显著,为 -1.110。研究结果表明第三章提出的假设 10 和假设 11 也都成立,基础设施双边贸易效应的正负号不确定,取决于其发展是否超过了临界值,且不同类型基础设施双边贸易效应大小不一致。

其次,看不同类型基础设施交互作用的双边贸易效应。能源基础设施、交通基础设施交互作用的双边贸易效应在表 7-8 模型 2 和模型 8 中的回归结果都为负但都不显著,在表 7-9 模型 1 和模型 2 中的回归结果均为 0.015 且均在 1% 的置信水平上显著。能源基础设施、通信网络基础设施交互作用的双边贸易效应在表 7-8 模型 4 中的回归结果为 0.131 且在 10% 的水平上显著,而在模型 8 中的回归结果不显著；在表 7-9 模型 3、模型 4 中的回归结果均为负,但仅模型 4 中的回归结果在 10% 的置信水平上显著。交通基础设施、通信网络基础设施交互作用的双边贸易效应在表 7-8 模型 6、模型 8 中的回归结果都不显著；在表 7-9 模型 5、模型 6 中的回归结果分别为 0.035 和 0.034,均在 1% 的置信水平上显著。能源基础设施、交通基础设施、通信网络基础设施交互作用的双边贸易效应在表 7-8 模型 8 中的回归结果为正但不显著；在表 7-9 模型 7、模型 8 中的回归结果分别为 0.003 和 0.002,且均在 1% 的置信水平上显著。综合估计结果来看,能源基础设施、交通基础设施交互作用的双边贸易效应平均为 0.015；能源基础设施、通信网络基础设施交互作用的双边贸易效应平均为 0.059；交通基础设施、通信网络基础设施交互作用的双边贸易效应为 0.035,能源基础设施、交通基础设施、通信网络基础设施交互作用的双边贸易效应为 0.003。不同类型基础设施交互作用的双边贸易效应都为正,表明第三章提出的假设 12 成立。

最后,看"一带一路"倡议是否促进了基础设施的双边贸易效应。从表 7-7 可知,$D*lei$ 的回归结果为 0.136,且在 1% 的置信水平上显著；$D*lti$ 回归结果为 0.004,但不显著；$D*lni$ 的回归结果为 0.343,且在 5% 的置信水平上显著,表明"一带一路"倡议显著促进了中国—中亚—西亚经济走廊能源基础设施、通信网络基础设施的双边贸易效应。从表 7-9 可知,$D*leiti$、$D*ltini$、$D*leitini$ 的回归结果均为正但都不显著,仅 $D*leini$ 的回归结果为 0.018,且在 1% 的水平上显著,表明"一带一路"倡议显著促进了中国—中亚—西亚经济走廊能源基础设施、通信网络基础设施交互作用的双边贸易效应。可见,就中国—中亚—西亚经济走廊的能源基础设施和通信网络基础设施而言,第三章提出的假设13成立。

(三) 中国—中南半岛经济走廊

由于中国—中南半岛经济走廊双边贸易样本数只有36个,相对于新亚欧大陆桥经济走廊和中国—中亚—西亚经济走廊双边贸易样本数大幅减少,因此,考虑用时间趋势变量t代替时间效应,以节省自由度。各模型的组间异方差、组间同期相关性和组内自相关的检验结果表明组间异方差显著,而组间同期相关性和组内自相关都不显著,因此,考虑使用异方差修正的PCSE法估计。估计结果见表7-10、表7-11、表7-12。

表7-10 中国—中南半岛经济走廊单一基础设施及"一带一路"倡议的双边贸易效应

变量	模型1 PCSE	模型2 PCSE	模型3 PCSE	模型4 PCSE	模型5 PCSE	模型6 PCSE
lei	0.319*** (0.000)	0.312*** (0.000)				
D*lei		0.061*** (0.006)				
lti			0.656*** (0.000)	0.646*** (0.000)		
D*lti				0.037** (0.050)		
lni					0.813*** (0.000)	1.071*** (0.000)
D*lni						0.202*** (0.000)
时间效应	-0.160*** (0.000)	-0.202*** (0.000)	-0.125*** (0.000)	-0.148*** (0.000)	-0.225*** (0.000)	-0.322*** (0.000)
控制变量	有	有	有	有	有	有
模型统计量	$\chi^2(10)$= 1892.59 (0.000)	$\chi^2(11)$= 1931.55 (0.000)	$\chi^2(10)$= 2552.03 (0.000)	$\chi^2(11)$= 2566.26 (0.000)	$\chi^2(10)$= 1698.02 (0.000)	$\chi^2(11)$= 1767.06 (0.000)

注:PCSE表示面板校正标准误差,括号内的数据为相应统计量的p值;***、**、*分别表示在1%、5%、10%的置信水平上显著。

表7-11　中国—中南半岛经济走廊不同类型基础设施交互作用的双边贸易效应

变量	模型1 PCSE	模型2 PCSE	模型3 PCSE	模型4 PCSE	模型5 PCSE	模型6 PCSE	模型7 PCSE	模型8 PCSE
lei	-0.622*** (0.000)	-2.414*** (0.000)	0.140 (0.144)	-3.519*** (0.000)			-0.735*** (0.000)	-9.915*** (0.001)
lti	1.053*** (0.000)	-1.270*** (0.003)			0.676*** (0.000)	0.117 (0.777)	1.038*** (0.000)	-6.393** (0.024)
lni			0.618*** (0.006)	-4.996*** (0.000)	-0.104 (0.617)	-0.953 (0.180)	0.436* (0.056)	-11.187** (0.026)
leiti		0.260*** (0.000)						1.058*** (0.005)
leini				0.830*** (0.000)				1.788*** (0.008)
ltini						0.129 (0.174)		1.219* (0.066)
leitini								-0.192** (0.027)
时间效应	-0.094*** (0.000)	-0.103*** (0.000)	-0.211*** (0.000)	-0.303*** (0.000)	-0.115*** (0.000)	-0.126*** (0.000)	-0.131*** (0.000)	-0.167*** (0.000)
控制变量	有	有	有	有	有	有	有	有
模型统计量	$\chi^2(11)=$ 2573.54 (0.000)	$\chi^2(12)=$ 2850.26 (0.000)	$\chi^2(11)=$ 1792.06 (0.000)	$\chi^2(12)=$ 1799.22 (0.000)	$\chi^2(11)=$ 2614.30 (0.000)	$\chi^2(12)=$ 2859.83 (0.000)	$\chi^2(12)=$ 2518.10 (0.000)	$\chi^2(16)=$ 3171.09 (0.000)

注：PCSE 表示面板校正标准误差；括号内的数据为相应统计量的 p 值；***、**、* 分别表示在1%、5%、10%的置信水平上显著。

表7-12　中国—中南半岛经济走廊不同类型基础设施交互作用
及"一带一路"倡议的双边贸易效应

变量	模型1 PCSE	模型2 PCSE	模型3 PCSE	模型4 PCSE	模型5 PCSE	模型6 PCSE	模型7 PCSE	模型8 PCSE
leiti	0.040*** (0.000)	0.039*** (0.000)						
leini			0.063*** (0.000)	0.068*** (0.000)				

续表

变量	模型1 PCSE	模型2 PCSE	模型3 PCSE	模型4 PCSE	模型5 PCSE	模型6 PCSE	模型7 PCSE	模型8 PCSE
ltini					0.100*** (0.000)	0.102*** (0.000)		
leitini							0.008*** (0.000)	0.008*** (0.000)
D*leiti		0.005** (0.027)						
D*leini				0.019*** (0.000)				
D*ltini						0.016*** (0.000)		
D*leitini								0.002*** (0.001)
时间效应	-0.145*** (0.000)	-0.171*** (0.000)	-0.203*** (0.000)	-0.267*** (0.000)	-0.201*** (0.000)	-0.249*** (0.000)	-0.187*** (0.000)	-0.226*** (0.000)
控制变量	有	有	有	有	有	有	有	有
模型统计量	$\chi^2(10)$ = 2287.73 (0.000)	$\chi^2(11)$ = 2304.24 (0.000)	$\chi^2(10)$ = 1902.95 (0.000)	$\chi^2(11)$ = 2011.22 (0.000)	$\chi^2(10)$ = 2171.67 (0.000)	$\chi^2(11)$ = 2247.44 (0.000)	$\chi^2(10)$ = 2153.99 (0.000)	$\chi^2(11)$ = 2209.09 (0.000)

注：PCSE 表示面板校正标准误差；括号内的数据为相应统计量的 p 值；***、**、* 分别表示在1%、5%、10%的置信水平上显著。

首先，看能源基础设施、交通基础设施、通信网络基础设施的双边贸易效应。就能源基础设施的双边贸易效应来看，表7-10中模型1和模型2的估计结果分别为0.319和0.312，且都在1%的置信水平上显著，表7-11中除模型3估计结果为正但不显著外，其余模型中的估计结果均为负且均在1%的置信水平上显著。就交通基础设施的双边贸易效应来看，表7-10中模型3和模型4的估计结果分别为0.656和0.646，且均在1%的置信水平上显著；表7-11中除模型2和模型8的估计结果分别为-1.270和-6.393且分别在1%和5%的置信水平上显著外，其余模型中的估计结果均为正。其中，模型1、模型5、模型7的估计结果在1%的置信水平上显著，而模型6的估计结果不显著。就通信网络基础设施的双边贸易效应来看,表7-10中模型5和模型6的估计结果分别为0.813和1.071,且均在1%的水平上显著;表7-11中仅模型3、模型4、模型7、模型8的回归结果分别在1%、1%、10%和5%的置信水平上显著。其中,模型3和模型7的回归结果为正,而模型4和模型8的回归结果为负。综合估计结果来看,能源基础设施的双边贸易效应平均值为-2.368;交通基础设施的双边贸易效应平均值为-0.513;通信网络基础设施双边贸易效应平均值为-2.208。研究结果表明第三章提出的假设10和假设11完全成立。

其次,看不同类型基础设施交互作用的双边贸易效应。能源基础设施、交通基础设施交互作用的双边贸易效应在表7-11模型2和模型8中的回归结果分别为0.260和1.058,且均在1%的置信水平上显著,在表7-12模型1和模型2中的回归结果分别为0.040和0.039,且分别在10%和5%的置信水平上显著。能源基础设施、通信网络基础设施交互作用的双边贸易效应在表7-11模型4和模型8中的回归结果分别为0.830和1.788,且均在1%水平上显著;在表7-12模型3、模型4中的回归结果分别为0.063和0.068,且均在1%水平上显著。交通基础设施、通信网络基础设施交互作用的双边贸易效应在表7-11模型6中的回归结果不显著,在模型8中的回归结果为1.219,仅在10%水平上显著;在表7-12模型5和模型6中的回归结果分别为0.100和0.102,且均在1%的置信水平上显著。能源基础设施、交通通信网络基础设施交互作用的双边贸易效应在表7-11模型8中的回归结果为-0.192,且在5%的置信水平上显著;在表7-12模型7和模型8中的回归结果均为0.008,且都在1%的置信水平上显著。综合估计结果来看,能源基础设施、交通基础设施交互作用的双边贸易效应平均为0.349;能源基础设施、通信网络基础设施交互作用的双边贸易效应平均为0.687;交通基础设施、通信网络基础设施交互作用的双边贸易效应为0.474,能源基础设施、交通基础设施、通信网络基础设施交互作用的双边贸易效应为-0.059。不同类型基础设施交互作用的双边贸易效应平均为正,假设12成立。

最后,看"一带一路"倡议是否促进了基础设施的双边贸易效应。由表7-10可知,$D*lei$、$D*lti$、$D*lni$的回归结果分别为0.061、0.037和0.202,且分别在1%、5%和1%的置信水平上显著,表明"一带一路"倡议显著促进了中国—中南半岛经济走廊能源、交通、通信网络基础设施的双边贸易效应。由表7-12可知,$D*leiti$、$D*leini$、$D*ltini$、$D*leitini$的回归结果分别为0.005、0.019、0.016和0.002,且分别在5%、1%、1%、1%的置信水平上

第七章 "一带一路"六大经济走廊基础设施的双边贸易效应研究

显著,表明"一带一路"倡议也显著促进了中国—中南半岛经济走廊不同类型基础设施交互作用的双边贸易效应。就中国—中南半岛经济走廊而言,第三章提出的假设13完全成立。

(四)孟中印缅经济走廊

孟中印缅经济走廊样本数据较少,因此,为避免样本容量不足导致的模型设定和检验等问题,本章在考虑时间效应时,使用时间趋势变量t,另外,本章仅分析单一基础设施变量以及"一带一路"倡议的双边贸易效应,而不分析不同类型基础设施及其交互作用的双边贸易效应。同样,中巴经济走廊和中蒙俄经济走廊样本数据也较少,同样,也仅分析单一基础设施变量以及"一带一路"倡议的双边贸易效应。组间异方差、组内自相关和组间同期相关性的检验结果发现除模型3在10%的置信水平上存在组间异方差外,模型1、模型2、模型4、模型5、模型6在1%的置信水平上都不存在组间异方差、组内自相关和组间同期相关。因此,考虑对模型1、模型2、模型4、模型5、模型6使用LSDV方法估计,而对模型3进行面板校正标准误差(PCSE)的估计方法。表7-13给出了孟中印缅经济走廊单一基础设施的双边贸易效应的估计结果。

表7-13 孟中印缅经济走廊单一基础设施及"一带一路"倡议的双边贸易效应

变量	模型1	模型2	模型3	模型4	模型5	模型6
	LSDV	LSDV	PCSE	LSDV	LSDV	LSDV
lei	2.044 ** (0.031)	2.342 *** (0.009)				
D * lei		0.021 ** (0.020)				
lti			0.289 (0.176)	0.209 (0.328)		
D * lti				0.016 ** (0.043)		
lni					-0.273 *** (0.005)	-0.250 ** (0.033)

续表

变量	模型1 LSDV	模型2 LSDV	模型3 PCSE	模型4 LSDV	模型5 LSDV	模型6 LSDV
D*lni						0.008 (0.723)
时间效应	-0.162*** (0.000)	-0.215*** (0.000)	-0.116*** (0.000)	-0.162*** (0.000)	-0.098*** (0.000)	-0.110*** (0.009)
控制变量	有	有	有	有	有	有
模型统计量	$\chi^2(9)=$ 5685.28 (0.000)	$\chi^2(10)=$ 6425.40 (0.000)	$\chi^2(9)=$ 5254.36 (0.000)	$\chi^2(10)=$ 5696.44 (0.000)	$\chi^2(9)=$ 6099.23 (0.000)	$\chi^2(8)=$ 6117.67 (0.000)

注：LSDV 表示最小二乘虚拟变量模型；PCSE 表示面板校正标准误差，括号内的数据为相应统计量的 p 值；***、**、*分别表示在1%、5%、10%的置信水平上显著。

首先，看基础设施的双边贸易效应。能源基础设施的双边贸易效应在表7-13模型1、模型2中的估计结果分别为2.044和2.342，但分别在5%和1%的置信水平上显著。交通基础设施的双边贸易效应在表7-13模型3和模型4中的估计结果分别为0.289和0.209，但都不显著。通信网络基础设施的双边贸易效应在表7-13模型5和模型6中的估计结果分别为-0.273和-0.250，且分别在1%和5%的置信水平上显著，表明孟中印缅经济走廊通信网络基础设施的发展水平还低于临界值。可见，第三章提出的假设10、假设11成立，即基础设施的双边贸易效应可能为正，也可能为负，且大小不一致。

其次，就"一带一路"倡议对基础设施的双边贸易效应的促进作用来看。D*lei、D*lti、D*lni的估计结果分别为0.021、0.016和0.008，其中D*lei、D*lti在5%的置信水平上显著，而D*lni不显著，表明"一带一路"倡议显著促进了孟中印缅经济走廊能源基础设施、交通基础设施的双边贸易效应。可见，第三章提出的假设13在孟中印缅经济走廊能源和交通基础设施上成立。

（五）中巴经济走廊

由于中巴经济走廊双边贸易数据是一个时间序列数据，需要考虑时间序列变量随机项的自相关问题，使用普雷斯—温斯滕（Prais-Winsten）估计法，得到估计结果如表7-14所示。①

表7-14 中巴经济走廊单一基础设施及"一带一路"倡议的双边贸易效应

变量	模型1	模型2	模型3	模型4	模型5	模型6
lei	0.599 (0.428)	1.015** (0.024)				
D*lei		0.010*** (0.000)				
lti			0.068 (0.582)	0.029 (0.743)		
D*lti				0.008*** (0.001)		
lni					-0.155 (0.233)	0.132 (0.318)
D*lni						0.023*** (0.001)
控制变量	有	有	有	有	有	有
模型统计量	$\chi^2(4)=$ 4908.51 (0.000)	$\chi^2(5)=$ 17723.11 (0.000)	$\chi^2(4)=$ 4569.10 (0.000)	$\chi^2(5)=$ 10981.14 (0.000)	$\chi^2(4)=$ 5799.86 (0.000)	$\chi^2(5)=$ 13390.17 (0.000)

注：括号内的数据为相应统计量的p值；***、**、*分别表示在1%、5%、10%的置信水平上显著。

首先，看基础设施的双边贸易效应。能源基础设施的双边贸易效应在表7-14模型1和模型2中的估计结果均为正，但仅模型2中的估计结果在5%的置信水平上显著，且估计结果为1.015。交通基础设施的双边贸易效应在表7-14模型3和模型4中的估计结果分别为0.068和0.029，但都不显著。通信网络基础设施的双边贸易效应在表7-15模型5和模型6中的估计结果分别为-0.155和0.132，但均不显著。可见，第三章提出的假设10、假设11成立，即基础设施的双边贸易效应可能为正，也可能为负，且大小不一致。

---

① 本章也尝试在模型中纳入时间趋势变量t，但估计结果均不显著，因此，最终舍弃了时间趋势变量。

其次,就"一带一路"倡议对基础设施的双边贸易效应的促进作用来看。D*lei、D*lti、D*lni 的估计结果分别为 0.010、0.008 和 0.023,且均在 1% 的置信水平上显著,表明"一带一路"倡议显著促进了中巴经济走廊能源、交通、通信网络基础设施的双边贸易效应,第三章提出的假设 13 成立。

(六)中蒙俄经济走廊

对中蒙俄经济走廊,由于样本较少,同样仅考虑单一基础设施以及"一带一路"倡议的双边贸易效应,而不考虑不同类型基础设施及其交互作用的双边贸易效应。① 由于中蒙俄经济走廊样本数据是长面板数据,对组间异方差、组内自相关和组间同期相关性的检验,发现模型 1、模型 2、模型 3、模型 5 在 5% 的置信水平上仅存在组间异方差和组内自相关,但不存在组间同期相关。因此,使用"组间异方差和组内自相关"稳健的标准误即可,即用面板校正标准误差(PCSE)的估计方法;而模型 4 和模型 6,则既存在组间异方差和组内自相关,又存在组间同期相关,因此,使用可行的广义最小二乘法(FGLS),同时处理组间异方差、组内自相关、组间同期相关问题。估计结果见表 7-15。②

表 7-15　　中蒙俄经济走廊单一基础设施及"一带一路"倡议的双边贸易效应

变量	模型1	模型2	模型3	模型4	模型5	模型6
	PCSE	PCSE	PCSE	FGLS	PCSE	FGLS
lei	0.445 (0.125)	0.093 (0.713)				
D*lei		0.017*** (0.000)				
lti			0.018 (0.875)	0.029 (0.735)		

---

① 由于中蒙俄经济走廊的能源基础设施、交通基础设施、通信网络基础设施的双边贸易效应都不显著,因此,不进一步考察不同类型基础设施的交互作用是否合理。

② 本章考虑过在模型中纳入国家固定效应或时间固定效应,但 T 较大,故时间固定效应用趋势变量 t 表示。经过检验,发现国家固定效应和时间趋势效应都不显著,因此,不纳入国家固定效应和时间趋势效应。

续表

变量	模型1	模型2	模型3	模型4	模型5	模型6
	PCSE	PCSE	PCSE	FGLS	PCSE	FGLS
D*lti				0.017*** (0.000)		
lni					-0.045 (0.734)	-0.046 (0.639)
D*lni						0.034*** (0.000)
控制变量	有	有	有	有	有	有
模型统计量	$\chi^2(7)=$ 8510.52 (0.000)	$\chi^2(8)=$ 10673.94 (0.000)	$\chi^2(7)=$ 8721.89 (0.000)	$\chi^2(8)=$ 10612.82 (0.000)	$\chi^2(7)=$ 8883.56 (0.000)	$\chi^2(8)=$ 10527.25 (0.000)

注：PCSE 表示面板校正标准误差，FGLS 表示可行的广义最小二乘法；括号内的数据为相应统计量的 p 值；***、**、* 分别表示在1%、5%、10%的置信水平上显著。

首先，看基础设施的双边贸易效应。能源基础设施、交通基础设施、通信网络基础设施的双边贸易效应在表7-15中的估计结果分别为正、正和负，但都不显著。其次，就"一带一路"倡议对基础设施的双边贸易效应的促进作用来看。D*lei、D*lti、D*lni 的估计结果分别为0.017、0.017和0.034，且均在1%的置信水平上显著，表明"一带一路"倡议显著促进了中蒙俄经济走廊能源基础设施、交通基础设施、通信网络基础设施的双边贸易效应，可见，第三章提出的假设13成立。

三、稳健性分析

由于孟中印缅、中巴、中蒙俄这三大经济走廊的样本数据较少，所得结果的可靠性尚需进一步证明，因此，本章还考虑扩大样本容量进行进一步分析，即综合六大经济走廊的样本数据进行实证研究，总的样本容量为309个，时间从2003~2016年，共14年。研究结果表明，单一类型的基础设施的双边贸易效应都显著，但仅交通基础设施的双边贸易效应为正。"一带一路"倡议显著促进了能源、通信网络基础设施的双边贸易效应。从不同类型基础设施交互作用的双边贸易效应来看，能源基础设施与交通基础设施，交通基础设施与通信网络基础设施,交通基础设施、能源基础设施与通信网络基础设施交互作用的双边贸易效应都为正,而能源基础设施与通信网络交互作用的双边贸易效应为负。可见,综合六大经济走廊数据的实证研究结果仍然具备较强的稳健性。

第四节 "一带一路"六大经济走廊基础设施双边贸易效应的研究结论

在分析"一带一路"六大经济走廊基础设施建设进展的基础上,本章在扩展的贸易引力方程中纳入能源、交通、通信网络三种基础设施,基于面板数据模型实证分析了"一带一路"六大经济走廊基础设施的双边贸易效应,验证了第三章提出的假设 10 至假设 13,并得出如下主要结论。

假设 10 成立,六大经济走廊中能源基础设施、交通基础设施、通信网络基础设施的双边贸易效应全部或部分显著,回归结果为正或为负,负的回归结果表明该类型基础设施的建设尚未达到临界值点;假设 11 成立,六大经济走廊中能源基础设施、交通基础设施、通信网络基础设施的双边贸易效应大小都不一致;假设 12 成立,六大经济走廊不同类型基础设施交互作用的双边贸易效应的回归结果部分显著为正或为负;假设 13 成立,除新亚欧大陆桥经济走廊外,"一带一路"倡议显著促进了其余经济走廊全部或部分基础设施及其交互作用的双边贸易效应。

为验证第三章提出的假设 14,即基础设施建设进展较快的经济走廊,"一带一路"倡议总体上对其基础设施双边贸易效应的促进作用也越强,将六大经济走廊的估计结果列在表 7-16 中。

表 7-16 "一带一路"倡议对六大经济走廊基础设施双边贸易效应的促进作用

经济走廊	单一类型基础设施			不同类型基础设施交互作用			
	能源	交通	通信网络	能源、交通	能源、通信网络	交通、通信网络	能源、交通、通信网络
新亚欧大陆桥	不显著	不显著	不显著	不显著	不显著	不显著	不显著
中国—中亚—西亚	0.136 ***	不显著	0.343 **	不显著	0.018 ***	不显著	不显著
中国—中南半岛	0.061 ***	0.037 **	0.202 ***	0.005 **	0.019 ***	0.016 ***	0.002 ***

续表

经济走廊	单一类型基础设施			不同类型基础设施交互作用			
	能源	交通	通信网络	能源、交通	能源、通信网络	交通、通信网络	能源、交通、通信网络
孟中印缅	0.021**	0.016**	不显著	未测算			
中巴	0.010***	0.008***	0.023***	未测算			
中蒙俄	0.017***	0.017***	0.034***	未测算			

注：***、**、*分别表示在1%、5%、10%的置信水平上显著。

就"一带一路"倡议对单一类型基础设施双边贸易效应的促进作用而言，由表7-16可知，"一带一路"倡议显著促进了中巴、中蒙俄、中国—中南半岛经济走廊能源、交通、通信网络三种基础设施的双边贸易效应，"一带一路"倡议显著促进了孟中印缅经济走廊能源、交通两种基础设施的双边贸易效应，"一带一路"倡议显著促进了中国—中亚—西亚经济走廊能源、通信网络两种基础设施的双边贸易效应，而"一带一路"倡议对新亚欧大陆桥经济走廊能源、交通、通信网络三种基础设施双边贸易效应的促进作用都不显著。

就"一带一路"倡议对不同类型基础设施交互作用的双边贸易效应的促进作用而言，"一带一路"倡议显著促进了中国—中南半岛经济走廊不同类型基础设施交互作用的双边贸易效应，"一带一路"倡议显著促进了中国—中亚—西亚经济走廊能源基础设施与通信网络基础设施交互作用的双边贸易效应，而"一带一路"倡议对新亚欧大陆桥经济走廊不同类型基础设施交互作用的双边贸易效应的促进作用都不显著。

上述结论证明了第三章提出的假设14成立，"一带一路"建设进展较快的经济走廊，"一带一路"倡议总体上对基础设施双边贸易的促进作用越强，"一带一路"建设进展较快的中巴、中国—中南半岛以及中蒙俄经济走廊，"一带一路"倡议对基础设施双边贸易的促进作用也更强。

第八章

"一带一路"基础设施的双边贸易偏好影响研究

基础设施能降低各国之间的运输时间,而运输时间是重要的贸易壁垒(Hummels, 2001; Hummels et al., 2007; Hummels & Schaur, 2013),例如,赫梅尔斯和绍尔(2013)估计了运输时间延迟的从价贸易成本,运输时间延迟一天约相当于0.6%~2.1%的从价关税。因此,"一带一路"沿线国家基础设施通过降低各国之间的运输时间进而降低贸易成本,从而促进了各国国际贸易的发展,这也被德·索伊尔等(2018),巴尼亚、罗查和鲁塔(2020),德·索伊尔、穆拉迪克和鲁塔(2020),马利舍夫斯卡和范·德·门斯布鲁格(2019)等文献所证实,但基础设施的加强是否促进了两国间的贸易偏好,以及两国基础设施加强促进两国间贸易偏好的机制是什么,现有文献较少研究,这也是本章的主要研究目的。

第一节 贸易偏好指数计算方法

斯蒂法诺、伊帕德雷和萨尔瓦蒂(2021)使用伊帕德雷(2006)提出的显式贸易偏好(revealed trade preference, RTP)指数来避免在引力模型中引入多边阻力项。RTP指数显示了两个贸易伙伴间的相对偏好程度,指数值不仅依赖于两个国家间的贸易流,还依赖于两个国家及其所有贸易伙伴的整个贸易网络体系(Iapadre & Tironi, 2009; Iapadre & Tajolii, 2014)。双边贸易阻力相对多边贸易阻力的任何上升,都会使双边贸易流量相对世界其他地区下降。因此,将RTP指数作为引力模型的被解释变量,不需要再引入多边阻力项作为解释变量。

第八章 "一带一路"基础设施的双边贸易偏好影响研究

本章将使用 RTP 作为被解释变量,分析"一带一路"倡议对基础设施双边贸易偏好的影响。考虑到基础设施的交互作用可能在双边贸易中扮演关键角色(胡再勇,2019),本章在分析中也考虑两国基础设施变量的交互作用。

贸易偏好指数的计算方法来自亚帕德雷和塔乔利(Iapadre & Tajolii,2014),具体为

$$BTP_{ij} = (HTP_{ij} - HTPS_{ij})/(HTP_{ij} + HTPS_{ij}) \qquad (8-1)$$

式(8-1)中,BTP_{ij} 是双边贸易偏好指数,HTP_{ij} 表示同质双边贸易偏好指数,$HTPS_{ij}$ 是对 HTP_{ij} 的补充,是同质的额外双边贸易偏好指数。HTP_{ij} 和 $HTPS_{ij}$ 的计算公式分别为

$$HTP_{ij} = (T_{ij}/T_{iw})/(T_{rj}/T_{rw}) \qquad (8-2)$$
$$HTPS_{ij} = (1 - T_{ij}/T_{iw})/(1 - T_{rj}/T_{rw}) \qquad (8-3)$$

式(8-2)、式(8-3)中,T_{ij} 表示国家 i 和国家 j 的双边贸易额,T_{iw} 表示国家 i 与世界 w 的总贸易额,T_{rj} 表示除国家 j 外国家 i 的其余贸易伙伴 r 与国家 j 间的贸易额,T_{rw} 表示除国家 j 外国家 i 的其余贸易伙伴 r 与世界 w 的总贸易额。所以,T_{ij}/T_{iw} 表示在国家 i 的总体国际贸易中家 j 所占的份额,T_{rj}/T_{rw} 则表示其余贸易伙伴在总体国际贸易中家 j 所占的份额。

BTP_{ij} 指数介于 $-1 \sim 1$ 之间,当 BTP_{ij} 等于 1 时,国家 i 仅与国家 j 贸易,国家 i 对国家 j 存在绝对偏好;当 BTP_{ij} 等于 -1 时,国家 i 不与国家 j 贸易;当 BTP_{ij} 等于 0 时,表示两国之间的贸易等于地理中立性基准。BTP_{ij} 指数符合多边引力模型逻辑,两国之间的贸易强度不仅取决于双边贸易额,还取决于整个国际贸易网络。

双边贸易偏好指数 BTP_{ij} 也为未开发的双边贸易潜力提供了粗略估计。实际上,任何偏离 0 的 BTP_{ij} 都反映了一些因素对双边贸易偏好的或正或负的影响。尤其是负的 BTP_{ij} 取值与 0 之间的距离反映了未开发的双边贸易潜力。但是 BTP_{ij} 取值为 0 时的无摩擦世界的地理中立性基准太过于抽象,且假设距离与任何其他影响贸易成本的因素无关,前提设定太强(斯蒂法诺、伊帕德雷和萨尔瓦蒂,2021)。因此,为估计未开发的贸易潜力,需要重新估算一个双边贸易基准。斯蒂法诺、伊帕德雷和萨尔瓦蒂(2021)提供了一个"引力调整"基准的估计思想,即通过面板数据引力方程估计双边贸易偏好指数的预测值,作为"引力调整"基准,然后用实际值减去"引力调整"基准,也就是引力方程的残差估计值作为未开发的贸易潜力的衡量。其中,引力方程中考虑历史、地理、贸易政策等变量对两国贸易偏好指数的影响,如两国是否相邻、是

否有共同语言、过去是否是一个国家、距离、是否签署 FTA。

第二节 实证模型、变量及数据来源

一、实证模型

本章的研究方法是首先利用引力模型估计"一带一路"参与国"引力调整"的双边贸易偏好指数,并计算未开发的双边贸易潜力,然后进一步利用引力模型估计"一带一路"参与国基础设施的改善对未开发的双边贸易潜力的可能影响。

"引力调整"的双边贸易偏好指数的估计方程为:

$$BTP_{ij} = \beta_0 + \beta_1 adjacent_{ij} + \beta_2 language_{ij} + \beta_3 scountry_{ij} + \beta_4 FTA_{ij} + \beta_5 ldistance_{ij} + \varepsilon_{ij} \quad (8-4)$$

式(8-4)中,BTP_{ij} 是双边贸易偏好指数;$adjacent_{ij}$ 为两国是否相邻的虚拟变量,若两国相邻,则取值1,否则取值0;$language_{ij}$ 为两国是否有共同的官方语言的虚拟变量,若有,则取值1,否则取值0;$scountry_{ij}$ 为两国过去是否是一个国家的虚拟变量,若是,取值1,否则取值0;FTA_{ij} 为两国是否签署自由贸易协定的虚拟变量,若有,则取值1,否则取值0;$ldistance_{ij}$ 是两国距离的自然对数;ε_{ij} 是残差项。

未开发的双边贸易潜力($UBTP_{ij}$)估计值为

$$UBTP_{ij} = BTP_{ij} - \widehat{BTP}_{ij} \quad (8-5)$$

由式(8-5)可知,未开发的双边贸易潜力($UBTP_{ij}$)实际上就是引力方程式(8-4)的残差估计值。如果 $UBTP_{ij} > 0$,则表明国家 i 和国家 j 间的双边贸易偏好指数比经引力调整的双边贸易偏好指数高,从而两国间的贸易强度比预期值高;相反,如果 $UBTP_{ij} < 0$,则表明国家 i 和国家 j 间的双边贸易偏好指数比经引力调整的双边贸易偏好指数低,从而两国间的贸易强度比预期值低。

"一带一路"参与国基础设施的改善对双边贸易偏好可能影响的实证模型为

$$UBTP_{ij} = \alpha_0 + \alpha_1 qti_i + \alpha_2 qti_j + \alpha_3 qti_i * qti_j + \tau_{it} + \varepsilon_{ij} \quad (8-6)$$

其中,qti_i 为 i 国的贸易基础设施质量;qti_j 为 j 国的贸易基础设施质量;$qti_i *$

qti$_j$ 表示两国基础设施的交互作用，可以检验 UBTP$_{ij}$ 与 i 国基础设施质量 qti$_i$ 间的关系是否也依赖于 j 国基础设施质量 qti$_j$；τ$_{ij}$ 是一组国别控制变量，以控制模型中可能忽略的国家效应；ε$_{ij}$ 是随机项。

二、变量及数据来源

式（8-4）中的双边贸易偏好指数 BTP$_{ij}$ 基于式（8-1）计算，国际贸易数据来自 IMF-DOTS 数据库，该数据库基于 WITS（World Integrated Trade Solution）和 COMTRADE 数据库补充编辑而来，数据年份为 2018 年。① 变量 adjacent$_{ij}$、language$_{ij}$、scountry$_{ij}$、ldistance$_{ij}$ 来自法国 CEPII 数据库，FTA$_{ij}$ 来自 WTO 的区域贸易协定（RTA）数据库。

式（8-6）中变量 UBTP$_{ij}$ 基于式（8-5）计算，贸易基础设施变量 qti$_i$、qti$_j$ 用物流绩效来表示，数据来自世界银行的物流绩效指数（The Logistics Performance Index，LPI），最新的 LPI 数据截至 2018 年。LPI 在六个贸易维度上对各国进行排名，包括海关绩效、基础设施质量和装运及时性等。

第三节 "一带一路"基础设施双边贸易偏好影响的实证分析

一、样本

国外学者大多使用 72 个经济体作为研究样本，见第一章第一节。考虑到"一带一路"倡议的开放性，以及便于研究结果的国际比较，本章也考虑以这 72 个经济体作为研究样本。但由于 IMF-DOTS 国际贸易数据库中缺失中国台湾地区和巴勒斯坦，因此，本章以其余 70 个经济体作为研究样本，具体样本见表 8-1。

---

① 没有使用 2019 年或 2020 年的数据，主要是因为本书用世界银行的物流绩效指数（The Logistics Performance Index，LPI）来代表贸易基础设施质量的变量，而 LPI 指数最近的数据只到 2018 年。

表8-1 本章使用的"一带一路"倡议参与经济体

区域	经济体
亚洲（45）	中国、蒙古国、新加坡、印度尼西亚、马来西亚、泰国、越南、菲律宾、柬埔寨、缅甸、老挝、文莱、东帝汶、印度、巴基斯坦、斯里兰卡、孟加拉国、尼泊尔、马尔代夫、不丹、阿联酋、科威特、土耳其、卡塔尔、阿曼、黎巴嫩、沙特、巴林、以色列、也门、伊朗、约旦、叙利亚、伊拉克、阿富汗、阿塞拜疆、格鲁吉亚、亚美尼亚、哈萨克斯坦、吉尔吉斯斯坦、土库曼斯坦、塔吉克斯坦、乌兹别克斯坦、中国香港、西岸和加沙
非洲（4）	埃及、肯尼亚、坦桑尼亚、吉布提
欧洲（21）	波兰、阿尔巴尼亚、爱沙尼亚、立陶宛、斯洛文尼亚、保加利亚、捷克、匈牙利、北马其顿、塞尔维亚、罗马尼亚、斯洛伐克、克罗地亚、拉脱维亚、波黑、黑山、乌克兰、白俄罗斯、摩尔多瓦、俄罗斯、希腊

二、引力调整的贸易偏好指数实证分析

（一）变量的描述性分析

表8-2给出了双边贸易偏好指数 BTP_{ij}、$adjacent_{ij}$、$language_{ij}$、$occupy_{ij}$、$scountry_{ij}$、$ldistance_{ij}$、FTA_{ij} 以及用物流绩效指数表示的贸易基础设施变量 qti 的描述性分析结果。从双边贸易偏好指数来看，均值为 -0.3382，小于0，表示平均来看，"一带一路"倡议参与国之间存在未开发的双边贸易潜力。而且最小值接近-1，表明有些国家之间的贸易额非常低，接近没有贸易的状态。

表8-2 式（8-4）相关变量的描述性分析

变量	均值	标准差	最小值	最大值	样本数
BTP	-0.3382	0.6177	-0.9999	0.9959	2194
adjacent	0.0542	0.2265	0	1	2194
language	0.0524	0.2229	0	1	2194
scountry	0.0141	0.1181	0	1	2194
ldistance	8.1012	0.8156	4.4537	11.5132	2194
FTA	0.2347	0.4239	0	1	2194

(二) 估计结果

表8-3给出了式(8-4)的估计结果。从回归结果来看,除变量country不显著外,其余变量均在1%的显著性水平上显著,变量的符号和大小符合经济学含义,拟合优度为0.4274,F统计量显著。

表8-3   式(8-4)的估计结果

变量	回归系数	稳健标准误	p值
adjacent	0.3368***	0.0701	0.000
language	0.2720***	0.0671	0.000
scountry	-0.0579	0.0973	0.554
ldistance	-0.3271***	0.0265	0.000
FTA	0.2854***	0.0367	0.000
常数项	2.2131***	0.2100	0.000
R^2	0.4222		
F(5, 68)	184.12		
F统计量的p值	0.0000		

注:**表示在5%的水平上显著;***表示在1%的水平上显著。

(三) 实证结果解释

从表8-3的估计结果来看,两国相邻、共同的官方语言、签署FTA都显著促进了双边贸易偏好,而两国间距离仍是两国贸易的最重要障碍。两国过去是否是一个国家对两国间贸易偏好的影响为负,但不显著,表明一个国家分裂为两个或多个国家后,由于政治等因素的复杂性影响,平均来看,不利于两个国家之间的贸易发展。

三、基础设施改善与双边贸易偏好指数的实证分析

(一) 变量的描述性分析

在得到式(8-4)的估计结果后,就可以基于式(8-5)计算未开发的双边贸易潜力($UBTP_{ij}$),表8-4给出了$UBTP_{ij}$以及两国贸易基础设施质量(ti_i、qti_j)及其交互作用变量($qti_i * qti_j$)的描述性分析结果。由表8-4可

知，双边贸易潜力 $UBTP_{ij}$ 的均值接近为 0，最小值为 -2.0983，最大值为 1.5188，表明"一带一路"部分国家间的双边贸易偏好指数比经引力调整的双边贸易偏好指数低，也有部分国家间的双边贸易偏好指数比经引力调整的双边贸易偏好指数高。从贸易基础设施质量变量来看，两国贸易基础设施质量变量都为正，两国贸易基础设施质量交互作用变量（$qti_i * qti_j$）的离散程度远大于两国贸易基础设施质量（ti_i、qti_j）自身。

表8-4　　　　　　　　式（8-6）相关变量的描述性分析

变量	均值	标准差	最小值	最大值	样本数
$UBTP_{ij}$	-1.95e-10	0.4695	-2.0983	1.5188	2194
qti_i	2.8811	0.4166	1.9485	3.9961	2194
qti_j	2.9010	0.4525	1.9485	3.9961	2194
$qti_i * qti_j$	8.3489	1.7447	4.2406	15.8104	2194

（二）实证结果

表8-5给出了式（8-6）的估计结果。从估计结果来看，虽然拟合效果不好，但F统计量显著，变量 qti_i 在5%的水平上显著，变量 qti_j、$qti_i * qti_j$ 在1%的水平上显著，表明回归模型仍合理给出了贸易基础设施变量对双边贸易偏好潜力的影响。

表8-5　　　　　　　　式（8-6）的估计结果

变量	回归系数	稳健标准误	p值
qti_i	-0.0490**	0.0235	0.038
qti_j	-0.1279***	0.0234	0.000
$qti_i * qti_j$	0.0580***	0.0115	0.000
R^2		0.0158	
F(4, 2190)		9.15	
F统计量的p值		0.0000	

注：** 表示在5%的水平上显著；*** 表示在1%的水平上显著。

（三）实证结果解释

从估计结果来看，贸易基础设施质量（qti_i、qti_j）对双边贸易偏好的影响为负,其经济含义可以理解为两个国家中任何一个国家的贸易基础设施质量的提升都促进了该国与世界其余贸易伙伴的贸易,从而降低了该国与另一个特定贸易伙伴的贸易权重。例如,国家 i 的贸易基础设施质量的提升能促进国家 i 与国家 j 以及世界其余国家间的贸易,但由于国家 j 在国家 i 中的贸易比重下降,导致国家 i 至国家 j 间的双边贸易偏好指数下降。国家 j 的基础设施质量提升也具有类似的经济含义。实证结果支持了第三章提出的假设 15,即基础设施对双边贸易偏好的影响可能为正或为负,如果基础设施对两个贸易伙伴之间贸易的相对促进作用强于贸易伙伴与世界其余国家之间的相对贸易,则基础设施对双边贸易偏好的影响为正;相反,如果基础设施对两个贸易伙伴之间贸易的相对促进作用弱于对贸易伙伴与世界其余国家之间的相对贸易的促进作用,则基础设施对双边贸易偏好的影响为负。贸易基础设施质量为负的回归结果,表明"一带一路"基础设施对两个贸易伙伴之间贸易的相对促进作用平均弱于对贸易伙伴与世界其余国家之间的相对贸易的促进作用。研究结果也表明基础设施存在网络效应,即两个国家间的基础设施不但能使相关的两个国家受益,降低贸易成本促进双边贸易,还能使得所有经此基础设施与这两个国家进行贸易的贸易伙伴受益。

基础设施交叉乘积项的系数显著为正,其经济含义可以理解为如果一个国家的基础设施质量提高,并与一个具有高质量基础设施的国家进行贸易,则可以提升两国间的交互贸易偏好。例如,从回归结果来看,国家 j 的基础设施质量每提升 1,平均会降低国家 j 与另一个国家间的双边贸易偏好指数 -0.1279,假设国家 j 有两个贸易伙伴,贸易伙伴 1 的基础设施质量指数为 1.9485(如阿富汗),而贸易伙伴 2 的基础设施质量指数为 3.9961(如新加坡),由于交互作用的存在,国家 j 与阿富汗的双边贸易偏好指数仅下降 0.0149($-0.1279+0.0580\times1.9485$),国家 j 与新加坡的双边贸易偏好指数上升 0.1039($-0.1279+0.0580\times3.9961$)。实证结果支持了第三章提出的假设 16,两国基础设施质量的交互作用对双边贸易偏好的影响显著为正。只有与高质量基础设施的国家进行贸易时,一个国家的基础设施质量提高才能提升两国间的交互贸易偏好。

第四节 "一带一路"基础设施双边贸易偏好影响的研究结论

本章首先通过比较双边贸易流量的实际值和预期值构建贸易偏好指数,然后使用引力模型测度双边贸易偏好潜力,进一步研究基础设施的改善对经"引力调整"的双边贸易偏好潜力的可能影响,并得到以下研究结论。

第一,两国相邻、共同的官方语言、签署 FTA 都显著促进了双边贸易偏好,而两国间距离仍是两国贸易的最重要障碍。两国过去是否是一个国家对两国间贸易偏好的影响为负,但不显著。

第二,"一带一路"倡议参与国间存在较大的双边贸易偏好潜力。

第三,基础设施质量提升对双边贸易偏好的影响平均显著为负,即一个国家基础设施质量的提高促进了其与世界其他地区的贸易,从而减少了特定伙伴的贸易权重。

第四,两国基础设施质量的交互作用对双边贸易偏好的影响显著为正。一国基础设施的改善与其对合作伙伴的贸易偏好之间的关系也必须考虑到后者的基础设施质量,只有与高质量基础设施的国家进行贸易,一个国家的基础设施质量提高才能提升两国间的交互贸易偏好。

研究结论支持了第三章提出的假设 15,即基础设施对双边贸易偏好的影响可能为正或为负,如果基础设施对两个贸易伙伴之间贸易的相对促进作用弱于贸易伙伴与世界其余国家之间的相对贸易,则基础设施对双边贸易偏好的影响为负。研究结论同样支持了第三章提出的假设 16,两国基础设施的交互作用对双边贸易偏好的影响显著为正。只有与高质量基础设施的国家进行贸易,一个国家的基础设施质量提高才能提升两国间的交互贸易偏好。

需要说明的是,两国之间的贸易偏好指数下降,不意味着两国间的贸易额下降,只是表明特定贸易伙伴占一国的贸易比重下降。基础设施质量的交互作用对双边贸易偏好的影响显著为正,表明"一带一路"国家成功实施基础设施项目的协调能增强两国之间的贸易偏好指数,因此,为促进"一带一路"基础设施建设的贸易效应的最大化,在进行基础设施建设时,应加强各国之间的协调,促进各国基础设施质量的协同提升。此外,贸易基础设施质量不仅包含基础设施本身,还包括海关和边境通关效率、装运效率、管理绩效、法律制度等营商环境。因此,"一带一路"倡议除着重于基础设施互联互通外,还应努力促进贸易便利化等贸易基础设施质量的协同提升。

第九章

"一带一路"倡议的国际贸易效应研究

"一带一路"倡议旨在通过加强基础设施和机构联系来促进中国与亚洲其他国家、非洲和欧洲国家的区域整合，它最终的目的是建立一个"利益、命运和责任共同体"。"一带一路"倡议侧重于跨大陆的设施联通和合作，考虑到基础设施项目的全球和系统性影响，"一带一路"倡议惠及的地理范围远远超出"一带一路"范围。自2015年以来，关于该倡议的分析文献越来越多，早期文献主要探讨"一带一路"倡议的政治和地缘政治问题（Kennedy & David，2015；Pitlo，2015；Minnick，2015；Zhang，2018；Tian，2017；张鑫，2015；刘英，2015；王义桅，2015），关于"一带一路"倡议的经济分析文献不多见，主要是一些描述性分析文章和报告，涉及"一带一路"倡议的经济动机（Wang，2016；Summers，2016；Yu，2017）、对中国的好处（Johnson，2016；盛斌和黎峰，2016；刘再起和张元，2017；李绍荣和杨宾燕，2018；蓝图，2020；李潇，2020）、中国对"一带一路"沿线国家投资的风险和收益（Scissors et al.，2017；杜大伟，2017）、"一带一路"倡议基础设施项目的总体前景（Economist，2016）、"一带一路"倡议参与国的收益（UNDP & CCIEE，2017；马伟光，2020）等。如王（2016）和于（2017）认为，推动国内经济转型的需求以及应对美国的亚洲支点战略，一直是中国"一带一路"政策背后的关键驱动力，"一带一路"倡议还表明了中国的对外政策立场由被动消极、回应转变为主动进取。然而萨默斯（Summers，2016）认为，"一带一路"倡议反映了区域发展战略的自然扩展，而不是国际地缘政治因素推动的新战略。近几年来，关于"一带一路"倡议经济效应的定量分析文献才开始出现（王瑞峰和李爽，2018；王亦虹和田平野，2021），并扩展到对"一带一路"倡议风险和挑战的分析。

第一节 研究方法

由于几点原因，"一带一路"倡议的贸易效应难以准确量化。首先，由于"一带一路"倡议包含的范围非常广泛，涉及经济和金融目标，如设施联通、贸易畅通和资金融通，且经济和金融目标将辅以更大的政策协调和文化及人员交流，即政策沟通和民心相通，[①] 设施联通有助于降低运输成本，贸易畅通则有助于削减贸易壁垒，资金融通是贸易发展的助推剂，民心相通也是影响贸易的重要文化因素。政策沟通，双方沟通彼此的发展战略和相关政策，并将本国的发展战略与"一带一路"对接，政策沟通对国际贸易的促进作用是全方位的。因此，"一带一路"倡议的内容广泛，且政策沟通、资金融通、民心相通等难以量化，使得完全准确量化"一带一路"倡议的贸易效应非常困难。其次，自2013年习近平主席提出"一带一路"倡议以来，"一带一路"倡议取得显著进展，但政策沟通、设施联通、贸易畅通、资金融通和民心相通，都还处在发展中，尤其是很多基础设施项目还处在建设中、规划中，涉及的投资预计介于1.4万亿～6万亿美元。"一带一路"倡议是一个长期的过程，着眼于跨大陆的基础设施联通和经济合作，对一项尚未完成的倡议来说，很难准确评估其带来的贸易效应。最后，现有文献大多聚焦"一带一路"沿线国家这个地理概念，分析"一带一路"沿线国家基础设施的贸易效应。由于"一带一路"提出后的时间较短，研究时间则涵盖"一带一路"倡议提出前和提出后。有少数文献则尝试研究"一带一路"倡议的某一个方面，如聚焦"一带一路"倡议的贸易成本降低和贸易促进作用，这些文献的研究方法总体上可以分为两类：一是采用弹性方法估计或者模拟"一带一路"倡议改进运输技术系数或者降低贸易成本的不同幅度，进而采用引力模型或一般均衡模型评估不同贸易成本降低幅度带来的贸易促进作用，这些文献有许娇等（2016），雷罗和徐（2017），侯赛因（2019），斯蒂法诺、伊帕德雷和萨尔瓦蒂（2021），翟（2018），维拉弗尔蒂、科隆和张（2016），穆克瓦亚和莫尔德（Mukwaya & Mold，2020）等；二是基于"一带一路"倡议的交通基础设施项目，利用地

[①] 中华人民共和国国家发展改革委员会，中华人民共和国外交部和中华人民共和国商务部.《推动共建丝绸之路经济带和21世纪海上丝绸之路的愿景和行动》，2015年3月28日。

理学方法，主要是基于地理参考数据和地理信息系统（GIS）估计"一带一路"倡议实施前和"一带一路"交通基础设施项目全部完成后各国运输时间和贸易成本的降低幅度（De Soyres et al.，2018），进而使用引力模型（Baniya，Rocha & Ruta，2018）或者可计算一般均衡（CGE）模型（Maliszewska & Van Der Mensbrughe，2019；De Soyres，Mulabdic & Ruta，2020）分析运输时间降低幅度或贸易成本降低幅度与贸易之间的关系。对比这两种方法可见，其区别主要体现在对"一带一路"倡议降低运输成本幅度的估计方法上，而随后的基于运输成本降低幅度分析对贸易影响的研究方法都一样，即使用引力模型或者一般均衡模型来分析。本章将分别介绍这两种方法，第二节介绍基于弹性方法或模拟方法的"一带一路"倡议贸易效应研究；第三节介绍基于地理学方法的"一带一路"倡议贸易成本效应测算研究；第四节介绍基于地理学方法的"一带一路"倡议贸易效应估计研究；第五节是"一带一路"倡议国际贸易效应的研究结论与不足分析。

第二节　基于弹性方法或模拟方法的"一带一路"倡议贸易效应研究

基于弹性方法或模拟方法估计"一带一路"倡议贸易效应的文献有许娇等（2016），雷罗和徐（2017），斯蒂法诺、伊帕德雷和萨尔瓦蒂（2021），翟（2018），维拉弗尔蒂、科隆和张（2016），穆克瓦亚和莫尔德（2020），朱博恩、张伯伟和马骆茹（2019），侯赛因等（2019）等。

许娇等（2016）利用 GTAP 模型模拟分析"一带一路"六大经济走廊基础设施建设的经贸效应。GTAP 模型通过将运输成本的变化用交通运输技术系数的变化来反映，分析运输技术系数与贸易进出口数量之间的关系，从而评估导致交通运输技术变化的政策效应。许娇等（2016）通过设定单一经济走廊与中国大陆的运输技术系数都提升 25% 以及六大经济走廊互联互通同时提升 25% 七种情景，来分析"一带一路"六大经济走廊基础设施建设的经贸效应。在前六种情景下，中国大陆与单一经济走廊的进出口贸易量均出现了大小不一的增长，中国大陆的进口增长介于 0.26%~7.69%，出口增长介于 0.18%~5.56%，各单一经济走廊进口增长介于 2.72%~10.96%，出口增长介于 1.95%~12.86%，但在前六种情景下，其他经济走廊以及世界其他国家进出口大多为负增长。在第七种情景下，中国进口、出口分别增长20.51%和13.4%，新亚欧大陆桥经济走廊进口、出口增长都最低，分别为1.24%和1.58%，中国—中南半岛经济走廊进口增长最高，为9.07%，中巴经济走廊出口增长最高，为9.79%。

翟（2018）利用贸易成本对基础设施质量和人均收入的弹性来估计"一带一路"倡议导致的未来贸易成本减少。他将这些估计应用于一个动态的全球可计算一般均衡（CGE）模型，并发现BRI可为沿线国家以及域外国家带来重要的潜在收益。在对"一带一路"国家未来15年投资进行适度假设的情况下，模拟结果表明，到2030年，全球福利收益占全球GDP的1.3%，全球贸易增长5%。预计"一带一路"国家将获得超过90%的收益。

维拉弗尔蒂、科隆和张（2016）设定两种情景，情景一是假设"一带一路"倡议导致未加权的道路运输成本下降25%，海上运输成本下降5%；情景二假设的道路和海上运输成本下降幅度等同于情景一，但进一步考虑了由于伴随的贸易便利化措施，"一带一路"倡议沿线国家进口时间的显著缩短。作者可使用一般均衡（CGE）模型估计，"一带一路"倡议沿线国家可以获得巨大但不平衡的收益，"一带一路"倡议沿线国家的GDP增长率可能会增加0.1%～0.7%，出口总额可能会增加50亿～1350亿美元，这取决于对贸易成本降低的假设。

雷罗和徐（2017）将铁路、航空和海运三种运输方式纳入国际贸易引力方程，并设定了三种情景，情景一是分析"一带一路"倡议降低运输成本对国际贸易的影响，假设铁路运输成本下降50%，海运成本降低5%；情景二是分析"一带一路"区域内建立自由贸易区后的贸易收益，假设关税降至零，运输成本不变；情景三是将情景一和情景二结合起来，考虑"一带一路"倡议降低运输成本以及建立自由贸易区后的贸易收益，假设铁路运输成本下降50%，海运成本降低5%，关税降至零。研究结果显示，欧盟的内陆国家将从"一带一路"倡议的运输成本降低中获得可观的贸易收益，贸易增长介于8%～10%，就区域来看，欧盟是"一带一路"倡议的最大赢家，贸易增长超过6%，亚洲地区的贸易增长也受到贸易成本降低的积极影响，贸易增长3%；而"一带一路"区域内的自由贸易协定的最大赢家是中东、中亚和东亚国家，贸易增长超过15%；在情景三中，泰国、越南等亚洲国家成为最大的赢家，欧盟也受益颇丰，但不及亚洲国家。需要提及的是，在情景二下，欧盟国家则经历了微弱的损失，主要原因是欧盟国家不在"一带一路"自由贸易协定范围内，"一带一路"范围内的贸易由于自由贸易协定的强化而取代了部分欧盟的贸易。

穆克瓦亚和莫尔德（2018）分析了"一带一路"倡议对东非五国（埃塞俄比亚、肯尼亚、坦桑尼亚、乌干达、卢旺达）进出口贸易的影响，采用GTAP以及可计算一般均衡模型（CGE）分析显示，埃塞俄比亚、肯尼亚、坦桑尼亚、乌干达、卢旺达的出口分别增长1.4%、0.4%、0.5%、0.5%和0.6%，进口分别增长1.0%、1.1%、0.8%、0.8%和0.7%。就区域内贸易来看，埃塞俄比亚、肯尼亚、坦桑尼亚、乌干达、卢旺达的区域内进口分别增长了1.0%、1.6%、1.8%、3.3%和4.7%；除埃塞俄比亚区域内出口增长11.4%外，其余国家区域内出口增长介于3%~5%之间。可见，"一带一路"倡议对东非国家进出口贸易影响非常显著积极，大约能促进所有国家出口增加1.92亿美元，GDP增长介于0.4%~1.2%之间。研究结果也显示，东非国家的受益分布并不均衡，较大的国家，如埃塞俄比亚、肯尼亚、坦桑尼亚从"一带一路"倡议中获益更多。研究结果显示，"一带一路"倡议对东非区域内贸易的促进效果要高于东非对世界其余地区的贸易。

斯蒂法诺、伊帕德雷和萨尔瓦蒂（2021）通过比较两国之间贸易流量的实际值和预期值（与两国贸易总额成比例）构建贸易偏好指数，然后使用引力模型研究基础设施的改善对贸易偏好指数的"引力调整"测度的可能影响。这种方法能够估计双边贸易强度，而不必求助于引力模型的传统规模变量，并能考虑整个多边贸易网络。斯蒂法诺、伊帕德雷和萨尔瓦蒂（2021）首先估计历史、地理、贸易政策等变量对两国贸易偏好指数的影响，如两国是否相邻、是否有共通语言、过去是否是一个国家、距离如何、是否签署FTA。基于面板数据模型估计出模型系数后，使用系数计算两国的贸易偏好指数预测值，然后用贸易偏好指数实际值减去预测值，作为贸易偏好指数的引力调整测度，进而分析两国基础设施质量以及两国基础设施质量交互项对贸易偏好指数引力调整测度的影响。基于上述方法以及2016年的数据和71个样本经济体，斯蒂法诺、伊帕德雷和萨尔瓦蒂（2021）对参与"一带一路"倡议的经济体进行了分析，研究发现两个经济体的基础设施质量的回归系数分别为-0.165和-0.158，都在10%的置信水平上显著，而两个经济体基础设施质量的交互项的回归系数为0.077，在5%的置信水平上显著。两个经济体基础设施质量回归系数都为负，可以解释为一个经济体基础设施质量的提高促进了其与世界其他地区的贸易，从而减少了特定伙伴的权重。两个经济体基础设施质量的交互项的回归系数为正，表明基础设施的改善与其对合作伙伴的贸易偏好之间的关系也必须考虑到后者的基础设施质量。事实上，只有当基础设施增加的国家与基础设施体系强大的国家进行贸易，贸易偏好才能得到增强。研究结果表明，"一带一路"沿线国家成功实施基础设施项目的协调能力增强了两国之间的贸易偏好指数。

朱博恩、张伯伟和马骆茹（2019）在第 9 版 GTAP 数据库的基础上，选取"丝绸之路经济带"沿线的主要 24 个国家，构建 CGE 模型对"丝绸之路经济带"的经济影响进行了模拟分析。作者采取了两阶段的模拟方案，阶段一假设每一个国家的出口运输技术参数和进口运输技术参数独立提高 25%；阶段二基于 24 个国家的物流绩效指数（世界银行 WDI 数据库），将 24 个国家分为四组，第 1 组国家进出口运输技术参数提高 25%；第 2 组提升 20%；第 3 组提升 15%；第 4 组提升 10%。在贸易便利化方面，假设各经济体经商成本节约 25%，通商效率和便利度都提升 25%。阶段一的模拟结果显示，"丝绸之路经济带"沿线 24 个国家的进出口运输技术参数提升对该国的出口都能起到一定的促进作用，也能提高该国周边国家的进出口。阶段二的模拟结果显示，沿线各国与周边国家的进出口往来显著增加，并使得世界进出口贸易额提升 0.34%。

总体上来看，采用弹性法或模拟法得到的"一带一路"倡议的贸易效应差别较大，取决于对"一带一路"倡议降低贸易成本或提升运输技术系数的假设或估计。

第三节 基于地理学方法的"一带一路"倡议贸易成本效应测算研究

德·索伊尔等（2018）和巴尼亚、罗查和鲁塔（2018）基于地理学方法，即地理信息系统和网络模型方法分别测算了"一带一路"倡议降低运输时间和运输成本的幅度，得出了类似的结论。由于巴尼亚、罗查和鲁塔（2018）的研究方法和德·索伊尔等（2018）相同，仅在选择分析对象城市上存在一定区别，因此，本节将主要介绍德·索伊尔等（2018）的研究方法，并以巴尼亚、罗查和鲁塔（2018）的研究作为补充。

德·索伊尔等（2018）的研究包括两个主要部分，"一带一路"倡议交通项目降低运输时间的估计以及"一带一路"倡议交通项目降低运输成本的估计。下面从这两个方面介绍德·索伊尔等（2018）的研究。

一、"一带一路"倡议降低运输时间的估计

德·索伊尔等（2018）估计方法的基本思路是通过构建城市数据库，分析"一带一路"倡议实施前以及"一带一路"倡议相关交通基础设施项目全部完成后所有"城市对"之间的运输时间，从而得到"城市对"运输时间的降低幅度，进而以人口数作为权重，将"城市对"汇总为"国家对"和"地区对"，得到"国家对"以及"地区对"运输时间降低的幅度。为了实施上述估计方法，需要进行城市数据库构建，并进行一些技术性设定。

（一）网络分析方法

德·索伊尔等（2018）认为，对于基础设施来说，国家间交通基础设施的建成，不仅能使相关的两个国家受益，节省运输时间，降低运输成本，还能使得运输经过该基础设施的所有国家受益。两个城市间的最佳线路可能依赖于几个基础设施项目的共同作用。这意味着不能将基础设施隔离开来评估单个运输项目的效果。运输网络中所有要素的相互关联性对试图估计"一带一路"倡议的贸易成本效应提出了挑战。因此，为考察"一带一路"倡议降低运输时间的幅度，必须将所有的交通基础设施项目纳入一起考虑，采用网络分析法进行分析，评估网络上所有两个点（代表性"城市对"）之间的最短运输时间，这样，就能充分考虑交通基础设施的系统性影响，即所有经过该网络元素（交通基础设施）运输的"城市对"都能从该网络元素受益。

德·索伊尔等（2018）使用电子运输地图和地理信息系统（GIS）软件来分析两个城市间的最短运输距离。GIS软件有两大优点，一是可以基于电子运输地图精确绘制"一带一路"倡议实施前的运输网络，并基于"一带一路"的相关交通基础设施项目来加密运输网络；二是GIS软件提供了基于网络的空间分析工具，可以计算两个地点间的最短运输路径（或成本最低）。

（二）城市数据库构建

分析国家之间的运输时间在"一带一路"倡议实施后的节约幅度，最简便的办法就是直接分析主要城市之间的运输时间的相对变化，但这种做法太粗

糙。德·索伊尔等（2018）通过构建代表性城市数据库，分析所有"城市对"之间节约的运输时间，进而将"城市对"加权汇总为"国家对"，就可以得到经济体之间的运输时间在"一带一路"倡议实施后相对实施前的降低幅度。德·索伊尔等（2018）构建了两个城市数据库：一个是全球城市数据库，选择人口大于 50 万的城市以及在数据可得情况下每个国家最多人口的两个城市，这个数据库包括 191 个经济体的 1000 个城市，其中包括 34 个人口不足 5 万的城市；另一个是"一带一路"城市数据库，包括沿线 71 个经济体的人口数大于 10 万的所有城市，"一带一路"数据库包括 1964 个城市。可见，"一带一路"城市数据库比全球城市数据库更密集。

（三）"一带一路"倡议相关基础设施项目

德·索伊尔等（2018）以及巴尼亚、罗查和鲁塔（2019）都基于里德和特鲁别茨科伊（2018）统计的"一带一路"项目进行分析。里德和特鲁别茨科伊（2018）分别基于"丝绸之路经济带"和"21 世纪海上丝绸之路"统计了相关的交通基础设施项目 93 项，包括已完成、实施中、规划的项目，纳入的标准是：项目至少影响 30 万居民在两个城市间的旅行，被公开提及为"一带一路"倡议的一部分，项目至少在计划阶段。

鉴于海运占全球贸易量的 80% 和价值的 70%（经济合作与发展组织，OECD，2017），铁路是第二种运输方式，而只有一小部分国际贸易是通过公路和航空运输的，德·索伊尔等（2018）认为在"一带一路"国家中，海运和陆运贸易占到国际货运的 90% 左右，这一比例在中国更高。因此，在整理里德和特鲁别茨科伊（2018）的项目时，德·索伊尔等（2018）剔除了公路和机场项目，只保留了铁路和港口项目。

（四）相关假设和技术性设定

相关假设和技术性设定主要包括："一带一路"倡议前后铁路运输和海运的速度、"一带一路"前后港口的平均处理时间、通关时间、运输方式的偏好、情景设定等。

1. "一带一路"倡议前后铁路运输和海运的速度

德·索伊尔等（2018）对不同运输方式的速度设定为：在"一带一路"倡议实施前，海运和铁路运输的平均速度分别为 25 千米/小时和 50 千米/小时；"一带一路"倡议实施后，与"一带一路"倡议相关的海运速度保持在 25

千米/小时；既有铁路升级后的运输速度提升为75千米/小时，而新的铁路的运输速度也为75千米/小时。

2. 港口的处理时间

布莱恩、克劳德、巴特和帕特里克（Brian，Claude，Bart & Patrick，2018）基于劳埃德情报公司（Lloyds Intelligence Unit）的数据和2013年的17024艘船只的样本估算了货物到达和离开港口的时间，德·索伊尔等（2018）基于布莱恩、克劳德、巴特和帕特里克（2018）的估计结果计算了区域平均值。港口的平均处理时间指的是货物到达/离开港口时间，对应从陆上到达港口的货物装载时间以及从海上到达港口的货物装卸时间。

当涉及建造新港口或者升级旧港口时，则假设平均处理时间基于以下规则下降：

$$新建或改进港口的处理时间 = \max(0.5 * 基准的港口处理时间, 最低的全球处理时间) \quad (9-1)$$

因此，新建或旧有港口改造处理时间最高按照50%下降，但同时不能低于全球最低的处理时间17.2小时。

3. "一带一路"倡议实施前后的通关时间

跨越边境时间也是国际贸易总运输时间的重要组成部分，跨境处理时间假定为出口国的出口时间和进口国的进口时间之和。世界银行营商数据库提供了各国"跨境贸易"进口时间和出口时间的统计。

4. 运输方式的偏好

对于某种经济部门而言，选择哪种运输方式，取决于很多因素，如货物的体积大小、货物的时间敏感性大小、油价的高低等。由于"一带一路"倡议下基础设施项目不同的运输方式及运输时间下降的幅度不同，因此，需要考虑在不同运输方式间转换的可能性。为此，考虑一种简化的方式，即在最优路径算法中，对任何可以同时通过海运和铁路运输相连接的城市，如果海运所需时间低于铁路运输时间的4倍，则选择海运。这种简单设定避免了针对不同部门考虑不同运输方式的难题，此外，这种简单的运输方式偏好设定得到的基于全球数据库"一带一路"倡议前运输模式份额以及总运输时间与其他数据源具有高度的一致性（De Soyres et al.，2018）。

5. 情景设定

假定"一带一路"倡议实施后运输方式相对"一带一路"倡议实施前不发生变化作为下限情景，以"一带一路"倡议实施后运输方式相对"一带一路"倡议实施前可以发生变化作为上限情景。在下限情景下，如果运输方式不转换，则运输时间的降低将完全取决于运输网络连接的密集化。如果允许运输方式转换，则考虑从海运转向铁路运输这种情形所带来的运输时间降低，从而得到运输时间降低的上限。

除分析海运和陆运基础设施对运输时间下降的影响外，德·索伊尔等（2018）还进一步分析了贸易便利化以及经济走廊管理改进对跨境处理时间的影响，假设"一带一路"倡议的贸易便利化使得"一带一路"国家的跨境处理时间下降50%。此外，假设经济走廊管理提升使得沿经济走廊全域的运输速度从50千米/小时提升至75千米/小时。

（五）详细分析方法

使用2013年的电子地图，设定海运和陆运运输速度、港口处理时间、跨境处理时间等参数，基于GIS系统和网络最优算法计算任意两个城市间的最短运输时间。其中，在最优路径算法中，对任何可以同时通过海运和铁路运输相连接的城市，如果海运所需时间低于铁路运输时间的4倍，则选择海运方式。然后，使用"一带一路"倡议港口和铁路项目的加密运输网络，在计算两个城市间最优运输路径时，设定"一带一路"倡议实施后相对"一带一路"倡议实施前运输方式不变作为下限情景，在这种情形下，运输时间的降低将完全取决于运输网络连接的密集化。设定"一带一路"倡议实施后相对"一带一路"倡议实施前运输方式可以变换作为上限情景，在这种情况下，考虑从海运转向铁路运输所带来的运输时间降低幅度。

在得到"一带一路"倡议实施前后全球数据库所有"城市对"的最短运输时间以及"一带一路"城市数据库所有"城市对"的最短运输时间后，将"城市对"汇总为"国家对"，得到"一带一路"倡议实施前后"国家对"的最短运输时间。具体的汇总方法是，对所有"城市对"的运输时间下降量用人口数加权平均来计算"国家对"的运输时间下降量。更准确地说，通过加总起始城市和目的城市的人口来得到每一个"城市对"的总人口，然后用这个总人口作为"国家对"加总的权重。采用同样方法，也可以将"国家对"运输时间下降幅度汇总为"地区对"。同样，得到"国家对"的运输时间下降幅度后，采用人口数加权的方法也可以得到某个国家平均的运输时间下降幅度。采用上述方法，可以得到上限和下限情景下，各个"国家对"和"地区对"在"一带一路"倡议实施后相对"一带一路"倡议实施前运输时间的下降幅度,也可以得到各个国家在"一带一路"倡议实施后相对"一带一路"倡议实施前运输时间的下降幅度。

(六) 研究结论

就德·索伊尔等(2018)的研究结果来看,基于"一带一路"区域城市数据库得到的研究结论与基于全球数据库得到的结论相似,下面主要介绍基于全球城市数据库的研究结果。研究结果表明,在"一带一路"倡议实施之前,所有"国家对"的平均运输时间为22.9天,"一带一路"倡议项目完成后,上限和下限情景下,所有"国家对"的平均运输时间分别降为22.3天和22.6天,降低1.2%至2.5%,即7~15个小时。需要说明的是,考虑到"一带一路"倡议基础设施的区域范围,全球城市数据库中有些"国家对"完全没有受到"一带一路"倡议的影响。就"一带一路"倡议对"一带一路"沿线国家运输时间降低的影响来看,"一带一路"倡议经济走廊的运输时间下降幅度更大,中国—中亚—西亚经济走廊运输时间下降幅度最大,达到10.3%(下限情景)和11.9%(上限情景),而中蒙俄经济走廊运输时间下降幅度最小,为3.6%(下限情景)和3.8%(上限情景)。①

德·索伊尔等(2018)的研究结论也证明了采用网络分析方法的合理性,"一带一路"区域的基础设施项目不但能降低区域内的运输时间,也能降低不属于该区域国家之间的运输时间。因此,只有采用地理信息系统和网络分析方法,才能考虑"一带一路"倡议预期的互联和溢出效应。

二、"一带一路"倡议的运输成本降低估计

影响两国间运输成本的因素很多,如关税、配额、非关税壁垒、运费、保险成本、时间成本、文书法律成本等。其中,运输时间是一种很重要的贸易成本。

(一) 估计原理

基于估计的"一带一路"倡议降低运输时间的幅度,德·索伊尔等(2018)使用赫梅尔斯和绍尔(Hummels & Schaur,2013)估计的运输时间的

---

① 计算经济走廊运输时间,采用"国家对"运输时间的简单平均值进行计算。

从价价值，将运输时间的下降幅度转换为贸易成本的降低幅度。德·索伊尔等（2018）的思路是将赫梅尔斯和绍尔（2013）估计的 HS 水平上的时间价值汇总到 GTAP 部门。排除服务后，GTAP 包括 47 个部门，每一个部门都包括许多 HS2 和 HS4 水平的分位数据，将 HS 水平的时间价值采用贸易加权的方法进行汇总，得到 GTAP 部门水平的时间价值。

需要说明的是，赫梅尔斯和绍尔（2013）提供的 HS2 或者 HS4 水平的时间价值的估计值存在许多缺失值。德·索伊尔等（2018）取 GTAP 部门内的非缺失 HS 时间价值的平均值作为 HS 缺失值，这样能使用所有的 HS 类的贸易流来构建权重并估计 GTAP 部门的时间价值。

（二）运输成本的估计结果

将运输时间乘以根据上述方法汇总的 GTAP 部门时间价值就可以构建从价时间壁垒，需要注意的是，这样得到的从价时间壁垒具有部门异质性。基于全球城市数据库估计结果表明，对于全球城市数据库的所有国家来说，时间壁垒下降比例介于 0%～61.52%（下限情景）或者 0%～65.16%（上限情景），平均为 1.19%（下限情景）和 2.49%（上限情景）。其中，时间壁垒下降幅度最大的是"一带一路"国家，平均为 1.74%（下限情景）和 3.24%（上限情景）。

（三）贸易成本降低幅度的估计结果

时间壁垒只是贸易成本的一小部分，总贸易成本还包括运输成本、关税、非关税壁垒、资金沉淀成本、法律成本等。在计算总贸易成本时，出于简化目的，德·索伊尔等（2018）假设贸易成本只包括关税、运输成本和时间成本。

计算结果表明，对全球城市数据库的所有国家以及"一带一路"国家来说，在上限和下限情景下，"一带一路"倡议带来的总贸易成本的降低幅度与时间成本的降低一致，但平均值有所不同，对全球城市数据库的所有国家来说，贸易成本下降幅度的平均值分别为 1.05%（下限情景）和 2.19%（上限情景），对"一带一路"国家来说，贸易成本下降幅度的平均值分别为 1.50%（下限情景）和 2.81%（上限情景）。

最后就"一带一路"经济走廊沿线的贸易成本降低幅度来看，中蒙俄经济走廊贸易成本降低幅度最低，为 2.4%（上限情景），中国—中亚—西亚经济走廊贸易成本降低幅度最高，达到 10.2%（上限情景），其余经济走廊贸易成本降低幅度介于2.4%~10.2%之间。经济走廊运输成本降低的结论与经济走廊运输时间降低的结论相似，也即中蒙俄经济走廊运输时间降低幅度最低，而中国—中亚—西亚经济走廊运输时间下降幅度最高。

（四）考虑跨境处理时间降低和经济走廊管理提升后的贸易成本估计结果

德·索伊尔等（2018）还进一步考虑了"一带一路"倡议辅助政策对"一带一路"基础设施降低贸易成本的促进作用。这些辅助政策主要包括两个方面：一是贸易便利化政策，如跨境处理时间的降低；二是经济走廊管理的提升。

1. 贸易便利化政策

就贸易便利化政策来看，假设"一带一路"国家跨境处理时间下降50%，从而分析这项贸易便利化政策对"一带一路"倡议贸易成本降低效应的促进作用。[①] 研究结果显示，假设"一带一路"国家跨境处理时间下降50%，则所有地区的贸易成本都能得到进一步降低。其中，提升幅度最高的是南亚地区，在下限情景下，贸易成本下降比例由1.66%提升至6.22%，提升4.56个百分点，在上限情景下，贸易成本下降比例由2.96%提升至8.77%，提升5.81个百分点。就经济走廊的贸易成本降低幅度来看，降低边境处理延误的贸易自由化措施能带来2倍左右的提升。[②]

2. 走廊管理

为讨论改善走廊管理带来的影响并方便在GIS和网络分析中进行分析，德·索伊尔等（2018）假设沿经济走廊整体的铁路运输速度由50千米/小时提升至75千米/小时。[③] 研究结果表明，改善走廊管理对世界整体来说，额外收益较小，受益最大的是走廊沿线国家，在上限情景下，经济走廊贸易成本降低幅度由2.4%（中蒙俄经济走廊）至10.2%（中国—中亚—西亚经济走廊）提升至5.1%（中蒙俄经济走廊）至17%（中巴经济走廊）。

[①] 巴特利等（2018）发现"一带一路"国家贸易自由化水平较低，主要原因是"一带一路"5个WTO成员国尚未批准世界贸易组织贸易便利化协定，此外，"一带一路"尚有13个非WTO成员国，在这些国家不适用世界贸易组织便利化协定。

[②] 假设边境延误时间降低50%之后，中巴经济走廊运输时间和贸易成本降低幅度最小，而中国—中亚—西亚经济走廊降低幅度最高。

[③] 作者认为，假设全部经济走廊铁路运输时速由50千米/小时提升至75千米/小时是一个对改善经济走廊管理的较好的一级近似，这些改善包括改善流量、避免拥堵以及更好的交通组织等。

第四节 基于地理学方法的"一带一路"倡议贸易效应估计研究

巴尼亚、罗查和鲁塔（2020）采用与德·索伊尔等（2018）类似的分析方法，基于"一带一路"国家和地区人口数大于10万的主要城市，采用地理参考数据和GIS分析了"一带一路"倡议实施前后（2013年）的双边贸易时间，进一步借鉴海德和梅耶（Head & Mayer，2014）的引力模型评估双边贸易时间变化对双边出口的影响，并借鉴纳恩（Nunn，2007）的比较优势模型估计双边贸易时间变化对时间敏感性产品和依赖时间敏感性投入的产品出口的影响。研究结果显示，"一带一路"倡议基础设施项目将在广阔的欧亚地区创造新的海洋和陆地运输网络，使得运输时间平均下降2.8%（下限情景："一带一路"倡议实施后相对实施前运输方式不改变）至4.4%（上限情景："一带一路"倡议实施后相对实施前运输方式可以改变）；如果进一步实施贸易便利化的辅助政策，则运输时间降低幅度进一步提升至7.4%（下限情景）至10.9%（上限情景）。"一带一路"基础设施项目可以使得"一带一路"经济体之间的贸易额增加2.5%（下限情景）至4.1%（上限情景）。如果再进一步，贸易便利化改革和经济走廊管理改革将使得"一带一路"基础设施的贸易影响平均提升至3倍水平。研究结果还表明，使用时间敏感投入的产品和高度接触新基础设施并融入全球价值链的国家的贸易收益较大。

马利舍夫斯卡和范·德·门斯布鲁格（2019）基于德·索伊尔等（2018）估计的贸易成本降低幅度结论，构建Envisage模型，一个全局递归动态可计算一般均衡模型（a global recursive dynamic computable general equilibrium model）分析"一带一路"倡议的贸易效应，研究结论表明，在基准情景下，2030年全球出口贸易增长1.7%，按2014年价格计算，增长5650亿美元，其中4380亿美元（约占77.5%）发生在"一带一路"地区。出口增长幅度最高的国家是泰国、马来西亚、巴基斯坦。但并不是所有"一带一路"参与国都因为贸易增长受益，ECU（欧元区）、波兰、尼泊尔、埃及出口下降。进口增长比出口增长幅度高，全球出口增长3.4%（2030年，基准情景下），按2014年价格计算，增长11530亿美元。泰国、马来西亚、吉尔吉斯斯坦拥有最高的进口增长率，ECU下降较缓，而巴基斯坦、土耳其、伊朗进口下降幅度可观。就非

"一带一路"地区来看，总体出口小幅增长0.7%，美国和其他高收入国家进口占非"一带一路"地区进口增长的绝大部分。

德·索伊尔、穆拉迪克和鲁塔（2020）基于德·索伊尔等（2018）估计的"一带一路"倡议的贸易成本降低幅度结论，使用结构一般均衡模型分析了"一带一路"沿线国家和地区的交通基础设施对国际贸易的影响，研究结果表明，"一带一路"沿线国家和地区的交通基础设施使得域内的贸易流量增加了7.2%，但贸易流量的变化将因地区而异，取决于新的基础设施对贸易成本的影响以及各自的经济结构。"一带一路"倡议将重塑参与经济体之间以及与世界其他地区的贸易关系，就"一带一路"倡议参与经济体的地区汇总数据来看①，所有地区的"一带一路"参与经济体都扩大了对非"一带一路"地区的出口，增长范围介于5.65%（南亚）~18.35%（欧洲和中亚）之间。除中东和北非对东亚和太平洋地区（-1.76%）、南亚对撒哈拉以南非洲地区（-1.45%）、东亚和太平洋地区对撒哈拉以南非洲地区（-4.05%）、撒哈拉以南非洲内部国家间（-0.28%）出口增长为负以外，其余各地区之间的出口增长都为正，介于0.27%~23.82%之间，反映了区域价值链的强化。此外，贸易便利化以及减少"一带一路"经济体间优惠关税政策将促进出口，尤其是边境延误减少措施使得"一带一路"交通项目对"一带一路"经济体出口的影响扩大了3倍。

第五节 "一带一路"倡议国际贸易效应的研究结论与不足分析

一、"一带一路"倡议国际贸易效应的研究结论

总体上来看，研究"一带一路"倡议的文献还处于起步阶段，既有文献主要从两个角度分析"一带一路"倡议的贸易效应：一是利用弹性法或者模拟法，设定"一带一路"倡议对运输技术系数或者运输成本的影响情景，进而利用GTAP模型、引力模型等分析运输技术系数、运输成本与贸易流量之间的关系，从而得到"一带一路"倡议对贸易影响的结论；二是基于地理信息

---

① 按照世界银行地区划分，包括东亚和太平洋、欧洲和中亚、中东和北非、南亚、南部非洲。

系统和网络分析法分析"一带一路"港口和铁路基础设施带来的运输时间下降幅度,进而将运输时间的下降幅度转换为贸易成本的降低幅度,并进一步使用引力方程度量运输时间降低或者贸易成本降低与贸易量的关系。

现有文献的研究结论主要表现在以下五个方面:

第一,基于弹性法或模拟法得到的"一带一路"倡议的贸易效应差异较大,取决于"一带一路"倡议的运输技术系数提升或贸易成本降低幅度的情景设定。

第二,基于地理参考数据和地理系信息系统的研究表明,"一带一路"沿线国家和地区的基础设施能降低其运输时间和贸易成本,从而促进进出口贸易,但不同沿线国家的受益多少存在异质性。对于"一带一路"经济体,运输时间平均减少了1.7%(下限情景)到3.2%(上限情景),贸易成本的变化介于1.5%(下限情景)~2.8%(上限情景)之间(De Soyres et al., 2018)。

第三,"一带一路"沿线国家和地区基础设施存在网络效应。在网络分析中,只要通过该网络新元素的所有运输路径都能获益。所有地区都能从与"一带一路"区域的贸易中获利,但不同地区的受益存在异质性。就世界而言,运输时间平均下降1.2%(下限情景)至2.5%(上限情景),总贸易成本的下降幅度介于1.1%(下限情景)至2.2%(上限情景)之间(De Soyres et al., 2018)。就具体地区而言,东亚和太平洋地区、南亚地区获益较高,而拉丁美洲和加勒比地区、北美获益较低。就具体国家而言,"一带一路"经济走廊沿线国家的获益最高。

第四,就贸易效应而言,"一带一路"沿线国家和地区的基础设施项目可以使得"一带一路"经济体之间的贸易额增加2.5%(下限情景)至4.1%(上限情景)(Baniya, Rocha & Ruta, 2020)。

第五,降低边境处理时间的贸易便利化措施以及经济走廊管理改进都能促进"一带一路"基础设施的贸易效应。

二、"一带一路"倡议国际贸易效应的研究不足分析

既有研究也存在较多的不足,主要表现在四个方面:

第一,使用弹性法或者模拟法确定"一带一路"倡议提升运输技术系数,或者降低贸易成本的情景,存在较大的随意性,使得基于GTAP模型或者引力模型得到的运输技术系数、贸易成本与贸易量之间的关系难以准确反映"一带

一路"倡议的贸易效应。

第二,基于地理参考数据和地理信息系统虽能较好地刻画"一带一路"沿线国家和地区基础设施带来的运输网络效应,但也存在一些不足,如依赖一系列技术参数的设定,如海运和陆运的运输方式参数的设定,海运速度和陆运速度的设定,边境处理时间、港口处理时间等参数的设定等,而这些参数的设定和实际情况不一定吻合得很好。此外,将基于美国的部门时间从价价值应用于其他国家,也存在适用性问题和处理偏差问题。

第三,既有基于地理参考数据和地理信息系统的研究方法只考虑了港口和铁路基础设施,而没有考虑公路和机场设施,这必然导致"一带一路"沿线国家和地区交通基础设施的贸易效应估计存在偏差。

第四,对于"一带一路"沿线国家和地区相关基础设施,除处于施工中和已建成外的基础设施外,既有计划中的基础设施项目可能还会发生变化,还可能有新的基础设施项目出现,因此,对"一带一路"沿线国家和地区基础设施降低运输时间和运输成本的情景设定或者基于地理参考数据和地理信息系统的估计结论都可能随着时间推移而发生变化。

第十章

主要结论、政策建议及进一步研究的方向

当前,关于"一带一路"基础设施建设的贸易效应的研究文献虽然不多,但处在快速发展中,而关于"一带一路"倡议的贸易效应研究尚还处于起步阶段,既有研究方法还存在许多不足。本书首先分析"一带一路"沿线国家基础设施的现状、进展及不足;其次,从理论上分析基础设施及其交互作用影响国际贸易的机制,并提出15条"一带一路"基础设施贸易效应的相关假设;再次,本书实证分析"一带一路"沿线国家以及六大经济走廊的贸易成本效应、国际贸易效应以及双边贸易偏好效应,验证了上述15条基本假设;最后,考虑到"一带一路"倡议还处于快速发展中,关于"一带一路"倡议的贸易效应研究还处于起步阶段,既有研究结果必定存在一定偏差,本书对这些相关研究进行了深入的分析。总结上述研究,得出以下主要结论、政策建议及进一步研究的方向。

第一节 主要结论

一、"一带一路"基础设施的建设水平及不足

"一带一路"沿线国家的基础设施发展水平总体较低,但新增建设较快。不同"一带一路"国家间存在较大的异质性,六大经济走廊不同类型基础设施也存在较强的异质性。"一带一路"基础设施水平仍然存在较大缺口,未来存在较大的发展空间。

二、基础设施贸易效应的理论分析结论

基础设施对一个国家的进口和出口影响大小是不同的。对基础设施投资的贸易效果而言,当基础设施发展低于临界值时,基础设施投资会带来负效应;当基础设施发展超过临界值时,基础设施投资的双边贸易效果会增加;由于基础设施的贸易边际效应趋于下降,基础设施发展有个最大效应点,超过这个点,基础设施发展带来的运输成本下降的正向贸易效果低于挤占的产品生产机会成本的负向贸易效果。由于基础设施地理分布的差异以及基础设施扩展对时间敏感型产品的影响导致贸易结构发生变化,一国基础设施的扩张即使对该国整体国际贸易存在促进作用,也并不代表该国与所有国家的贸易都能从该国基础设施的扩张中获益,该国与一些国家的贸易因为基础设施建设而大幅扩张是以与其他国家的贸易受损为代价的。基础设施扩张的国家只有与基础设施体系强大的国家进行贸易,两国间的贸易偏好才能得到增强,基础设施交互作用的贸易效应才为正。此外,基础设施扩张的同步与否也影响其交互作用的贸易效应。

三、"一带一路"基础设施的贸易成本效应研究结论

2003~2018年,中国与"一带一路"沿线国家的平均双边贸易成本整体呈下降趋势,虽然有波折起伏,但不改变整体的下降趋势。中国与六大经济走廊沿线国家的平均双边贸易成本在下降过程中虽然波折起伏,但整体下降趋势非常显著。中国与"一带一路"各经济走廊沿线国家平均双边贸易成本整体也都呈下降趋势,但也存在明显的局部特征差异。就双边成本高低来看,中国与新亚欧大陆桥经济走廊沿线国家的平均双边贸易成本整体最高,然后依次是中国与中国—中亚—西亚经济走廊、中国与中巴经济走廊、中国与孟中印缅经济走廊、中国与中国—中南半岛经济走廊以及中国与中蒙俄经济走廊。就双边贸易成本降幅来看,中国与新亚欧大陆桥经济走廊沿线国家的平均双边贸易成本降幅最大,然后依次是中国与中南半岛经济走廊沿线国家、中国与孟中印缅经济走廊沿线国家、中国与中国—中亚—西亚经济走廊沿线国家、中国与中巴经济走廊沿线国家、中国与中蒙俄经济走廊沿线国家。

海运基础设施、陆空运基础设施及二者的交互作用均能显著降低双边贸易

成本,但海运基础设施和陆空运基础设施的交互作用的双边贸易成本效应较海运基础设施和陆空运基础设施本身的双边贸易成本效应要低。就中国与"一带一路"沿线国家的双边贸易成本而言,海运基础设施每提升1%,双边贸易成本平均降低0.000276;陆运基础设施和空运基础设施每提升1%,双边贸易成本平均降低0.000739;海运基础设施和陆空运基础设施的交互作用对双边贸易成本的降低作用平均为0.000033。就中国与"一带一路"六大经济走廊沿线国家双边贸易成本而言,海运基础设施每增加1%,平均能降低双边贸易成本0.000143;陆空运基础设施每增加1%,平均能降低双边贸易成本0.001040;而二者交互作用每增加1%,平均能降低双边贸易成本0.000036。此外,距离的影响方向为正且显著,表明距离仍然是双边贸易成本的重要构成因素,除距离的影响方向为正外,其余影响因素,如人均收入差额、是否签署自由贸易协定、贸易开放度、两国是否有共同边界,对双边贸易成本的影响方向均显著为负,表明这些因素能显著降低双边贸易成本。

四、"一带一路"基础设施的国际贸易效应研究结论

"一带一路"沿线国家能源基础设施和交通基础设施的进口效应、出口效应、双边贸易效应都为正,能源基础设施的出口、进口和双边贸易弹性平均为0.201、0.155和0.305,交通基础设施的进口、出口和双边贸易弹性平均为0.037、0.125和0.106。通信网络基础设施的进口效应为正,而出口效应为负。能源、交通、通信网络基础设施在国际贸易的两个方向上的作用不一致。能源基础设施、交通基础设施、通信网络基础设施的进口效应、出口效应和双边贸易效应大小都不一致。不同类型基础设施交互作用对国际贸易的影响方向不确定。

六大经济走廊中能源、交通、通信网络基础设施的双边贸易效应全部或部分显著,回归结果为正或为负,负的回归结果表明该类型基础设施的建设尚未达到临界值点。六大经济走廊中能源、交通、通信网络基础设施的双边贸易效应大小都不一致。六大经济走廊不同类型基础设施交互作用的双边贸易效应的回归结果部分显著为正或为负。除新亚欧大陆桥经济走廊外,"一带一路"倡议显著促进了其余经济走廊全部或部分基础设施及其交互作用的双边贸易效应。"一带一路"建设进展越快的经济走廊,"一带一路"倡议总体上对基础设施双边贸易的促进作用越强。

五、"一带一路"基础设施的双边贸易偏好效应研究结论

两国相邻、共同的官方语言、签署 FTA 都显著促进了双边贸易偏好,而两国间距离仍是两国贸易的最重要障碍。两国过去是否是一个国家对两国间贸易偏好的影响为负,但不显著。

"一带一路"倡议参与国间存在较大的双边贸易偏好潜力。基础设施质量提升对双边贸易偏好的影响平均显著为负,即一个国家基础设施质量的提高促进了其与世界其他地区的贸易,从而减少了特定伙伴的贸易权重。两国基础设施质量的交互作用对双边贸易偏好的影响显著为正。一国基础设施的改善与其对合作伙伴的贸易偏好之间的关系也必须考虑到后者的基础设施质量,只有与高质量基础设施的国家进行贸易,一个国家的基础设施质量才能提高并提升两国间的交互贸易偏好。

六、"一带一路"倡议基础设施的国际贸易效应研究结论

关于"一带一路"倡议的贸易效应的文献还非常少,这些文献主要从两个角度分析"一带一路"倡议的贸易效应:一是利用弹性法或者模拟法,设定"一带一路"倡议对运输技术系数或者运输成本的影响情景,进而利用 GTAP 模型、引力模型等分析运输技术系数、运输成本与贸易流量之间的关系,从而得到"一带一路"倡议对贸易影响的结论;二是基于地理信息系统和网络分析法分析"一带一路"港口和铁路基础设施带来的运输时间下降幅度,进而将运输时间的下降幅度转换为贸易成本的降低幅度,并进一步使用引力方程或一般均衡模型度量运输时间降低或者贸易成本降低与贸易量的关系。从这些文献得到的结论主要如下:

(1) 基于弹性法或模拟法得到的"一带一路"倡议的贸易效应差异较大,取决于"一带一路"倡议的运输技术系数提升或贸易成本降低幅度的情景设定。

(2) 基于地理参考数据和地理信息系统得到的研究结论表明,"一带一路"倡议的基础设施能降低"一带一路"沿线国家的运输时间和贸易成本,从而促进进出口贸易,但不同沿线国家受益的大小存在异质性。

(3) "一带一路"沿线国家和地区基础设施存在网络效应,在网络分析

中，只要通过该网络新元素的所有运输路径都能获益。所有地区都能从与"一带一路"区域的贸易中获利，但存在异质性。就不同地区而言，东亚和太平洋地区、南亚地区获益较高，而拉丁美洲和加勒比地区、北美获益较低。就具体国家而言，"一带一路"经济走廊沿线国家的获益最高。

降低边境处理时间的贸易便利化措施以及经济走廊管理改进都能促进"一带一路"基础设施的贸易效应。

第二节 政策建议

第一，应大力推进"一带一路"基础设施建设，降低贸易成本，促进国际贸易。当前，"一带一路"倡议取得重要进展，一批基础设施项目完工并投入运营，更多的基础设施项目仍在规划和建设中。鉴于基础设施及其交互作用对双边贸易成本的重要作用，而"一带一路"沿线国家几乎都是发展中国家，基础设施仍严重不足，因此，仍应大力推进"一带一路"沿线的基础设施建设，规划好不同类型基础设施的有效对接，促进基础设施的互联互通，以发挥基础设施及其交互作用的贸易成本降低效应，从而使基础设施的贸易效应最大化。"一带一路"沿线国家通信网络基础设施相对能源、交通基础设施更加均衡，因此，"一带一路"建设应以能源基础设施、交通基础设施作为建设重点，补齐短板，促进"一带一路"域内国家能源、交通基础设施的共同提升，以更好地促进域内双边贸易。

第二，应加快相对滞后的经济走廊建设。就不同经济走廊"一带一路"倡议的双边贸易效应来看，中巴、中国—中南半岛以及中蒙俄经济走廊的贸易效应最好，中国—中亚—西亚经济走廊、孟中印缅经济走廊的贸易效应稍次，而新亚欧大陆桥经济走廊的贸易效应最差。因此，为更好地促进"一带一路"倡议的实施，除继续加强中巴、中国—中南半岛以及中蒙俄经济走廊建设外，还应加快中国—中亚—西亚经济走廊和孟中印缅经济走廊建设，尤其是着重加强新亚欧大陆桥经济走廊的建设，加快制定签署走廊规划纲要，实施一批重大项目，切切实实地推进走廊建设，促进域内的设施联通和贸易畅通，造福沿线人民。

第三，应实施贸易便利化改革措施，加强走廊管理等以降低贸易成本。降低边界运输延迟的贸易便利化措施以及实施经济走廊管理方面的改革有利于减

第十章　主要结论、政策建议及进一步研究的方向

少运输时间和降低贸易成本，从而放大基础设施的贸易成本效应，因此，在推进"一带一路"倡议时，还应着力实施降低边界运输延迟的贸易便利化措施和推进经济走廊的走廊管理改革。研究结论表明，自由贸易协定有利于降低双边贸易成本，截至目前，中国与 25 个国家和地区签署了 17 份自由贸易协定，其中有 17 个国家来自"一带一路"沿线。尚在谈判的自由贸易区有 13 个，如果这些自由贸易协定也成功签署，就会进一步增加 13 个来自"一带一路"沿线的国家，从而共有 30 个"一带一路"沿线国家与中国签署自由贸易协定，这必将进一步降低中国与"一带一路"沿线国家的双边贸易成本。因此，我国应积极促进正在谈判的自由贸易区早日签署协议，并加强和"一带一路"沿线国家共同推进建立自由贸易区的可行性研究，为下一步的自由贸易区谈判和签订协议打下基础。还应促进"一带一路"域内国家间的文化沟通，语言指数对"一带一路"域内国家间的双边贸易影响显著且为正，文化沟通有助于域内语言的互通，从而促进双边贸易。

第四，应提升中国与"一带一路"沿线国家贸易的互补性。中国还应大力促进中西部相对落后地区的发展，以实现各区域发展的相对均衡，并积极寻求提升与六大经济走廊沿线国家双边贸易的互补性，促使人均收入差距对双边贸易成本的影响回归正常化。在美国重构全球经贸关系以及重塑中美关系导致两国关系急转直下的背景下，积极发展同六大经济走廊沿线国家的双边贸易不但是对逆全球化思潮的有力反击，也是稳定中国国际贸易、维护和推进全球化的重要举措。

第五，应加强对"一带一路"倡议贸易效应的宣传，进一步推进"一带一路"建设。"一带一路"倡议能显著促进基础设施的双边贸易效应，而且"一带一路"建设进展越快，这种促进作用就越强，因此，我们应大力宣传"一带一路"倡议的这种作用，助推"一带一路"建设，使"一带一路"倡议的成果更多地惠及域内国家和人民。

第三节　进一步研究的方向

现有研究还存在一些不足，主要表现在以下几个方面。

（1）无论是"一带一路"沿线国家基础设施的贸易效应研究还是"一带一路"倡议的贸易效应研究，由于选择的国家样本不同、研究的时间起止范围

不同、使用的研究方法不同,得到的结论存在较大的差距。

(2) 使用弹性法或者模拟法确定"一带一路"倡议降低运输时间(贸易成本)的情景,存在较大的随意性,使得基于 GTAP 模型或者引力模型得到的运输时间(贸易成本)与贸易量之间的关系难以准确反映"一带一路"倡议的贸易效应。

(3) 基于地理参考数据和地理信息系统虽能较好地刻画"一带一路"倡议基础设施带来的运输网络效应,但也存在一些不足,如依赖决定海运还是陆运的运输方式决定参数的设定、海运速度、陆运速度、边境处理时间、港口处理时间等参数的设定,而这些参数的设定和实际情况不一定吻合得很好。此外,将基于美国的部门时间从价价值应用于其他国家,也存在适用性问题和处理偏差。

(4) 既有基于地理参考数据和地理信息系统的研究方法只考虑了港口和铁路基础设施,而没有考虑公路和机场设施,这必然导致"一带一路"倡议交通基础设施的贸易效应估计存在偏差。

(5) 对"一带一路"相关基础设施,除处于施工中和已建成外的基础设施外,既有计划中的基础设施可能还会发生变化,还可能有新的基础设施出现,因此,对于"一带一路"基础设施降低运输时间和运输成本的情景设定或者基于地理参考数据和地理信息系统的估计都可能随着时间推移而发生变化。

鉴于已有研究存在较多许多不足,因此,这些不足也正好是未来的研究方向。

(1) 应对已有"一带一路"基础设施的贸易效应进行比较研究,如元分析(Meta Analysis),找出"一带一路"基础设施贸易效应的平均大小及置信区间,以及贸易效应的主要影响因素及其影响大小和方向。

(2) 应紧密跟踪"一带一路"基础设施项目的进展情况,收集相关的基础设施数据,为进一步深入地研究"一带一路"基础设施的贸易效应乃至经济效应提供基础资料。

(3) 应在度量"一带一路"倡议的贸易效应时,将港口、铁路、公路和机场项目都考虑在内,全面分析"一带一路"交通基础设施项目带来的运输时间和贸易成本降低幅度及其贸易促进效应。

(4) 应更准确地度量"一带一路"交通基础设施项目的运输时间效应,尤其是对不同运输方式的选择标准、不同运输方式的运输时间、跨境处理时间、港口处理时间等参数进行更精确的处理,以与不同地区、不同运输路线的实际情况更加契合。

(5) 应更准确地度量时间的从价价值,尤其需要考虑不同国家民众的消费偏好、储藏能力等因素对时间价值的影响。

(6) 除贸易便利化、改进走廊管理等措施外,应更全面地考虑"一带一路"的"政策沟通、贸易畅通、资金融通、民心相通"对基础设施项目贸易效应的促进作用。

(7) 在准确度量"一带一路"倡议贸易效应的基础上,还可以扩展到"一带一路"倡议的投资效应、经济增长效应、空间经济效应以及债务可持续性等重要研究议题。

参 考 文 献

[1] 杜军,鄢波. 港口基础设施建设对中国—东盟贸易的影响路径与作用机理——来自水产品贸易的经验证据 [J]. 中国流通经济, 2016 (30): 26–33.

[2] 冯宗宪,米嘉伟,张军. 中国与"一带一路"国家双边贸易成本测度及其影响因素研究 [J]. 西安交通大学学报 (社会科学版), 2017 (4): 36–44.

[3] 方虹,彭博,冯哲等. 国际贸易中双边贸易成本的测度研究——基于改进的引力模型 [J]. 财贸经济, 2010 (5): 71–76.

[4] 郭超然. 中国与东盟国家双边服务贸易成本的测度 [J]. 广西经济管理干部学院学报, 2019 (1): 1–7.

[5] 胡再勇,付韶军,张璐超. "一带一路"基础设施的国际贸易效应研究 [J]. 数量经济技术经济研究, 2019 (2): 24–44.

[6] 胡再勇. 中国与"一带一路"六大经济走廊基础设施的双边贸易成本效应研究 [J]. 长安大学学报 (社会科学版), 2021a, 23 (2): 48–60.

[7] 胡再勇. "一带一路"倡议促进了基础设施的双边贸易效应吗?——基于六大经济走廊的研究 [J]. 当代经济管理, 2021b, 43 (5): 36–45.

[8] 孔庆峰,董虹蔚. "一带一路"国家的贸易便利化水平测算与贸易潜力研究 [J]. 国际贸易问题, 2015 (12): 158–168.

[9] 康晓玲,张莹. 我国与"一带一路"沿线国家双边贸易成本的测算和影响 [J]. 西安电子科技大学学报 (社会科学版), 2016 (7): 77–86.

[10] 刘洪铎,蔡晓珊. 中国与"一带一路"沿线国家的双边贸易成本研究 [J]. 经济学家, 2016 (7): 92–100.

[11] 刘再起,张元. "一带一路"倡议与中国经济对外开放的再平衡 [J]. 湖北社会科学, 2017 (10): 78–84.

[12] 刘英. "一带一路"战略不是中国版的"马歇尔计划" [N]. 经济参

考报, 2015 -1 -9 (15).

[13] 罗雨泽. 统筹协调六大国际经济走廊合作建设 [N]. 经济日报, 2019 -5 -9 (12).

[14] 李绍荣, 杨宾燕. "一带一路" 倡议的经济绩效评估 [J]. 陕西师范大学学报 (哲学社会科学版), 2018, 47 (01): 55 -66.

[15] 李潇. "一带一路" 倡议对中国经济的影响 [J]. 全国流通经济, 2020 (1): 28 -29.

[16] 蓝图. 浅析 "一带一路" 倡议对我国经济贸易的影响 [J]. 中国集体经济, 2020 (16): 17 -18.

[17] 马鑫, 韦梦晨. 年终盘点: "一带一路" 六大经济走廊的现状与进展 [Z]. 第一财经研究院, http://www.cbnri.org/news/5227336.html, 2016 -12 -30.

[18] 马伟光. "一带一路" 倡议对沿线国家及世界经济发展的促进作用 [J]. 中国集体经济, 2020 (20): 15 -16.

[19] 钱学锋, 梁琦. 测度中国与 G7 的双边贸易成本——一个改进引力模型方法的应用 [J]. 数量经济技术经济研究, 2008 (2): 53 -62.

[20] 孙瑾, 杨英俊. 中国与 "一带一路" 主要国家贸易成本的测度与影响因素研究 [J]. 国际贸易问题, 2016 (5): 94 -103.

[21] 盛斌, 黎峰. "一带一路" 倡议的政治经济分析 [J]. 南开学报 (哲学社会科学版), 2016 (1): 52 -64.

[22] 许德友, 梁琦. 中国对外双边贸易成本的测度与分析: 1981~2007 年 [J]. 数量经济技术经济研究, 2010 (1): 119 -128.

[23] 许娇, 陈坤铭, 杨书菲等. "一带一路" 交通基础设施建设的国际经贸效应 [J]. 亚太经济, 2016 (3): 3 -11.

[24] 俞路. "一带一路" 沿线各国贸易影响因素分析——基于贸易引力模型的实证研究 [J]. 开发研究, 2016 (1): 28 -32.

[25] 王筱欣, 刘秋萍. 中国与 "一带一路" 沿线主要国家贸易成本及影响因素测度——基于改进的引力模型 [J]. 重庆理工大学学报 (社会科学院版), 2019 (4): 38 -47.

[26] 王领, 桑梦倩. 中国与新兴市场的贸易成本及其影响因素研究 [J]. 哈尔滨商业大学学报 (社会科学版), 2019 (4): 75 -82.

[27] 王义桅. "一带一路" 绝非中国版 "马歇尔计划" [J]. 求是, 2015

(12): 55-56.

[28] 张鹏飞. 基础设施建设对"一带一路"亚洲国家双边贸易影响研究: 基于引力模型扩展的分析 [J]. 世界经济研究, 2018 (6): 70-82.

[29] 张毓卿, 周890. 中国对外贸易成本的测度及其影响因素——基于面板数据模型的实证分析 [J]. 经济学家, 2015 (9): 11-20.

[30] 张静, 武拉平. 中国与"一带一路"沿线国家贸易成本弹性测度与分析: 基于超对数引力模型 [J]. 世界经济研究, 2018 (3): 69-80.

[31] 张鑫. "一带一路"根本不同于马歇尔计划 [N]. 人民日报, 2015-3-18 (7).

[32] Anderson J., D., Marcoullier. Insecurity and the Pattern of Trade: An Empirical Investigation [J]. The Review of Economics and Statistics, 2002 (84): 342-352.

[33] Anderson J. E., van Wincoop E.. Gravity with Gravitas: A Solution to the Border Puzzle [J]. American Economic Review, 2003 (93): 170-192.

[34] Anderson J. E., van Wincoop E.. Borders, Trade et al. [M]. Brookings Trade Forum. In: Collins and Rodrik, Eds., Washington: Brookings Institution, 2003: 207-244.

[35] Anderson J., Wincoop V.. Trade Costs [J]. Journal of Economic Literature, 2004, 42 (3): 691-751.

[36] Andeson, James E., Neary, J. Peter. The Trade Restrictiveness of the Multi-Fibre Arrangement [J]. World Bank Economic review, 1994, 8 (2): 171-189.

[37] Aschauer, D.. Is Public Expenditure Productive? [J]. Journal of Monetary Economics, 1989 (23): 177-200.

[38] Allen, Treb and Costas Arkolakis. The Welfare Effects of Transportation Infrastructure Improvements [R]. Society for Economic Dynamics, 2019: 212.

[39] Bougheas S., Demetriades P. O., Morgenroth E. L.. Infrastructure, Transport Costs and Trade [J]. Journal of International Economics, 1999 (47): 169-189.

[40] Bouet A., Mishra S., Roy D.. Does Africa trade less than It Should, and if so, why?: the role of market access and domestic factors [R]. International Food Policy Research Institute, Washington DC, 2008.

[41] Bhagwati J.. Anatomy and Consequences of Exchange Control Regimes [M]. Cambridge, Massachusetts: Ballinger Publishing Corporation for the National Bureau of Economic Research, 1978.

[42] Biehl D.. The Contribution of Infrastructure to Regional Development: Final Report, by Dieter Biehl [R]. Infrastructure Study Group, Office for Official Publications of the European Communities; European Community Information Service, Luxembourg, Washington DC, 1986.

[43] Bruinsma F., Nijkamp P., Rietveld P.. Employment Impacts of Infrastructure Investments: A Case Study for the Netherlands [R]. Series Research MeMoranda No. 0051, 1989, VU University Amsterdam, Faculty of Economics, Business Administration and Econometrics, Amsterdam.

[44] Bartley Johns, Marcus, Julian Latimer Clarke, Clay Kerswell, and Gerard McLinden. Trade Facilitation Challenges and Reform Priorities for Maximizing the Impact of the Belt and Road Initiative [R]. 2018, MTI Global Practice Discussion Paper No. 4. Washington: World Bank.

[45] Bergstrand, Jeffrey H.. The Gravity Equation in International Trade: Some Microeconomic Foundations and Empirical Evidence [J]. The Review of Economics and Statistics, 1985 (67): 474.

[46] Bergstrand, Jeffrey H.. The Generalized Gravity Equation, Monopolistic Competition, and the Factor-Proportions Theory in International Trade [J]. The Review of Economics and Statistics, 1989 (71): 143.

[47] Craig A. Depken, II, Robert J. Sonora. Asymmetric effects of economic freedom on international trade flows [J]. International Journal of Business and Economics, 2005, 4 (2): 141 – 155.

[48] Crucini, Mario J., Chris I. Telmer and Marios Zachariadis. Dispersion in Real Exchange Rates [R]. Vanderbilt University Working Paper No. 00 – W13, 2000.

[49] Cristina Di Stefano, P. Lelio Iapadre, Ilaria Salvati. Trade and Infrastructure in the Belt and Road Initiative: A Gravity Analysis Based on Revealed Trade Preferences [J]. Journal of Risk and Financial Management, 2001, 14 (2): 52.

[50] Dennis Novy. Gravity Redux: Measuring International Trade Costs with Panel Data [J]. Economic Inquiry, 2013, 51 (1): 101 – 121.

[51] Dennis Novy. Is the Iceberg Melting Less Quickly? International Trade Costs after World War Ⅱ [R]. Warwick Economics Research Paper No. 764, 2006.

[52] Deardorff, Alan V. and Robert M. Stern. Measurement of Nontariff Barriers [M]. Ann Arbor: University of Michigan Press, 1998.

[53] Dornshbusch, R., Fischer, S., Samuelson, P. A.. Comparative advantage, trade and payments in a Ricardian model with a continnum of goods [J]. American Economic Review, 1977 (67): 823 –839.

[54] Dollar, D., and A. Kraay. Institutions, Trade, and Growth [J]. Journal of Monetary Economics, 2002 (50): 133 –162.

[55] Donaghy K. P.. Regional Growth and Trade in the New Economic Geography and Other Recent Theories [M]. Edward Elgar, Cheltenham, 2009.

[56] Donaubauer J., Glas A., Meyer B., Nunnenkamp P.. Disentangling the Impact of Infrastructure on Trade Using a New Index of Infrastructure [J]. Review of World Economics, 2018, 154 (5): 745 –784.

[57] Donaldson, Dave. Railroads of the Raj. Estimating the Impact of Transportation Infrastructure [J]. American Economic Review, 2018 (4 –5): 899 –934.

[58] Evans, Carolyn L.. The Economic Significance of National Border Effects [J]. American Economic Review, 2003, 93 (4): 1291 –1312.

[59] Eaton J., Kortum S.. Technology, Geography, and Trade [J]. Econometrica, 2002 (70): 1741 –1779.

[60] Engel, Charles and John H. Rogers. How Wide Is the Border? [J]. American Economic Review, 1996, 86 (5): 1112 –1125.

[61] Engel, Charles and John H. Rogers. Deviations from Purchasing Power Parity: Causes and Welfare Costs [J]. Journal of International Economics, 2001, 55 (1): 29 –57.

[62] Evenett Simon and Keller Wolfgang. On Theories Explaining the Success of the Gravity Equation [J]. Journal of Political Economy, 2002 (110): 281 –312.

[63] Francois J., Manchin M.. Institutions, Infrastructure and Trade. World Development, 2013, 46 (2): 165 –175.

[64] Francqis de Soyres, Alen Mulabdic, Siobhan Murray, Nadia Rocha,

Michele Ruta. How much will the Belt and Road Initiative reduce trade costs? [R]. World Bank Group, Policy Research Working paper 8614, 2018.

[65] François de Soyres, Alen Mulabdic, Michele Ruta. Common transport infrastructure: a quantitative model and estimates from the Belt and Road Initiative [J]. Journal of Development Economics, 2020.

[66] Goldberg, Pinelopi Koujianou and Frank Verboven. The Evolution of Price Dispersion in European Car Markets [J]. The Review of Economic Studies, 2001, 68 (4): 811 – 848.

[67] Gelbis, M. G. Nijkamp, P., and Poot, J.. Infrastructure and Trade: A Metal-analysis [J]. Region, 2014 (1): 25 – 65.

[68] Grigoriou C.. Landlockedness, Infrastructure and Trade: New Estimates for Central Asian Countries [R]. Policy Research Working Paper Series 4335, The World Bank, Washington DC, 2007.

[69] Greenaway, D. W. Morgan, P. Wright. Trade Liberalization and Growth in Developing countries [J]. Journal of Development Economics, 2002, 67: 229 – 244.

[70] Gil-Pareja S., Llorca-Vivero R., Martínez-Serrano J. A.. The Uneven Impact of Continental Boundaries on Trade [J]. Open Economies Review, 2015, 26: 237 – 257.

[71] Herrero, A. G., & Xu, J.. China's belt and road initiative: Can Europe expect trade gains? [R] Bruegel working paper series. Issue 5, 2017.

[72] Hummels, D.. Toward Geography of Trade Costs [M]. Mimeo, Purdue of University, 2001.

[73] Hummels, D., P. Minor, M. Reisman, and E. Endean. Calculating Tariff Equivalents for Time in Trade [R]. Working Paper, Nathan Associates for US Agency for International Development, 2007.

[74] Hummels, David L. and Georg Schaur. Time as a Trade Barrier [J]. American Economic Review, 2013, 103 (7): 2935 – 2959.

[75] Iapadre, P. Lelio, and Francesca Tironi. Measuring Trade Regionalisation: The Case of Asia [R]. UNU-CRIS Working Papers, 2009 (9): 57 – 86.

[76] Iapadre, P. Lelio, and Lucia Tajoli. Emerging Countries and Trade Regionalization. A Network Analysis [J]. Journal of Policy Modeling, 2014 (36):

89 - 110.

[77] Iapadre, P. Lelio. Regional Integration Agreements and the Geography of World Trade: Statistical Indicators and Empirical Evidence [Z]. In Assessment and Measurement of Regional Integration. Edited by De Lombaerde Philippe. London: Routledge, 2006: 65 - 85.

[78] Julia Bird, Mathilde Lebrand, Anthony J., Venables. The Belt and Road Initiative: Reshaping economic geography in Central Asia? [J] Journal of Development Economics, 2020.

[79] Joseph Francois & Miriam Manchin. Institutions, Infrastructure, and Trade [R]. IIDE Discussion Papers 20070401, Institue for International and Development Economics, 2007.

[80] Kerem Coşar, A. & Demir, B.. Domestic Road Infrastructure and International Trade: Evidence from Turkey [J]. Journal of Development Economics, 2016, 118: 232 - 244.

[81] Krueger, A. O.. Foreign Trade Regimes and economic Development: liberalization attempts and Consequences [M]. Cambridge, Massachusetts: Ballinger Publishing Corporation for the National Bureau of Economic Research, 1978.

[82] Kim, Kijin, and Paul Mariano. Trade Impact of Reducing Time and Costs at Borders in the Central Asia Regional Economic Cooperation Region [R]. ADBI Working Paper Series No. 1106. Tokyo: Asian Development Bank Institute, 2020.

[83] Laird, Sam and Alexander Yeats. Quantitative Methods for Trade-Barrier Analysis [M]. NY: NYU Press, 1990.

[84] Levchenko, A.. Institutional Quality and International Trade [R]. IMF Working paper 04/231, 2004.

[85] LEAMER E. Measuring of Openness. Trade Policy and Empirical Analysis [M]. Chicago: University of Chicago Press, 1998.

[86] Limão N., Venables A. J.. Infrastructure, Geographical Disadvantage, Transport Costs, and Trade [J]. The World Bank Economic Review, 2001, 15: 451 - 479.

[87] Longo R., Sekkat K.. Economic Obstacles to Expanding Intra-African Trade [J]. World Development, 2004, 32: 1309 - 1321.

参 考 文 献

[88] Luca Bandiera, Vasileios Tsiropoulos. A Framework to Assess Debt Sustainability under the Belt and Road Initiative [J]. Journal of Development Economics, 2020 (9).

[89] Lucio Blanco Pitlo III. China's "One Belt, One Road" to Where? [Z] The Diplomat, http://thediplomat.com/2015/02/chinas-one-belt-one-road-to-where/February 17, 2015.

[90] Maliszewska, Maryla & Van Der Mensbrugghe, Dominique. The Belt and Road Initiative: economic, poverty and environmental impacts [R]. Policy Research Working Paper Series 8814, The World Bank, 2019.

[91] Maggie Xiaoyang Chen, Chuanhao Lin. Geographic connectivity and cross-border investment: The Belts, Roads and Skies [J]. Journal of Development Economics, 2020 (9).

[92] Martinez-Zarzoso I., Nowak-Lehmann F.. Augmented Gravity Model: An empirical application to Mercosur-European Union Trade Flows [J]. Journal of Applied Economics, 2003 (6): 291 – 316.

[93] McCallum, J.. National Borders Matter: Canada-US Regional Trade Patterns [J]. American Economic review, 1995 (85): 615 – 623.

[94] Melitz M., Ottaviano G.. Market Size, Trade, and Productivity [J]. Review of Economic Studies, 2008 (75): 295 – 316.

[95] Maurice Obstfeld & Kenneth Rogoff. The Six Major Puzzles in International Macroeconomics: Is There a Common Cause? [R]. National Bureau of Economic Research, NBER Working paper 7777, 2000.

[96] Maurice Obstfeld and Alan M. Taylor. Nonlinear Aspects of Goods-Market Arbitrage and Adjustment: Heckscher's Commodity Points Revisited [J]. Journal of Japan International Economics, 1997 (11): 441 – 479.

[97] McCallum, John. National Borders Matter: Canada-U. S. Regional Trade Patterns [J]. American Economic Review, 1995, 85 (3): 615 – 623.

[98] Marta Santamaria. Reshaping Infrastructure: Evidence from the Division of Germany [R]. The Warwick Economics Research Paper Series 1244, 2020.

[99] Njinkeu D., Wilson J. S., Powo Fosso B.. Expanding Trade within Africa: the Impact of Trade Facilitation [R]. World Bank, Washington DC, 2008.

[100] Nijkamp P.. Infrastructure and Regional development: A Multidimen-

sional Policy Analysis [J]. Empirical Economics, 1986 (11): 1 – 21.

[101] Natalie Chen & Dennis Novy. International Trade Integration: A Disaggregated Approach [R]. Cesifo Working Paper No. 2595, 2009.

[102] OECD. ITF Transport Outlook 2017 [R]. OECD Publishing, Paris, 2017.

[103] Paulo Bastos. Exposure of belt and road economies to China trade shocks [J]. Journal of Development Economics, 2020 (6).

[104] Parsley, David C. and Shang-Jin Wei. Limiting Currency Volatility to Stimulate Goods Market Integration: A Price Based Approach [R]. NBER Working Paper No. 8468, 2001.

[105] Rose, Andrew K. and Eric van Wincoop. National Money as a Barrier to International Trade: The Real Case for Currency Union [J]. American Economic Review, 2001, 91 (2): 386 – 390.

[106] Ranjan, M. J., J. Y. Lee. Contract Enforcement and the Volume of International Trade in Different Types of Goods [R]. Mimeo, UC Irvine, 2003.

[107] Rodgers Mukwaya, Andrew Mold. Modelling the economic impact of the China Belt and Road Initiative on East Africa [C]. GTAP 21st Annual Conference on Global Economic Analysis, 2018.

[108] Rose A. K. One Money. One Market: Estimating the Effect of Common Currencies on Trade [J]. Economic Policy, 2000 (30): 7 – 45.

[109] Suprabha Baniya, Nadia Rocha and Michele Ruta. Trade effects of the New Silk Road: a gravity analysis [J]. Journal of Development Economics, 2020 (9).

[110] Somik V. Lall, Mathilde Lebrand. Who wins, who loses? Understanding the spatially differentiated effects of the belt and road initiative [J]. Journal of Development Economics, 2020 (9).

[111] Redding, Stephen J., and Matthew A. Turner. Transportation Costs and the Spatial Organization of Economic Activity [Z]. In Handbook of Regional and Urban Economics. Edited by Duranton Gilles, Henderson Vernon and Strange William. Amsterdam: Elsevier, 2015: 1339 – 1398.

[112] Scott Kennedy and David A. Parker. Building China's "One Belt, One Road" [Z]. April 3, 2015, http://csis.org/publication/building-chinas-one-belt-

one-road.

［113］Shepherd B. , Wilson J. S. . Trade facilitation in ASEAN member countries: measuring progress and assessing priorities ［R］. World Bank Policy Research Working Paper Series, 2008.

［114］Shepherd B. , Wilson J. S. . Road infrastructure in Europe and Central Asia: Does Network Quality Affect Trade? ［R］ World Bank Policy Research Working Paper 4104, The World Bank, Washington DC, 2006.

［115］Samuelson, P. A. . The transfer problem and the transport costs ［J］. The Economic Journal, 1954, 64: 264 – 289.

［116］Summers, T. . China's "New Silk Roads": Sub-national regions and networks of global political economy ［J］. Third World Quarterly, 2016, 37（9）: 1628 – 1643.

［117］Swisher S. Reassessing Railroads and Growth: Accounting for Transport Network Endogeneity ［R］. Working Paper, University of Wisconsin-Madison, 2014.

［118］Shepherd B. , Wilson J. S. . Trade, Infrastructure, and Roadways in Europe and Central Asia: New Empirical Evidence ［J］. Journal of Economic Integration, 2007, 22: 723 – 747.

［119］Tinbergen J. . Shaping the World Economy-Suggestions for an International Economic Policy ［M］. The Twentieth Century: New York, 1962.

［120］Tian Wenlin. The "Belt and Road" Initiative: a Chinese concept for global development ［J］. Contemporary International Relations, 2017, 27（4）: 1 – 20.

［121］UNCTAD. Review of Maritime Transport 2019 ［R］. Geneva, 2019.

［122］Villafuerte, J. , Corong, E. , & Zhuang, J. . The one belt, one road initiative: Impact on trade and growth ［C］. Paper presented at the 19th annual conference on global economic analysis, 2016.

［123］Wilson J. S. , Mann C. L. , Otsuki T. . Assessing the Potential Benefit of Trade Facilitation: A Global Perspective ［J］. The world Economy, 2005, 28（6）: 841 – 871.

［124］Wilson J S, Mann C L, Otsuki T. Trade facilitation and economic development: A new approach to quantifying the impact ［J］. The World Bank Economic Review, 2003, 17 (3): 367 - 389.

[125] Wendell Minnick. China's "One Belt, One Road" Strategy [Z]. Defense News, http://www.defensenews.com/story/defense/2015/04/11/taiwan-china-one-belt-one-road-strategy/25353561, April 12, 2015.

[126] Wang, Y.. Offensive for defensive: The belt and road initiative and China's new grand strategy [J]. The Pacific Review, 2016, 29 (3): 455 - 463.

[127] Wei, Shang-Jin. Intra-national versus International Trade: How Stubborn Are Nations in Global Integration? [R]. NBER working paper 5531, Cambridge, MA, 1996.

[128] Yu, H.. Motivation behind China's "One belt, one road" initiatives and establishment of the Asian Infrastructure Investment Bank [J]. Journal of Contemporary China, 2017, 26 (105): 353 - 368.

[129] Yang, Gaoju, Xianhai Huang, Jiahui Huang, and Hangyu Chen. Assessment of the Effects of Infrastructure Investment under the Belt and Road Initiative [J]. China Economic Review, 2020: 60.

[130] Zhang Zhexin. The Belt and Road Initiative: China's new geopolitical Strategy? [J] China Quarterly of International Strategic Studies, 2018, 4 (3): 327 - 343.

[131] Zhai Fan. China's belt and road initiative: A preliminary quantitative assessment [J]. Journal of Asian Economics, 2018, 55: 84 - 92.

[132] Zhang Zhexin. The Belt and Road Initiative: China's new geopolitical Strategy? [J] China Quarterly of International Strategic Studies, 2018, 4 (3): 327 - 343.

[133] Scissors Derek. China Global Investment Tracker 2018 [R]. China Global Investment Tracker (Washington: American Enterprise Institute, January 2019), http://www.aei.org/china-global-investment-tracker/.

[134] Suprabha Baniya, Nadia Rocha and Michele Ruta. Trade effects of the New Silk Road: a gravity analysis [J]. Journal of Development Economics, 2020, 146: 102 - 467.

[135] United Nations Development Programme (UNDP), China Center for International Exchange (CCIEE). The Belt and Road Initiative: a new Means to Transformative Global Governance towards Sustainable Development [R]. https://

www. cn. undp. org/content/china/en/home/library/south-south-cooperation/a-new-means-to-transformative-global-governance-towards-sustaina. html. 2017.

[136] Tristan Reed, Alexander Trubetskoy. Assessing the Value of Market Access from Belt and Road Projects [R]. Policy Research Working Paper 8815, World Bank Group, April 2019.